U0541030

中国山区特色城镇化研究
——云南山地城镇建设案例

郑继承 著

中国社会科学出版社

图书在版编目(CIP)数据

中国山区特色城镇化研究:云南山地城镇建设案例/郑继承著. —北京:中国社会科学出版社,2020.9
ISBN 978-7-5203-7156-8

Ⅰ.①中… Ⅱ.①郑… Ⅲ.①山地—城市建设—案例—云南 Ⅳ.①F299.277.4

中国版本图书馆 CIP 数据核字(2020)第 169058 号

出 版 人	赵剑英
责任编辑	巴 哲 张 湉
责任校对	李 剑
责任印制	李寡寡

出　　版	中国社会科学出版社
社　　址	北京鼓楼西大街甲 158 号
邮　　编	100720
网　　址	http://www.csspw.cn
发 行 部	010-84083685
门 市 部	010-84029450
经　　销	新华书店及其他书店

印　　刷	北京明恒达印务有限公司
装　　订	廊坊市广阳区广增装订厂
版　　次	2020 年 9 月第 1 版
印　　次	2020 年 9 月第 1 次印刷

开　　本	710×1000　1/16
印　　张	18
插　　页	2
字　　数	315 千字
定　　价	98.00 元

凡购买中国社会科学出版社图书,如有质量问题请与本社营销中心联系调换
电话:010-84083683
版权所有　侵权必究

目 录

绪论 ………………………………………………………………（ 1 ）

总 论 篇

城镇化创新与发展视域下云南山地城镇建设的探索与实践 …………（ 5 ）
    一　问题的提出 …………………………………………………（ 5 ）
    二　山地城镇建设的现实背景 …………………………………（ 8 ）
    三　基于实践探索的经验总结 …………………………………（12）
    四　山地城镇建设的战略选择 …………………………………（17）
    五　山地城镇建设过程中必须重视的问题 ……………………（22）
    六　山地城镇建设的政策建议 …………………………………（29）

专 题 篇

专题研究报告一　山地城镇建设的理论与实践 …………………（41）
    一　山地城镇化的理论综述与文献述评 ………………………（41）
    二　新形势下中国经济发展格局的研判 ………………………（43）
    三　云南省城镇化发展的历史回顾与现状分析 ………………（48）
    四　云南省山地城镇建设的现实选择 …………………………（56）
    五　云南省山地城镇建设的实践与探索 ………………………（58）

专题研究报告二　中国城镇化历程与中国特色城镇化道路选择 ……（65）
　　一　新中国成立以来的城镇化历程 …………………………………（65）
　　二　当前中国城镇化进程中的主要困惑与争论 ……………………（70）
　　三　科学发展主题下的中国特色城镇化道路 ………………………（74）
　　四　习近平总书记关于中国特色城镇化的重要论述 ………………（79）

专题研究报告三　新型城镇化推进与区域经济发展的关系研究 ……（86）
　　一　城镇化发展与经济增长的潜在关系 ……………………………（86）
　　二　新型城镇化战略下云南省六大城市群架构 ……………………（99）
　　三　云南省城镇化与经济发展水平关系的实证分析 ………………（100）
　　四　结论与展望 ………………………………………………………（107）

专题研究报告四　新型城镇化与土地资源综合开发利用关系研究 ……（110）
　　一　城镇化推进与土地资源综合利用的研究综述 …………………（110）
　　二　云南省土地资源的基本现状 ……………………………………（112）
　　三　云南省城镇化发展与土地变化关系的实证分析 ………………（120）
　　四　云南省城镇化推进中土地需求与承载力测算 …………………（127）
　　五　结论与展望 ………………………………………………………（133）

专题研究报告五　云南山地城镇建设动力机制研究 ………………（136）
　　一　山地城镇建设动力机制研究的理论基础 ………………………（136）
　　二　云南省山地城镇建设的宏观动力 ………………………………（145）
　　三　云南省山地城镇建设的微观动力 ………………………………（147）

专题研究报告六　山地城镇建设中农村居民市民化研究 …………（151）
　　一　国内外关于农村居民市民化研究的理论综述 …………………（151）
　　二　农村居民市民化的内涵及其主要矛盾 …………………………（157）
　　三　农村居民市民化进程的制约因素 ………………………………（161）
　　四　云南省山地城镇建设中农村居民市民化成本测算 ……………（164）

专题研究报告七　云南山地城镇建设中的综合灾害防治研究 ……… (175)
 一　山地城镇建设面临复杂的地理环境 ……………………… (175)
 二　山地城镇建设与综合灾害的矛盾所在 …………………… (177)
 三　云南省山地城镇建设过程中综合防灾减灾面临形势 …… (181)
 四　山地城镇建设过程中灾害防治的政策建议 ……………… (181)

专题研究报告八　云南山地城镇建设中的特色文化城镇建设 …… (185)
 一　特色文化城镇建设的背景和意义 ………………………… (185)
 二　云南省城镇化发展对文化的强约束 ……………………… (187)
 三　云南特色文化城镇建设的基本思路 ……………………… (189)
 四　云南省特色文化城镇建设的思考 ………………………… (197)

专题研究报告九　云南山地城镇建设案例研究 ……………………… (202)
 一　国外山地综合开发利用典型案例 ………………………… (202)
 二　国内山地综合开发利用典型案例 ………………………… (207)
 三　云南山地城镇建设的基本类型和初步经验 ……………… (218)

调 查 篇

调查报告一　云南省曲靖市山地城镇建设调查报告 ………………… (229)
 一　曲靖市山地城镇建设背景 ………………………………… (229)
 二　曲靖市山地城镇建设的主要做法 ………………………… (229)
 三　曲靖市山地城镇建设过程中存在的问题 ………………… (232)
 四　对曲靖市下一阶段山地城镇建设的主要建议 …………… (233)

调查报告二　云南省玉溪市山地城镇建设调查报告 ………………… (238)
 一　玉溪市山地城镇建设背景 ………………………………… (238)
 二　山地城镇建设的重要意义 ………………………………… (239)
 三　玉溪市山地城镇建设的探索与实践 ……………………… (241)
 四　玉溪市山地城镇建设面临的问题 ………………………… (243)

五　推进玉溪市山地城镇建设的对策建议 …………………………（245）

调查报告三　贵州省山地特色城镇化调查报告 …………………………（249）
　　一　贵州省城镇化发展历程与取得的成效 …………………………（249）
　　二　贵州省城镇化发展面临的挑战 …………………………………（251）
　　三　贵州省山地特色新型城镇化发展思路 …………………………（253）
　　四　贵州省山地特色城镇化的具体做法 ……………………………（255）

调查报告四　香港特别行政区山地城镇建设和土地资源综合管理
　　　　　　　调查报告 ……………………………………………………（270）
　　一　基本情况 …………………………………………………………（270）
　　二　香港特别行政区山地城镇建设与土地综合开发利用 …………（271）
　　三　香港特别行政区山地城镇建设经验对云南的借鉴 ……………（274）

调查报告五　台湾省山地城镇建设和土地资源综合管理调查报告 ………（276）
　　一　台湾省山地城镇建设与土地综合开发利用 ……………………（276）
　　二　台湾省山地城镇建设对云南省的启示 …………………………（281）

绪　论

城镇化战略是优化资源配置、调整经济结构、促进经济与社会协调发展的重要选择。党的十八届三中全会提出"坚持走中国特色新型城镇化道路，推进以人为核心的城镇化"发展思路，为中国城乡一体化发展、农业生产效率的提高、城乡二元结构矛盾的缓解指明了方向。2016年2月，国务院颁布《关于深入推进新型城镇化建设的若干意见》，明确指出，发展新型城镇化是现代化的必由之路，必须坚持走以人为本、四化同步、优化布局、生态文明、文化传承的中国特色新型城镇化道路，坚持以人为核心的城镇化、以提高质量为关键、以体制机制改革为动力，加快推进户籍制度的改革，提升城市综合承载能力，制定完善的土地、财政、投融资等配套政策。这一宏观总体思路，释放出新型城镇化蕴藏的巨大内需潜力，展现出城镇化为经济高质量发展提供持久强劲动力的核心作用。

在中国现代化进程中，山区一直肩负着生态安全屏障、战略资源储备、民族和谐发展、国防安全保障等重大责任，山区城镇化是中国城镇发展的重要区域。随着"五位一体、四化同步"战略构想的提出和新型城镇化的快速推进，土地资源相对不足的矛盾日益凸显，保护好有限的优质土地、架构出合理的城镇空间格局、建设优美的城镇人居环境是一项艰巨而重要的任务。

云南省作为集"边疆、民族、山区、贫困"四位一体的省份，推进新型城镇化是云南省与全国同步建成小康社会的重要抓手。由于种种原因，新中国成立以来云南省的城镇化发展一直相对滞后。随着新一轮西部大开发的深入推进、"一带一路"倡议的提出，云南省的区位优势逐渐凸显，正在深层次地融入国家发展战略。

早在2011年，云南省以山地城镇建设为依托，提出了"山地特色城镇化"的发展战略，这一思路在全国引发了山区新型城镇化发展的探索浪潮。由此，山地城镇建设正式进入新型城镇化的舞台。时至今日，云南的探索实践表明，以山地城镇建设为依托所提出的"山地特色城镇化"发展战略主要体现在两个层面：一是遵循自然地貌特征和人文风情特色，二是合理利用低丘缓坡的土地资源。通过两个层面的有机结合，探索出富有云南特色的山地城镇发展新模式，成为中国山区特色新型城镇化推进的示范与典型。

本研究是2013年云南省哲学社会科学基金立项的"云南山地城镇建设研究"（立项证书编号：QN201315；结项证书编号：2016194；项目负责人：郑继承）的主要成果。项目研究历时三年有余，以城镇化理论创新为出发点，以实践经验模式的调查为核心，围绕山地城镇建设的理论、中国城镇化历程与中国特色城镇化的道路选择、新型城镇化推进与区域经济发展的关系、新型城镇化与土地资源综合开发利用的关系、山地城镇建设动力机制、山地城镇建设中农村居民市民化问题、山地城镇建设中的地质灾害防治问题、山地城镇建设中的特色文化城镇建设、云南山地城镇建设案例研究等九个维度独立展开专项研究，构建出以山地城镇建设为核心的山地特色新型城镇化发展理论框架，为中国新型城镇化战略的理论创新提供了基础性研究成果。

总 论 篇

城镇化创新与发展视域下云南山地城镇建设的探索与实践

诺贝尔经济学奖获得者约瑟夫·斯蒂格利茨（Joseph Eugene Stiglitz）曾经预言：美国的新技术革命和中国的城镇化，是21世纪带动世界经济发展的"两大引擎"[①]。城镇化是发展中国家走向发达国家的必经道路，成为当前世界发展的主要潮流，城镇化也是衡量一个国家（或地区）工业化和现代化的重要标志。党的十八大提出了工业化、信息化、城镇化和农业现代化"四化同步"的战略思路，城镇化已上升为推动国家经济发展的核心战略。地处祖国西南边疆地区的云南，如何贯彻落实中央精神走出符合云南实际的特色城镇化道路，是云南省与全国同步实现小康社会面临的重大难题。2011年，中共云南省委、云南省人民政府提出"保护坝区农田，建设山地城镇"的云南特色城镇化道路，同时在云南省域范围内选取了10个低丘缓坡地区展开山地城镇建设的先行先试，这一创新性思路打破了传统城镇化发展模式，探索出山区城镇化推进的新途径。

一 问题的提出

坚持最严格的耕地保护制度，直接关系到国家粮食安全、经济持续发展、社会和谐稳定和国家长治久安。素有"九分山、半分地、半分水"之称的云南，省域范围内山区、半山区覆盖率达到了94%，坝区

---

① 郑晖：《积极、有序、可持续推进城镇化》，《农业发展与金融》2013年第7期。

（包含盆地、河谷）覆盖面积仅为6%。根据国土部门的统计数据显示，云南省坝区（盆地、河谷）分布相对贫乏，面积在1平方千米以上的坝子只有1557个，总面积为2.51万平方千米；面积在10万平方千米以上的坝子仅有375个，总面积为2.2万平方千米。由此可见，云南省城范围内可利用的平地资源相当有限。随着云南省经济社会的快速发展，城市建设用地需求不断增加，坝区耕地资源呈现出持续性减少的态势，于是就呈现出"落实好中央保护18亿亩耕地红线战略"与"保障经济社会发展的用地需求"之间的矛盾。根据国土部门公布的统计数据显示，截至2010年末，云南省新增25万亩建设用地中占用耕地的面积达12.4万亩之多，这一比例将近50%。更为紧迫的是，云南省域范围内面积在10平方千米以上的坝子已被建设用地占用了将近30%。面对日益严峻的土地形势，中共云南省委、云南省人民政府做出了"保护坝区农田、建设山地城镇"的重大决策。2011年9月5日，云南省保护坝区农田建设山地城镇工作会议在大理州召开，云南省委、省人民政府针对城镇化问题提出，云南省城镇化推进必须立足云南基本省情，按照"守住红线、统筹城乡、城镇上山、农民进城"的总体要求，努力实现土地高效利用和城镇化健康发展的和谐与统一，探索出具有云南本土特色的城镇化道路。随后，云南省人民政府出台了《关于加强耕地保护促进城镇化科学发展的意见》，进一步明确了一系列政策措施，其政策创新主要体现在四个方面：（1）要求云南省各级政府尽快完成"三个规划"（即土地利用总体规划、城镇近期建设规划和林地保护利用规划）的调整完善和制定。（2）针对使用未利用地的工业项目，土地出让金最低标准可按照《全国工业用地出让最低价标准》的10%—50%执行；针对在宜建山地开发建设配套水、电、路等基础设施的项目，可免交新增建设用地土地有偿使用费。（3）进一步强化坝区耕地保护，将坝区80%以上的优质耕地和山区连片面积较大的优质耕地划定为基本农田，严格实行永久保护。（4）实行差别化的耕地占补平衡政策。经批准的各类城镇发展和产业建设用地占用坡度在25度以上的劣质耕地不计入补充耕地范围，占用坡度25度以下的耕地按照"先补后占、占一补一"的要求补充耕地，占用1平方千米以上、平均海拔在2500米以下的坝区耕地按所在区域新增建设用地土地有偿使用费的20倍额征收耕地质量补偿费。

2011年9月15日，云南省被国家自然资源部（原国土资源部）列为"低丘缓坡土地综合开发利用试点"省份之一，也是首批列入全国坡地开发建设项目试点的五个省（市）中唯一一个在西部地区试点的省份。"低丘缓坡地"通常指坡度在25度以下且面积大于2平方千米的缓坡地，主要包括裸土地、荒草地、低效林地、废弃园地等多种土地后备开发资源。作为高原山区省份，云南省8度到25度的低丘缓坡土地约占云南省国土总面积的52%，宜建山坡地空间巨大。如果这些土地能够得到充分利用，就可以极大地增加土地资源的有效供给，从而缓解土地供需矛盾，进一步实现耕地占补平衡。根据《云南省国土资源厅关于开展低丘缓坡土地综合开发利用试点工作的通知》，昆明、玉溪、曲靖、楚雄、大理、红河、德宏、西双版纳8个市（州）已经成为国家级的低丘缓坡土地综合开发利用的试点，另外8个市（州）也成为云南省级试点。试点规模为每个区域面积控制在0.5平方千米以上、13.33平方千米以下，每个区域内占用劣质耕地最多不得超过30%。同时，根据云南省民族众多、条件复杂、村落分散的实际情况，进一步将农村居民进城作为破解城乡二元结构难题的一项重要举措。2011年11月，云南省开始加快推进城镇化进程，促进城乡区域协调发展，用全国最优惠的政策推动符合条件的农业转移人口转变为城镇居民，制定到2020年新转户1000万人、实现城镇人口占云南省总人口的36%左右、城镇化率达50%左右的目标。自此，云南在16个市（州）、129个县（县级市、区）逐次展开了土地规划调整，全方位推动"开发用地上山、基本农田下山"的严格保护政策和陡坡生态治理的"土地新政"。

可以说，云南省山地城镇建设是"自然型城市"与"应用型城市"有效整合的理论探索，由原来在建成区不断蚕食城区周边优质耕地的方式来扩展中心城区转变为通过保护坝区优质耕地来推动山地城镇化。以低丘缓坡地带为核心，研究山地、挖掘山地、开发山地、保护山地，推动城市拓展用地、产业发展用地、生态建设用地向丘陵地带、缓坡区域、荒山荒坡延伸，充分利用宜建山区的低丘缓坡地带进行山地城镇开发，从而构筑具有"田园风格、生态良好、和谐统一、可持续发展"风貌的自然型城市。

二 山地城镇建设的现实背景

所谓山地城镇建设,就是在山地综合开发利用过程中做到项目选择科学可行、征地用地合理合法、城市建设规划有序、项目建设安全高效,实现建设用地科学、合法、有序、高效的目标。"山地城镇"的提出,对新时代高质量城镇化发展具有重要的意义。

(一) 山地城镇建设是转变发展方式、促进可持续发展的重要途径

土地一直以来都是强国之根、民生之本、发展之基,也是经济社会发展最基本的生产要素。从中国的土地分布情况来看,山地、高原、丘陵占国土总面积的65%,"人多地少"是中国的基本国情。根据统计资料显示,2006年至2010年中国新增的建设用地占用耕地比例已经超过了50%,2002年至2010年中国的耕地储备从1.1亿亩减少到8000万亩。[1] 现阶段,中国耕地利用的情况如下(以2013年的数据为基础):(1)从耕地总量上来分析,全国耕地总量只有18.26亿亩,已临近全国18亿亩耕地保有量的"红线";(2)从人均拥有耕地面积的角度来分析,当前中国人均耕地不足0.1公顷,尚达不到世界平均水平的1/2和发达国家的1/4,中国人均耕地拥有量只相当于美国的1/6、阿根廷的1/9、加拿大的1/14。[2] 由此可见,中国可以利用的土地资源其实并不富足,"人增地减"已成为中国经济社会发展中的突出矛盾。同时,与可利用的优质土地资源相对稀缺所形成的极大反差是,城镇化的快速发展导致基本农田遭到严重破坏、优质耕地大量流失。根据统计部门发布的年度统计公报显示,从2000年至2014年,中国城镇化率提高了14.77个百分点(从40%提升到54.77%),按照年均1个百分点的增长速度提高。然而,从另外一个视角所看到的是:在城镇化以年均1%速度提升的同时,众多的传统农业种植区、城乡结合部的农

---

[1] 余星涤、冉玉兰:《城镇朝着山坡走,田地留与子孙耕——云南省低丘缓坡综合开发利用调查》,《中国国土资源报》2011年11月7日。

[2] 徐绍史:《落实节约优先战略,加强资源节约和管理》,《中国国土资源报》2010年12月7日。

田被大量的高层楼宇所替代,更为严重的是一部分地区的城郊优质耕地受利益熏陶而被长期搁置、日益荒芜。据相关研究数据表明,1980年至2005年是中国城镇化急剧扩张的关键时期,中国经济总量(以GDP指标为代表)每增长1%所占用的农业用地达30万亩左右,与日本同一发展阶段(经济快速发展时期)相比较,中国GDP每增长1%对土地的占用量将近是日本的8倍。[①] 如何保护基本农田和优质耕地,无疑是城镇化加速、工业化提升、信息化发展、农业现代化推进中一个很难回避的问题。

针对日益严峻的土地问题,城市经济学理论也提出了"人类不仅要合理利用平原坝区的土地资源,更要转变土地资源利用方式,科学开发和有效利用山地资源"的论断。正如国际山地学会主席凡费斯(J. D. Van Faith)所说"人类与山的关系,从没有像最近四分之一世纪以来显得如此重要,人类未来的生活,取决于山区的开发与保护"。就云南省的实际情况来看,"山地多、坝区少"的现实省情决定了发展过程中应该更好地处理城镇化与保护耕地红线之间的关系,既要通过转变土地利用方式使城镇化、工业化成为云南省经济社会持续健康发展的重要抓手,又要通过转变经济发展方式来强化优质耕地保护,使有限的可利用土地资源能够承载地方经济社会的发展。因此,中共云南省委、云南省人民政府做出的"保护坝区农田、建设山地城镇"的重大决策,既是实现经济发展方式转变的重要途径,也是云南省全面贯彻落实习近平总书记考察云南重要讲话中对云南经济社会发展重要指示的具体体现。

(二)山地城镇建设是落实党中央推进生态文明建设的重要举措

当今世界,经济社会发展国际化、区域化的趋势越来越明显,竞争程度越来越强、竞争领域越来越广,尤其在资源领域的竞争更为激烈。党的十八大做出了经济、政治、文化、社会、生态文明建设"五位一体"的总体布局,对工业化、信息化、城镇化、农业现代化"四化"同步发展进行了具体的战略部署,提出了建设美丽中国、实现中华民族永续发展的理念,同时要求优化国土空间开发格局,促进生产空间集约高效、生活空间

---

① 李兴文、李松:《中国"地耗"之痛》,《半月谈》2011年第3期。

宜居适度、生态空间山清水秀。① 这些新理念、新论断、新观点指引着云南省特色城镇化道路的有序推进。中共中央、国务院如此高密度地研究部署土地管理工作，一方面说明土地资源管理对于经济社会健康发展和转型升级极其重要，党的十八大提出"四化"同步发展的目标更凸显了这一重要性；另一方面也反映出当前土地管理工作正面临复杂、严峻的矛盾和挑战，急需加快转变土地利用方式。

山地城镇建设，有效解决了云南省城镇化快速推进与优质耕地资源被占用之间的矛盾，从而保障建设用地持续供应和农产品有效供给。一方面，引导城市发展建设用地向山地拓展，可以有效缓解城镇化、工业化推进对坝区耕地占用产生的"挤出效应"，从而减轻城区农产品供给的压力。另一方面，城市发展建设用地向山地拓展还能够促进山区的自然资源和人文景观的健康开发，从而带来更多的就业机会，增加当地居民的经济收入，有效缓解长期困扰山区发展的贫困问题。同时，依靠科技进步和增加有效投入，加快山区的资源优势转化为经济优势，还可以缩小地区之间的发展差距，推动区域内协调发展。

（三）山地城镇建设是保护坝区农田、守住耕地红线的迫切要求

众所周知，云南省集边疆、民族、山区、贫困为一体，不仅是山地资源大省，也是耕地十分紧张的省份。坝子是云南省优质耕地的集中地，承担着云南省的粮食和蔬菜供给的功能。在云南省国土面积中，坡度在8度以下的土地仅占云南省国土面积的8.87%，工业化提升、城镇化进程的加速，必然对建设用地的需求呈几何上涨的趋势，从而使耕地保护与建设用地扩张之间的矛盾越来越突出，倘若继续按照以牺牲坝区土地为代价的传统模式推进城镇化，必然会对现有的坝区土地资源造成强力约束。国家给云南的耕地保护红线是"到2020年，云南省耕地保有量在8970万亩以上，基本农田面积始终保持在7431万亩以上"②。坝区耕地的保护关乎

---

① 新华社授权发布：《坚定不移沿着中国特色社会主义道路前进，为全面建成小康社会而奋斗——在中国共产党第十八次全国代表大会上的报告》，2012年11月17日，http：//news.xinhuanet.com/18cpcnc/2012-11/17/c_113711665.htm.

② 此部分数据来自云南省人民政府发布的《云南省人民政府关于加强耕地保护促进城镇化科学发展的意见》云政发〔2011〕185号。

粮食安全、关乎民生大计、关乎持续发展。因此,转变土地利用方式、切实保护坝区优质耕地,是确保云南省"米袋子"和"菜篮子"的迫切要求。

(四) 山地城镇建设是优化国土空间、促进区域协调发展的必由之路

根据第二次全国土地调查数据显示,云南省土地总面积为3831.94万平方千米,占全国陆地总面积的4.1%,居全国第八位。从土地组成结构来看,山地占云南省总土地面积的84%、丘陵约占云南省总土地面积的10%、坝子(盆地、河谷)占云南省总土地面积的6%;从坡度结构来看,8度以下土地占云南省总土地面积的8.87%,8—15度土地占云南省总土地面积的13.73%,25度以上土地占云南省总土地面积的39.31%。云南省129个县级行政单元中,山区面积占地区总面积比例在95%以上的地区高达110个,山区面积占地区总面积比例在99%以上的地区有18个。

当前,云南省城乡发展差距十分明显。1978年,云南省城镇居民人均可支配收入和农村居民人均纯收入分别为315.12元和130.60元,城乡差距比为2.41∶1,城乡差距绝对值为184.52元;到2014年,城镇居民人均可支配收入24299元,农村居民人均可支配收入7456元,城乡差距比3.26∶1,城乡差距绝对值到了16834元。[①] 由此可见,造成云南省城乡差距的主要原因就是山区农村居民收入偏低。同时,云南省也是全国贫困县最多的省份,根据统计资料显示,2014年云南省农村贫困人口占全国绝对贫困人口的比重在10%以上,这些贫困人口主要居住在高寒山区、石漠化地区和偏远山区,贫困程度深,自我发展能力较弱,要保持山区农村居民收入的持续增长,需要巨大的投入。

随着云南省城镇化快速发展,城镇建设普遍存在"摊大饼"式的扩张现象,占用了大量的坝区优质耕地,耕地保护与建设用地需求的矛盾不断加剧,导致城市与乡村、山区与坝区发展不协调,坝区优质耕地保护面临的形势十分严峻。因此,必须妥善处理好发展过程中的城乡关系、坝区保护与山区利用之间的关系,科学保障经济社会发展对土地资源的需求,走

---

① 云南省统计局网站发布:《云南省2014年国民经济和社会发展统计公报》,2015年5月20日,http://www.stats.yn.gov.cn/TJJMH_Model/newsview.aspx?id=3437585。

出一条具有云南特色的城镇化发展道路。

（五）山地城镇建设是传承民族文化、构建特色城镇体系的重要保障

对于一座城市而言，没有了历史就失去了记忆，没有了文化就丢失了灵魂，城市文化品位越强则城市外在吸引力也就越强，城市文化的个性越强城市就越具有包容性。云南省是全国重要的生态功能区、生物和民族文化多样性富集区，尤其是坝区土地上孕育着丰富的文化元素，在城镇化历程中云南各族人民创造了大量的物质文化遗产和非物质文化遗产。多民族、多文化是一种建设性的力量，转变土地利用方式、严格保护坝区，因地制宜对山区进行综合开发是传承与发展以山区为载体的优秀民族文化的重要保障。在山地城镇建设过程中，大力传承和弘扬优秀民族文化，不仅有利于加快推进民族文化的现代化进程，还对于加强民族团结、维护祖国统一、巩固边疆安全有着极为重要而深远的意义。

三 基于实践探索的经验总结

（一）"山地城镇化"战略的主要做法

基于对云南省山地城镇建设的跟踪调查和持续关注，特别是针对2011年中共云南省委、云南省人民政府提出的"推进山地城镇建设十大试点工程"具体案例进行跟踪研究后，可将云南省山地城镇建设归纳为五大方面。

1. 提出"山地城镇化"的发展理念

针对云南省"山地多、耕地少、山区多、坝子小"的现状，如何走出一条既能腾出城镇发展空间、又能有效保护坝区农田的特色城镇化之路，中共云南省委、云南省人民政府在省域范围内展开了创新建设用地方式的大讨论活动。通过专家研讨、群众参与等集思广益的活动，一致认为云南城镇化发展"希望在山、潜力在山、出路在山"，应该念好"山"字经、做好"土"文章、写好"绿"书法、绘好"城"蓝图，城镇建设应该按照"跳出坝区、跳出农田、突出重围、进军山区"的思路来推进。随后，中共云南省委、云南省人民政府提出了"守护红线、统筹城乡、城镇上山、农民进城"的特色城镇化发展总体思路和"山水田园一幅画、城镇村

落一体化、城镇朝着山坡走、田地留给子孙耕"的发展理念。

2. 因地制宜编制特色城镇规划

按照云南特色城镇化发展的总体要求，全面启动了省、市（州）、县、乡、村五级特色城镇规划，先后编制印发了以《云南省城乡规划条例》和《关于加强耕地保护调整完善城乡规划工作的实施意见》为核心的一系列政策法规，推进105个特色小镇规划编制工作，实现国民经济和社会发展规划、主体功能区规划、城镇建设规划、产业发展规划、土地利用总体规划、县域村镇体系规划、生态环保规划的有机衔接。围绕"三上三退"①原则，严格界定了红线、绿线、蓝线、紫线、黑线、橙线、黄线和禁止建设区、限制建设区等区划范围。

3. 全面启动"城镇上山"举措

国家自然资源部（原国土资源部）对云南省"保护坝区农田、建设山地城镇"的工作高度重视，并于2013年将云南省确定为全国"低丘缓坡地区土地资源综合开发利用试点"省份之一。2011年9月5日，中共云南省委、云南省人民政府在大理州召开了云南省保护坝区农田、建设山地城镇工作会议，并批准实施《云南省低丘缓坡土地综合开发利用试点工作方案》，切实加强规划、项目、资金、政策、审批等多个层面的合作衔接，得到国家相关部门的政策支持和资金扶持，"山地城镇建设"试点工作实现了良好的开局。2012年12月21日，中共云南省委、云南省人民政府在丽江市召开云南省保护坝区农田、建设山地城镇推进会议，认真总结推广云南省各个市（州）"山地城镇建设"的工作经验，并在云南省范围内全面启动了"保护坝区农田、建设山地城镇"的政策，开创了云南特色城镇化道路的新局面。

4. 稳步推进"农村居民进城"工作

促进农业转移人口转变为城镇居民是破解"三农"问题的关键，"城镇建设上山"离不开"农村居民进城"做支撑，否则就变成了所谓的"空城"。城镇化率越高，城市居民就越多，消费群体也就越大，购买力随之

---

① 所谓"三上三退"，即"城镇上山、村庄上山、住户上山"和"退乡镇、退村庄、退住户"。

增强，从而有效推动当地市场经济的发展。中共云南省委、云南省人民政府在推进"农村居民进城"的工作中，按照"放宽城镇户籍，同享城乡待遇，资源有偿转变，分类推进实施"的总体要求，到2020年有序推进云南省农村人口转变为城市人口的户籍达1000万。同时，对于农村人口转变为城市居民的群体创造性地提出了农转城人口享有"两床被子、十件衣服"[①]的思路。

5. 创新山地城镇建设体制机制

在中央相关部门的大力支持下，云南省作为全国低丘缓坡地区土地资源综合开发利用的试点省份之一，做出了大量的探索与创新。中共云南省委、云南省人民政府在山地城镇建设进程中出台了低丘缓坡土地综合开发利用系列配套政策，探索土地利用规划、建设用地规划、林地保护利用规划三个规划联合审查工作机制，启动山地城乡规划标准体系研究。（1）以"建得起"为目标，明确了政府投入增长机制，规范了耕地质量补偿收取及支持"山地城镇"建设办法，创新了政府投融资平台；（2）以"建得好"为目标，启动云南省地质环境调查及项目地质危害风险评估和气候、水文等风险评估；（3）以"建得美"为目标，对云南省城乡规划进行了修编调整，山地城镇建设更加注重生态特色、地域特色、气候特色、历史特色、文化特色、民族特色；（4）针对"空心城镇"问题，提出产城融合发展的理念，规划发展一批产城融合试点项目。

（二）山地城镇建设取得的主要成效

云南省实施"保护坝区农田，建设山地城镇"战略以来，取得了一系列显著的成绩。

1. 规划引导调控作用得到了充分发挥

在山地城镇建设过程中，探索创新了"三规"联合审查方式，对土地利用总体规划、林地保护利用规划和城镇建设规划进行了调整、完善和衔接，有效引导各类建设用地向宜建山地拓展，城市发展空间布局得到进一

---

① "两床被子、十件衣服"："两床被子"指进城农民保留"城乡兼有"的特殊身份；"十件衣服"，即进城农民仍然保留承包地、宅基地、林地、计划生育、集体经济资产分红5项基本权益，并同时享有城镇居民所享有的就业、社保、住房、教育、医疗5项保障权益。

步优化，地质灾害得到有效遏制，使城镇建设用地开发、农村优质耕地保护、生态屏障建设得到了有机统一。

2. 坝区优质耕地得到了严格保护

云南省以保护耕地为前提，向宜建山地发展，有效破解国土资源管理的"两难"局面。"山地城镇建设"实施以来，云南省划定基本农田保护面积达52626平方千米，坝区基本农田2060平方千米，坝区耕地中基本农田面积由调整完善前的9032平方千米增加到11096平方千米，保护率达82%，调出坝区建设用地177平方千米，山区新增加建设用地476平方千米，加强了对坝区优质耕地的保护，实现了"建设用地上山，基本农田下山"的愿景目标。[①]

3. 低丘缓坡土地资源得到了有效利用

云南省已在15个市（州）开展低丘缓坡土地综合开发利用试点，99个县（市、区）共编制实施方案183个、组织评审147个、批复104个，涉及土地总规模1118平方千米，有效拓展了城镇建设用地空间。此外，在试点的基础上，系统的总结出城市发展山地拓展型、基础设施山地建设型、工业用地山地布局型、旅游景区上山开发型、职业教育山地延伸型、移民安置上山迁移型、口岸建设山地探索型、现代农业山地转变型、矿村资源山地共建型和灾害防治山地利用型十大山地城镇建设模式，为低丘缓坡土地利用提供了经验借鉴。

4. 融资渠道有开创性的突破

土地综合开发利用新机制逐步形成，山地城镇建设融资平台也纷纷搭建，多渠道资金筹措模式已基本形成。政策实施两年后，云南省共搭建融资平台59个，实际到位资金235.93亿元；共收取省级坝区耕地质量补偿费约21亿元，各市（州）、县共收取坝区耕地质量补偿费11亿元，已投入0.64亿元支持山地城镇建设。[②]

[①] 云南网：《云南八成坝区耕地得到永久保护》，2013年7月1日，http://yn.yunnan.cn/html/2013-07/01/content_2786885.htm。

[②] 同上。

（三）"山地城镇"战略实施以来的经验总结

经过探索与实践，云南特色城镇化道路取得了一定的成效，山地城镇建设积累了一些供其他地区借鉴参考的经验。

1. 科学规划

科学规划是"科学建城、依法建城、文明建城、和谐建城"的关键，是山地城镇"建得好、建得美、建出特色"的前提条件。（1）规划要体现国家工业化、信息化、城镇化、农业现代化"四化同步"的战略，也要体现"美丽中国、永续发展"的理念。（2）规划要把握综合利用的原则，转变传统"摊大饼"式的空间扩张形态，最大限度利用当地得天独厚的江河、湖泊、山林、湿地、气候等自然地理条件。（3）规划要注重特色元素的原则，转变传统千城一面的"中国制造"模式，保护、抢救、发掘和彰显城市生态文化、历史文化、地域文化、民族民俗文化，把地方文化元素充分融入城市规划之中，让规划有思想、有文化、有艺术、有品位。（4）规划也要体现协调统一的原则，横向应加强与城镇体系规划、产业发展规划、林地保护利用规划的有机衔接，纵向应加强上位规划、下位规划的一致性和统一性。

2. 突出特色

城镇特色是一座城市在内容和形式上区别于其他城市的个性特征，城镇个性就是一座城市发展的生命力、竞争力、魅力的具体体现。文化是城市之源，把丰富灿烂的文化注入城市建设和管理中，是山地城镇建设的首要之选。（1）围绕地方的生态文化、历史文化、地域文化、民族民俗文化，将元素符号内嵌于建设规划、建筑造型、标志性工程之中，使每座城市都有鲜明的个性特征和地域特色。（2）强化城镇、村庄规划建设的文化艺术设计，注重文化保护和历史传承，打造世界独一无二的城镇风貌。

3. 产业支撑

工业现代化与城镇化具有相辅相成的作用，前者是城镇化的依托，反过来城镇化发展又会促进工业产业的提质升级。缺乏产业支撑的城镇，由于没有凝聚力，很可能沦为"空城"或"鬼城"。党的十八大以后，中央提出在改革创新中推进产业升级，以产业升级推动新型城镇化发展。山地城镇建设应按照"工业向园区集中、人口向城镇集中、住宅向社区集中"的原则把产业发展纳入特色城镇规划，推进产业发展和城镇建设的有机统一，实现以产兴城、以城聚产、产城互动的"产城融合"①战略目标。结合园区内产业发展导向和布局，对区域内各类规划进行有机整合、统一完善和逐步优化，通过学习借鉴国内外先进园区的发展理念、和规划设计，做到产业发展统一规划、统一布局、统一建设、统一管理，促进产业体系发展与城市体系发展的有机融合，实现产业化与城镇化协调发展。

4. 统筹协调

推进山地城镇建设，既是一项综合性的系统工程，又是一项探索性的全新任务，需要部门与部门之间、上级政府与下级政府的衔接协调。建立自然资源、住房和城乡建设、农业农村、生态环境等多部门的联动机制，成立协调领导小组，出台简化程序、下放审批权限的政策，提高山地城镇建设过程中的行政阻碍。探索差别化的土地管理模式，建立用地计划、激励机制、约束机制，鼓励各类用地向低丘缓坡地区规划。

四 山地城镇建设的战略选择

（一）严格保护坝区

所谓"坝区"就是平坝地区，西南地区俗称"坝子"，一般坡度在8度以下。由于坝区是云南省粮食、蔬菜、水果等农作物的主产区，一直以来采取的是严格保护的策略。通过禁止新增坝区建设用地、优化提升土地利用效率、恢复重构传统历史文化等措施使得坝区优质耕地得到有效保护。

1. 禁止新增坝区建设用地

全面贯彻执行"十分珍惜、合理利用土地和切实保护耕地"这一基本国策，在城镇周边一定范围内开展城镇、村庄和土地利用总体规划的修编，将坝区优质耕地划为永久基本农田，建立基本农田保护的重点区、集

---

① 所谓产城融合，即产业发展与城市发展融合，以城市为基础，承载产业空间和发展产业经济，以产业为保障，驱动城市更新和完善服务配套，以达到产业、城市、人之间有活力、持续向上发展。

中区，实施永久性管护。在规划下达的基本农田保护面积基础上，再预留10%左右的基本农田，实现耕地从数量保护转为数量与质量保护并重。坝区周边已规划为基本农田的适建山坡地，调整为规划建设用地。加强建设项目占用耕地的评价和论证，按照不占坝区土地的要求，严格控制非农（包括城市、工业等）建设占用坝区耕地的数量。

2. 优化提升土地利用效率

对云南省坝区现有存量土地进行摸底调查，约束企业、个体以及地方政府的短期行为，在转变经济增长方式的同时转变土地利用方式，从原来的粗放型土地利用方式转变为集约型土地利用方式，优化土地资源配置、节约土地资源。对于待开发的土地，严格按照相关规定确定该时期的建筑密度、人口密度、建筑容积率、单位产值占地率和单位用地产值率等土地利用效率指标，只有全部达到各项效率指标后才能允许开发新的用地。合理安排土地的利用方向、规模和时序，在优先安排农业利用的前提下，统筹兼顾恢复土地生产功能、增加耕地数量、改善生态环境等要求，鼓励多用途使用。适度开发农用地后备资源，鼓励和推广在非农建设占用耕地中实施耕作层剥离和移土培肥，新增城镇建设用地充分利用周边适建山地、坡地和荒地。探索建立耕地保护专项资金，通过多渠道筹集资金，有效保护耕地（特别是基本农田），逐步形成耕地保护的经济激励机制。

3. 恢复重构传统历史文化

坝区土地上蕴藏着丰富的动物资源和植物资源，容纳着众多的少数民族群体，保留着多样的民族民俗文化传统，拥有丰富的自然景观与人文景观。然而，坝区土地被占用直接威胁着土地上优秀传统文化的传承与发展。恢复重构传统历史文化，建立自然景观保护区和人文景观保护区是新型城镇化的关键一步。对于划入保护区的土地必须严格执行土地总体规划和土地资源保护利用的法律法规，鼓励保护区内的其他用地需求调整到适宜的低丘缓坡地区。同时，保护区内除了满足自身发展需要的直接相关建筑的建设外，严格禁止其他各类建筑的建设，对于区域内乱砍滥伐、污染环境、违章建筑等破坏自然和景观的行为应给予严厉的处罚。

（二）重点开发浅山区

所谓"浅山区"，指的是山区和平原之间的过渡地带，坡度一般在8

度到 15 度之间（或者是通过调整优化到这个区间内），已经承受一定开发压力或未来极有可能受到城镇化进程严重影响的区域。对于浅山区可以通过保护基本农田稳定、实施中低产田改造、加快城镇新区建设、鼓励工业园区发展等措施对土地资源进行合理开发和有效利用。

1. 保护基本农田稳定

优先将浅山区内土壤品质好、肥沃程度高的土地资源用于粮食生产，确保粮食安全。协调处理好区域内耕地保护与水利、交通、能源、信息等事关民生工程的基础设施建设之间的关系，结合区域内农业生产力布局和资源禀赋，着力优化耕地和基本农田的结构和农产品种植布局。加强区域内可利用耕地（特别是基本农田）的整理，以土地的可持续性利用来促进对优质耕地的保护，进一步提高区域内耕地的综合生产能力。在落实基本农田保护指标的前提下划定基本农田储备区，对于因土地整理复垦开发出来的优质耕地优先补划为基本农田。严格贯彻执行国家、云南省基本农田保护政策，以及所涉及土地资源的法律法规，落实相关部门分工负责制度，确保云南省基本农田数量不减少、用途不改变、质量有提高、布局有改善。重视科学技术对经济社会发展的促进作用，积极采用国内外先进的农业生产技术，提高单位面积农产品产量，进而提高当地经济效益。建立基本农田建设集中投入机制，积极争取国家财政政策对山区基本农田建设的倾斜，进一步加大地方财政对基本农田建设的投入力度，引导社会资金共同参与基本农田建设，促进基本农田质量提高和产能提升。建立健全基本农田保护的激励机制和约束机制，严格控制非农建设用地占用耕地（特别是基本农田），鼓励城市拓展、工业用地、公共服务建设最大限度地利用存量土地。加大省级财政对优质耕地保护的补贴力度，并将耕地保有量、基本农田保护面积作为国家确定一般性财政转移支付规模的重要依据，探索建立耕地保护与财政补贴直接挂钩机制。

2. 实施中低产田改造

坚持依托水源建设城镇，改造中低产田土地，推进水浇地、坡改梯、土地平整、水利配套、土壤改良、地力培肥等项目，提高土地生产力，形成"管成网、田成方、路相连、渠相通、旱能灌、涝能排、田园化、生态化"的标准化农田。积极探索农业综合开发资金、农业产业化发展基金、农业扶贫资金与其他涉农资金统筹机制，多方位争取银行信贷、保险部门及其他社会资金对中低产田改造的支持与投入。在对中低产田改造的管理过程中，不仅要强化对农田水利建设质量的监督，还应该加强对农田水利工程投入运行后的维护。坚持中低产田改造与污染防治并重的原则，加大农村污染防治力度和农村垃圾分类处理的投入，实现农村综合环境的美化、亮化、净化。

3. 加快中心城镇建设

在中心城镇建设过程中，新增建设用地应充分利用周边坡地、山地、荒地。城镇周边的适建山地和未利用地优先纳入储备，并在出让前完成必要的前期开发。村庄新增建设用地结合乡村振兴战略适当迁村并点，统筹治理"空心村"。鼓励支持城镇组团向山地发展，加大配套基础设施支持力度，对城镇供排水配套设施、城镇道路及连接组团之间的道路、水利设施等项目给予一定倾斜。

4. 鼓励工业园区发展

积极引导工业向产业园区集中、园区向缓坡布局。实行单位面积土地最低投资限额制度，工业项目单位面积土地的投资额不得低于规定的最低限额。鼓励企业建设多层结构的标准化厂房，在一定程度上限制工业园区内的单层建筑物。建立产业园区、工业项目向荒山荒坡布局的激励机制，根据实际情况适当降低各类产业园区建设用地的基准地价，对开发利用坡度在15度以上的山区，提倡以成本价格出让土地，引导产业向园区集中、园区向山地布局。

(三) 适度发展半山区

所谓"半山区"，指的是处于生态区和浅山区交界处的地带。半山区既有生态区的特点，又有农耕区的特色，从整体上构成了"多山、多水、少田"的格局。一般而言，半山区的坡度在15度到25度之间，其土地资源优于生态区而劣于农耕区，但区内的生物种类繁多，土壤差异极大，适宜林、牧、粮、果、药等多种产业化的发展。

1. 发展山地农业

对非耕地资源进行适当开发，发展畜牧业，逐步建设高产人工草地和饲料地。在稳定发展畜牧、养殖业和油料作物种植的基础上，推动以中草药、林果为基础的经济作物发展，同时发展农副产品精深加工产业。充分挖掘半山区的荒草地资源，扩大牧草种植面积，改良牧区的天然草场，在适宜地区建立人工牧区，进一步改善牧区草场结构。推进畜牧业现代化和产业化发展，以提高商品率、出栏率为重点抓好核心技术的开发与推广，以畜牧业商品基地建设为突破口加大畜牧业基础设施建设。

2. 积极发展混农林业

在加强林业基地建设的基础上，利用非耕地资源大力发展经济林，满足区域内林浆纸、林板、林产化工及木材深加工产业发展对生产要素的需求。巩固云南省现有的茶叶、橡胶、松香、木材等品牌产品，进一步开发板栗、核桃、枇杷、芒果等经济林果产业。规范化、标准化建立食用菌交易市场，逐步形成产、销、供、加工的一体化产业链。因地制宜开展林下养殖和林下种植，林下养殖包括养鸡、养蜂、饲养草食动物，林下种植包括中草药、野生菌等。

(四) 构建生态涵养区

所谓"生态涵养区"主要指承担生态服务和生态系统维护功能的地域，以自然生态为主，包含一些零散分布的村落。一般而言，生态涵养区的坡度在25度以上。通过退耕还林、天然林保护、建设生物产业原料基地、综合整治水土流失等政策措施加强对生态涵养区土地的有效利用。

1. 退耕还林

通过荒山造林、人文景观保护区建设、水土保持经济林建设等重点造林工程，营造优质林地，提高森林覆盖率。结合水土流失治理和生态环境建设，不断优化林地结构，提高林业生产的经济效益和生态效益。根据区域内的实际情况选择薪炭林、用材林、经济林的种植比例和品种搭配，扩大退耕还林的覆盖面。加大退耕还林后期扶持力度，进一步巩固退耕还林成果，促进退耕还林地区的土地可持续利用。

2. 天然林保护

保护好、经营好现有天然林地，防止对天然林的过度采伐和毁林开荒。在维持生态系统平衡、改善生态环境、提升农业综合生产力的基础上，大力推进荒山造林工程，实施疏林地改造和灌木林地改造，加快林地更新进程。以综合生态效益维护为重点，着力推进天然林资源保护重点工程、多功能防护林工程，提升生态系统自身恢复功能。严格划分禁伐区、缓冲区和商品林经营区，严格遵守"全面停止天然林商品性采伐"的原则，继续调减商品木材产量。

3. 建设生物产业原料基地

建设以木薯、甘蔗、小桐子等能源植物的品种繁育基地、种植示范基地和产业化推广基地，为生物能源产业发展提供充足的原料供给。推进生物医药制造园区、濒危中药良种繁育基地、中药创新药物研发技术平台、民族医药产业基地、中国—东盟医药产业交易市场与信息交流中心的建设，构建产学研一体化的生物医药产业发展格局。推进以木薯、甘蔗等为主要原料的生物基材料、生物化工产品、微生物制造、糖醇制造和农产品深加工等产业和重大项目建设，形成完备的生物制造产业链。

4. 综合整治水土流失

遵循生物措施和工程措施相结合的原则，以造林、育林、营林来推动森林资源可持续发展，通过减少水土流失、加强石漠化治理来保护、恢复和扩大林草植被覆盖面。推动水源涵养防护区内的森林、草原、植被等生态系统恢复与重建，提高生态系统的水源涵养功能。对区域内林地实施人工更新和人工促进天然更新双重措施，对区域内现有的经济林进行垦复改造，通过引进优良品种、扩大种植面积来提高质量、增加产量。对于可能造成土地石漠化、水土流失和洪涝灾害的区域实行最严格的开垦制度，防止毁林开荒和乱砍滥伐造成新的水土流失。

五　山地城镇建设过程中必须重视的问题

（一）山地城镇建设面临的潜在危机

云南省人民政府出台的《关于加强耕地保护促进城镇化科学发展的意见》（云政发〔2011〕185号）指出，到2020年力争城镇化水平达到50%以上。这表明，云南省要在2020年与全国同步建成小康社会，云南省的城镇化率必须增长14个百分点（以2010年为基准），年均保持1.4个百分点的增速。目标任重而道远，任务艰巨而充满挑战。因此，必须创新城镇化推进的方式才能缓解当前城镇化推进过程中的矛盾，实现与全国同步建成小康社会的目标。2011年，中共云南省委第九次党代会指出，坚持城镇带动、城乡联动推进工业化与城镇化融合发展，把山地城镇建设作为推进云南省工业化和城镇化的有效举措，走出一条具有云南特色的城镇化道路。就目前云南省山地城镇建设推进的实践来看，面临以下五个方面潜在的危机。

1. 优质耕地资源面临锐减的危机

云南省域范围内，山区面积占土地总面积的94%，河谷和盆地仅为6%，可利用的坝区资源相当有限。随着工业化、城镇化进程的快速提升，云南省坝区土地资源的30%已被建设用地占用，优质耕地呈逐年减少的态势，守住耕地红线的压力日益剧增。如果沿用传统的发展模式，采取在平坝地区以"摊大饼"的方式扩张城镇空间，按照现在的发展速度，再过10年云南省现有的优质耕地将被用完，即使限制城市发展的速度，土地资源仍然是制约云南省经济发展的重要因素。从产业链供给角度来看，粮食供应受外部自然因素、交通运输、市场价格的影响逐步加深，政府对城市粮食供应的调控难度也逐渐变大，这在一定程度上会增加城市居民生活的平均成本。从当前城市扩张模式来看，一些房地产开发商为追求高额利润采用"公司+农户"的方式圈占了部分坝区优质土地进行房地产开发，产业园区也大规模占用平坝地区优质耕地进行扩张，新区、新城建设也以牺牲优质耕地为代价不断延展，这些做法在短期内给地方经济带来了繁荣发展，从长远看将会出现园区企业入园率低、"空城"现象频频出现、城市生活必需品（粮食、蔬菜等）自给能力弱等问题。

2. 历史名村、名镇面临消失的危机

云南地处西南边疆，在经济社会发展历史进程中形成了大量的古城、古镇、古村，文化内涵十分丰富，这些历史性建筑囊括了云南悠久的历史，鲜活地展现了多民族地区的民俗，它们是物质文化与非物质文化的具体体现，也是人类文化多样性的生动阐释。作为一种历史遗存，历史古城、名镇、名村蕴藏了丰富的历史记忆和深厚的文化信息，是当代人认知历史、感触过去的重要渠道，从某种意义上来看它们其实就是云南历史的缩影。然而，在现代文明、工业化、城镇化快速发展推动下，许多历史建筑遭到严重的损毁，有的历史建筑甚至永远消失。历史建筑作为文化传承与传播的重要载体，古城、名镇、名村一旦失去特色，将导致诸多文化遗产逐步消失，云南文化的多样性特色、文化魅力也将逐步削弱。如何围绕"传统与现代相融合、文化与经济相统筹、社会与自然相和谐"的理念来保护与发展传统历史文化是当前云南城镇化进程中必须正视的问题。自2003年以来，国家住房和城乡建设部与国家文物局联合公布的350个中国历史文化名镇（村）、名街中，云南省共有17个县城、乡镇、村位列其中（包含国家历史文化名城5个，国家历史文化名镇、名村12个）。同时，中共云南省委、云南省人民政府于2007年发布了《云南省历史文化名城名镇名村名街保护条例》，并在云南省范围内公布了10个省级历史文化名城，33个名镇、名村、名街。以高楼大厦为核心的现代建筑风格已成为城镇化推动的主旋律，导致云南省现存的历史建筑保护面临严重的挑战。在传统模式的城镇化推进过程中，大量的历史建筑被推倒，千城一面的现代建筑拔地而起，待到保护意识提高之后又进行重建、修复。一方面，通过重建、修复等措施很难恢复原建筑的固有文化韵味；另一方面，建设成本相对较高，在一定程度上对地方财政也造成了一定的压力。

3. 占补平衡政策面临变异的危机

按照国家相关要求，建设项目一旦占用了坝区耕地，必须实施"占补平衡"政策，以求达到耕地总量保持相对平衡的状态。云南省紧紧围绕"用好增量、盘活存量"的原则，推动土地管理总体思路由"重审批、轻监管"向"审批、监管相并重"转变，并建立了土地等级动态调整机制。然而，在政策落实过程中，通过占优补劣、占多补少、占肥补瘠等措施使原本是耕地和良田的农业用地变成了商业区，把原本是贫瘠中低产田地改为良田，以此做到账面上的占补平衡，实际可用耕地却在减少。

4. 用地矛盾面临日益尖锐的危机

当前云南城镇化发展主要是采取传统"摊大饼"的方式来推进，必然导致优质耕地保护与城镇化速度提升的矛盾加剧。一方面，表现为平坝地区可供城镇建设的土地资源越来越少；另一方面，随着城镇化的快速发展，人口在城市的重度集聚对生活必需品（粮食、蔬菜）产生大量的需求。城镇化道路倘若一直按照传统"摊大饼"的方式推进，城市建设过度集中于平坝地区，人地矛盾必然会演变为严重的社会矛盾，并且这一矛盾随着城镇化的深入推进越来越突出、越来越尖锐。同时，政府通过征地将平坝地区耕地和低丘缓坡地区土地资源转变为商业用途，农村居民人均耕地下降，虽然失地农村居民得到了一定数额的征地补偿，一部分农村居民由于文化程度低、缺乏一技之长（除种地以外）、接受新事物（科技、信息）能力弱，导致这部分失地农村居民社会生存能力因失去耕地而变得相对脆弱，很难保障自给自足的基本生活需求。这些矛盾一旦激化，将给社会稳定带来一系列不安全因素。

5. 生态环境面临急剧恶化的危机

国内外城镇化推进的经验表明，由于政府盲目追求城市规模的扩张，大部分城市都朝着"做大、做强"的方向发展，却忽略了由于城市扩张导致生态治理成本增加的问题。虽然实现了城镇化率年年攀升的"美好曲线"，但同时表现出来的是生活污水急剧增加、空气质量进一步恶化、淡水资源供给保障困难等现象。许多地方政府在经济发展过程中更多关注的是"看得见、成效快、收益高"的形象工程（诸如，修建宽阔的城市道路、打造华丽的楼宇，不考虑环境成本引进财政税收颇丰的大企业），对于城市垃圾处理、污水收集管网、生态涵养区、水源保障工程等民生工程投入却严重不足，城市废水排放和污水处理能力不足、内涝频繁、污染严重等城市生态问题却得不到及时处理，严重影响人民群众的生活质量。

（二）山地城镇建设必须重视的问题

1. 必须重视基础设施建设难度大的问题

在低丘缓坡地区建设城镇，面临的一个最直接的问题就是基础设施十分薄弱，很大一部分地区根本没有基础设施配套工程。一方面，对于平原地区基础设施建设工程，当前的技术已经十分成熟，各级各类市政工程建设都形成了比较完善的标准。低丘缓坡地区的基础设施工程十分复杂，因为地质结构的多样性导致了低丘缓坡地区没有统一的建设标准，市政工程建设不仅仅要考虑山洪、泥石流、溶岩等地质因素，还要考虑污水管网、路政工程的抗压能力和稳定性，从而对基础设施工程建设带来了一定的难度。另一方面，由于在低丘缓坡地区建设城镇，地质结构也比平坝地区更加复杂，使得前期地质勘测和规划编制需要较长的周期，在基础设施工程建设过程中也会因为建设物资的转运、工程难度的增加、人力资源的匹配等问题导致建设周期比一般的工程周期要长。

2. 必须重视建设成本剧增的问题

与坝区相比，山地城镇建设成本要高很多，成本的增加主要体现在基础设施配套工程、社会成本、规划成本三大方面。从基础设施配套工程来看，成本增加不仅仅是体现在"削峰填谷"等土地开发成本上，更大的成本在山地城镇中水、电、路、基础设施的投入方面。山地城镇建设中道路交通、水利水电管网、公共服务配套设施等硬件设施投资成本的增加，必然产生居民生活成本的增加和工业生产成本的上升等连锁反应，进而导致地方政府招商引资难度加大，地方经济发展也会受到影响，本地居民迁居的意愿也将受到一定程度的影响。从社会稳定和谐层面来看，山地区域本身就具有生态脆弱性（诸如绿春县、红河县等），这些地区发展缓慢并非单方面原因造成的，更多的是地质问题、贫困问题、生态问题、民族问题等多种矛盾交织在一起，这些内部矛盾与外部矛盾互为牵制、共同激化，增加了这些地区实现自然、经济、社会与城镇化协调发展的难度，由此所引起城镇建设及基础设施配套工程投入成本也非常之高。[①] 从规划编制来看，不同的地形和地质条件对山地城镇的规划有着不同的要求，与平坝地区建设城镇不同的是，由于地质结构和建设条件各不相同，需要在前期地质勘测的基础上进行科学论证，从而加大了前期勘测、规划编制的成本。

3. 必须重视山地城镇地质灾害频发的问题

众所周知，受地理区位、地质气候、环境恶化、经济条件等因素的影响，云南省地域范围内地质条件十分复杂，长期呈现出地质灾害多发、灾

---

① 对于这部分成本，并非主要体现在经济成本上，更多的是表现在发展机遇的丧失、时间成本的增加等方面。

害区域分布广、成灾受灾损失严重的特点，地震、泥石流、滑坡等自然灾害严重影响着人民的基本生活。基于云南省129个县级政府驻地统计分析结果显示，云南省129个县级政府驻地中受到不同程度地质灾害危害的城镇有41个，几乎占到了总量的1/3。就当前云南省129个县（市、区）的政府驻地而言，绿春县、德钦县、维西县、宁蒗县、红河县、梁河县、东川区、漾濞县等县城均受到不同程度的地质灾害威胁，初步估算静态治理费用在10亿元以上。云南省1371个乡镇政府驻地集镇中，大概有160余个乡镇政府驻地直接受到泥石流、滑坡等地质灾害的威胁（危害较严重乡镇高达79个之多），涵盖了5000个自然村约30万山区农村人口。中共云南省委、云南省人民政府提出山地城镇建设的城镇化发展思路，固然是一条符合云南省情、切实有效的城镇化发展道路，然而面对云南省相对脆弱的地理环境，如果不处理好山地城镇建设与综合灾害防治的矛盾，山地城镇建设这一看似符合云南省情的城镇化战略，也将面临很大的潜在风险。

4. 必须重视聚集能力相对较弱的问题

当前，山地城镇建设主体一般都是县级行政部门，且这些城镇大部分都存在着城市功能弱、人口规模小、人口集聚效率低等问题，短期内很难承担起作为区域性中心城市带动和辐射周边地区的职能。从人口的集聚来看，城市经济学理论认为，城镇人口达到2—3万人之后，其聚集效应才开始初显。云南省现有的大部分坝区城镇人口均低于1万人，集聚效应很难得到真正的发挥。同时，由于基础设施建设的不完善、城市综合承载能力较弱、非农化程度相对较低、吸纳农村富余劳动能力不强等因素致使云南省城镇发展缺乏规模效益和集群效应，推动城镇化发展的动力也就略显不足。从产业集聚来看，当前云南省的大部分山地城镇还处于第一产业为主导的发展阶段，以传统农业耕作方式为主，农业产业化不明显、机械化程度不足，农业生产水平相对较低，产业聚集能力相对较弱。同时，这些地区现代制造业发育程度低，严重地影响了以产业为链条的经济辐射能力和人口吸附能力，既导致整个工业结构层次低，也对第三产业发展形成障碍。

5. 必须重视融资债务的问题

近几年，地方政府的融资平台和债务问题备受关注。新时代中国经济的高质量发展是以工业化、城镇化高质量推进为核心的发展模式,地方政府也承担起各种各样的职能,城市开发和基础设施建设是地方政府的主要职能之一。在市场经济下,尽管这一职能可以通过改革让其他主体来承担,但当前地方政府仍然是基础设施建设的主体,于是产生两方面的矛盾。一方面,地方政府在城镇化进程中不得不承担城市开发和基础设施建设的职责;另一方面,引发一系列宏观经济不稳定的潜在风险,如融资平台乏力、政府债务扩张等。云南山地城镇建设的实践表明,虽然各级政府在投融资管理体制改革上进行了不同程度的探索,也初步形成了多元化、广渠道、全方位资金筹集的格局,但是政府投融资管理体制在实践运行中仍然暴露出诸多的弊端,① 这在一定程度上影响了山地城镇建设的整体效果。

6. 必须重视文化保护传承的问题

在当前如火如荼的城镇化推进浪潮中,农村居民脱离长久以来从事生产生活的土地之后,那些具有地域特色、传统方式、民族风情的农耕文化将如何保存?那些满载农村生活节奏的传统生产方式、手工艺品制造技术、染印缝制工艺等民间技艺又以何种方式存活?调查中发现,物质文化遗产的破坏持续蔓延,非物质文化遗产继承缺乏传承人,片面的政绩观和过度商业化开发加速了传统文化的破坏和消亡,政府重视物质层面的保护而忽视精神文化的传承。因此,保护与传承地方优秀传统文化,建设具有地域特色、历史韵味、民族风情的特色城镇,也是当前云南省推进城镇化过程中亟待解决的重要问题。

7. 必须重视建设中认识误区的问题

2011年,云南省在全省范围内选取了十大山地城镇建设典型工程,作为省级层面的试点,各级政府把山地城镇建设当作加速云南城镇化发展的重大战略。地方政府在具体实施过程中,存在山地不受限制、上山占林、山地万能、急功近利四方面的认识误区,应该提前防止并加以纠正。一是

---

① 这些弊端集中体现在由于政府单一主体融资导致承担资金供需矛盾突出、缺乏规范有效的主力投融资平台、"重融资建设、轻后续管理"的模式导致投融资效率较低、融资渠道过度集中导致融资结构不合理等方面。

防止进入"山地不受限制"的认识误区,对于山地城镇建设中土地资源的综合开发和利用,应该出台相关政策文件来制止随意圈地占地行为,避免借山地城镇建设之机肆意圈地、囤地等行为。二是防止进入"上山占林"的认识误区,低丘缓坡土地综合开发并不意味着可以不加控制地利用,必须严格按照相关规定控制建设用地规模,低丘缓坡土地综合开发利用应该与城市建设近期规划、林地保护利用规划相互衔接,按照"宜林则林、宜耕则耕、宜建则建"的原则,尽量保留原有森林景观。三是防止进入"山地万能"的认识误区,不能把开发利用低丘缓坡土地当作解决所有发展问题的"万能钥匙",而是应该利用好低丘缓坡土地资源,实事求是地谋划山地城镇建设,保护好坝区优质耕地。四是防止进入"急功近利"的认识误区,在低丘缓坡地区建设山地城镇应该编制相应的规划,提出阶段性的目标方案,再分步实施,避免一味求大、求全、求多,影响山地城镇建设质量。

六 山地城镇建设的政策建议

山地城镇建设涉及经济、社会、人文、生态等多个领域,无论是内部还是外部均交织着多重矛盾。因此,需要辩证地看待山地城镇建设的基本规律,正确处理平坝地区和山坡地区的关系,正确处理城市建设和耕地保护的关系,正确处理生态安全、粮食安全与居民生活质量提升之间的关系,推进山区城镇化科学发展、健康发展。

(一)创新山地城镇的基本发展思路

立足新时代,如何处理好经济发展、生态保护、城市建设三者之间的矛盾是城镇化发展的核心问题。云南省山地城镇建设,既要加速经济社会向前推进,又要保留原有生态环境的完整性,创新山地城镇化的发展思路是山地城镇建设面临的首要问题。

1. 城镇建设理念的创新

借鉴国际国内城镇化推进的先进理念,遵循城镇自身发展的客观规律,全面落实国家新型城镇化"以人为本"的基本原则,以全面、协调、可持续的发展观指导云南省山地城镇的建设。在山地城镇实际建设过程中，应尽可能综合历史文化、现代理念、未来趋势三方面的因素，打造文化城市、生态城市、智慧城市、立体城市、特色城市等多元城市发展格局，开创山区城镇化特有的经济形态、空间形态和文化形态。

2. 山地城镇发展形态的创新

在保证城市空间结构的科学性、城市景观特色的多样性、居住与就业适度均衡性的基础上，更加注重城市发展形态的差异性、多重性、传承性、艺术性。一方面，改变传统以"同心圆"式的交通路网结构和"摊大饼"式的城市拓展方式，重点从城市建筑外观形态和风格式样进行创新，让城镇建得更有特色。另一方面，强化城市内部和外部组成结构的创新，通过优化城市内部结构形成以组团布局、大开大合的组合模式，通过拓展外部功能，形成以核心城市、中等城市、小城镇、较大乡镇为核心的城市群落发展模式。

3. 城镇组合功能的创新

从区域经济一体化的动态需求出发，强调区域板块内中心城市、中等城市、小城镇和较大乡（镇）功能作用的差异性，突出区域内的分工与协作，构建集生产性、生活性和创新性为一体的功能型城市发展体系。对于滇中城市群而言，应严格控制坝区建设用地的总体供给；滇东南城市群、滇东北城市群、滇西城市群，适当扩大建设用地规模，合理安排中心城市建设用地，严格保护坝区农用地（尤其是坝区优质耕地），通过利用其他农用地和未利用土地，保障交通、能源、水利等重大基础设施建设以及特色优势产业发展的合理用地需求；滇西北城市群、滇西南城市群，在控制新增建设用地供给的同时，大幅增加维持生态功能类型的土地供应，保证基本农田数量不减少、耕地质量有提高。

4. 产业聚集形态的创新

产业布局、产业形态和产业驱动力是山地城镇建设产业发展的核心要素，云南省山地城镇建设过程中产业发展的创新，应该重点从三个层面来统筹考虑。（1）从产业布局层面看，关键点是注重区域内部产业布局的层次性，注重产业优化升级与城市功能完善的匹配性，以科技含量高、附加值高、信息密集度高的产业带动大城市走向国际化，以优势产业为核心带动中小城市迅速拓展，以高原特色农业、优质林果等现代农业带动乡村振兴，保障山地城镇建设中产业发展的协调性与可持续性；（2）从产业形态层面看，关键点是推动产业形态由中低端向高端的转型升级，采取集群式、耦合式的跨产业循环经济链条模式，逐步建立以战略性新型产业、先进制造业、现代服务业、都市农业为主体的产业发展体系；（3）从产业驱动力层面看，关键点是从依靠以土地、资源、投资为核心的"要素驱动"，逐步向以人才、技术、信息为核心的"创新驱动"转变，增强山地城镇的综合竞争力。

5. 要素集成方式的创新

要素集成方式创新的内涵就是打破传统的城镇要素集成方式，探索建立区域内城市发展所需要的教育、科技、文化、人才等要素的有形平台，为山地城镇发展提供基础性保障。同时，以城市组合功能创新和产业形态转变为载体，发挥核心城市（中心城区）对区域内教育资源、科学技术、文化资源、医疗设施、人力资源开发等各类要素的集聚功能和辐射带动功能，促进区域内多元化要素聚集。

6. 城市管理模式的创新

城市管理水平是一个城市文明程度的重要体现，城市管理水平的高低在很大程度上取决于城市管理的模式。城市发展的活力、城市彰显出来的魅力、城市所具备的核心竞争力，都离不开高水平的城市管理。因此，对于云南省山地城镇的管理，应打破传统的城市管理模式，在精细化城市管理、数字化城市管理、社会化城市管理等方面改革创新，有效规避当前城市管理过程中出现的信息不及时、管理部门职责不清晰、有效监督和评价机制缺失等问题。

7. 文化发展方式的创新

文化是城市的血脉、生命和灵魂，也是城镇发展的内核、软实力和形象。城镇则是地域独特文化的凝结和深厚积淀，也是文化的载体、容器和展示舞台。

随着文化产业作为高端产业形态将逐步被全社会所认识，云南省在城镇化推进过程中，不仅要重视地方文化资源的传承与保护，更应该将传统文化元素有机融合到现代文化发展中。一方面，紧紧围绕中央关于"推进文化体制机制创新"的要求，加快文化体制机制改革创新，构建现代公共文化服务体系和现代文化市场体系；另一方面，山地城镇建设中还应统筹考虑建立基本性、公益性、均等性、便利性的公共文化服务体系，以及建立集约化、规模化、专业化的文化产业发展体系。

(二) 科学编制山地城镇建设规划

严格按照《云南省人民政府关于科学开展"四规合一"试点工作的指导意见》（云政发〔2015〕18号）的要求，完善云南省山地城镇近期建设规划的编制，积极推动国民经济和社会发展总体规划、城乡规划、土地利用总体规划、生态环境保护规划的"四规合一"。在调整完善近期建设规划之前，应重点对原规划实施的情况进行总结，围绕人口、水资源、土地、能源和生态环境等关键性因素来分析规划在实施过程中面临的新问题。立足于更广阔的空间领域来研究土地资源整体配置、区域环境综合治理等核心问题，妥善处理好山地与坝区、城市与乡村协调发展的矛盾。在此基础上，科学合理地修订山地城镇在坝区和山区发展的总目标、总规模，为城镇总体规划修编提供基本依据。

1. 协调好山地城镇建设与城镇规划之间的关系

编制科学的城镇发展规划是山地城镇建设的关键，山地城镇建设的首要任务就是编制一系列的规划（包括城市总体规划、控制性详情规划、产业发展规划、生态环保规划、土地利用规划等）。规划的编制应跳出传统"摊大饼"的城镇扩张方式，充分利用云南的自然资源禀赋和民族民俗文化，最大限度地挖掘城镇独特的个性、品质、形态，围绕坝区、山坡、丘陵搭建"阶梯型"城镇发展平台，形成科学合理的城镇发展格局、农业发展格局和生态安全格局。山地城镇规划的编制过程中尽可能地融入"城乡一体、集约发展、区域协调、绿色低碳"的发展理念，体现现代城市建筑的美、色彩的美、整体的美。

2. 依法适时开展城镇总体规划的修编

按照《云南省人民政府关于科学开展"四规合一"试点工作的指导意见》（云政发〔2015〕18号）的要求，对云南省的试点县（市）开展城镇总体规划的修编，针对暂时没有被列入试点县（市）的总体规划应提前做好修编的准备工作，按照云南省统一部署循序渐进启动。在城市总体规划的修编过程中，坚持集约和节约用地、保护坝区和耕地的原则，注重对基本农田的保护，注重对优质耕地的保护。围绕主体功能区规划，对区域内城市发展、产业发展和生态发展进行合理布局。

3. 加快推进村镇规划编制和实施管理

对于非中心城区的乡（镇），积极开展乡（镇）总体规划、控制性详细规划和近期建设规划的编制，并依法实行建设项目规划许可制度。针对国家重点特色城镇和云南省重点特色小镇，滚动完善规划编制、审批、实施评价工作，确保山地城镇建设与国家宏观战略、云南省区域发展战略吻合。在现有乡村规划编制工作的基础上，严格按照行政村总体规划"两图一书"和自然村建设规划"三图一书"的总体要求完善规划编制；同时应根据中央关于建立城乡统一的建设用地市场和户籍制度改革的精神，加大城市建设规划和乡村振兴规划的整合力度。

4. 积极开展土地利用总体规划动态评估和滚动修编

在第二次全国土地调查的基础上，开展土地利用总体规划修编、按照新增建设用地总量指标进行管控，将原来坝区范围内没有达到预留标准的基本农田补划进去，对坝区周围已被划定为基本农田的山坡重新调整为城市预留建设用地，确保区域内坝区的永久农田、预留建设用地、生态建设用地按照合适的比例配置。按照坝区耕地面积保护范围不低于80%的原则，划定永久基本农田，并实行特殊保护。

（三）切实提升山地城镇化内在潜力

推进山地城镇建设是云南解决制约山区城镇化健康发展结构性问题的重大举措，承载着云南省与全国同步建成小康社会、加快现代化进程、进一步缩小与沿海发达地区发展差距的历史使命。

1. 打造生态、集约、组团式城镇化发展格局

以坝区耕地保护、构建城镇生态屏障为重点，在统一制定产业发展规划、城市规划和土地利用总体规划的基础上，将产业和人口集中向城镇组团发展，不断提高集约化用地水平和用地效益，推进以山地、山水、田园

为特色的生态城镇建设，促进城乡发展相互衔接、相互影响。

2. 加大山地城镇化配套基础设施建设

鼓励支持城镇组团向山地发展，加大基础配套设施建设的财政支持力度，对城镇供排水等配套设施、城镇道路及连接组团之间的道路、水利设施等工程项目安排专项资金予以支持，政府职能部门应该从政策上给予倾斜。

3. 提高耕地质量和耕地产能

坝区的优质耕地实行最严格的保护，实现耕地从"数量保护"转为"数量与质量保护"并重。将中低产田地改造与基本农田示范区、土地综合整治、兴地睦边农田整治重大工程、生态治理工程相结合，加强坝区土地的整理、复垦和开发，完善基本农田耕作条件，提高耕地质量和耕地产能。

（四）注重协调性

山地城镇建设是一项由多部门相互协作、共同推动的工作。在山地城镇建设过程中，应更加注重山地城镇建设与土地利用的协调性、山地城镇建设与产业体系的协调性、山地城镇建设与民族文化保护的协调性。

1. 注重山地城镇建设与土地利用的协调性

节约型土地开发理念和集约型土地利用方式是山地城镇建设的两大核心内容。一方面，按照"既有利于耕地的有效保护，又能够满足建设用地的总体需求"的基本原则，针对云南省面积在1平方千米以上的坝区农田实行严格的保护政策，优化城乡用地结构，逐步引导城市发展用地调整到宜建的低丘缓坡地区，提高土地使用中的荒山、坡地和丘陵的利用比例，确保优质耕地和坝区农田得到有效保护。另一方面，开展城乡闲置土地治理专项行动，盘活城乡闲置的土地和低效利用的土地。同时，严励打击城市发展过程中的圈地、囤地、违法占用土地等行为。

2. 注重山地城镇建设与产业体系的协调性

城镇化推动的核心动力主要来源于产业的有效集聚，只有产业聚集达到一定程度，生产要素集聚达到一定规模，才能实现人口的高度集聚。一个地区经济保持稳定增长的核心在于产业体系的完善程度。可以说，城市发展如果没有产业发展作为支撑将会成为无源之水、无本之木。

山地城镇作为云南省新型城镇化发展的实施途径，应该把城镇发展与产业结构调整紧密结合，构建"以城聚产、以产兴城、产城联动、融合发展"的格局。一方面，立足于各个地区的地理区位、资源条件、经济基础等现实情况，引导特色鲜明的优势产业向山地集聚。另一方面，强化园区发展在山地城镇建设中的主体作用，通过资金扶持、政策倾斜鼓励园区优先在荒山、荒坡和丘陵地带布局。

3. 注重山地城镇建设与民族文化的协调性

众所周知，云南省是一个多民族的边疆省份，文化资源丰富、文化特色鲜明，中共云南省委、云南省人民政府早在1996年就提出"民族文化大省"的发展思路，2008年进一步提出"民族文化强省"的发展战略。经过多年的积累，云南民族文化的资源优势已逐步转变为品牌优势，文化的竞争力、影响力也得到显著提升。

山地城镇建设过程中，应该深入挖掘文化优势、培育文化气质、突出文化特色、打造文化品牌，充实城市文化灵魂，提升城市文化品质，增强城市综合竞争力。（1）在突出文化遗产保护的同时，结合区域内人文风情，培育、发展、打造城市特有的人文风貌和城市特质。（2）注重以图书馆、博物馆、剧院、科技馆、艺术馆、会展中心为核心的文化基础设施建设，打造与区域内历史风貌相适应的文化硬件设施。（3）注重城市软环境的建设，以区域内传统的节庆、习俗、民俗活动为载体，改革文化发展观念、创新文化发展理念，营造公平、公开、公正、竞争有序的发展环境，成为山地城镇的凝聚力、影响力、竞争力。（4）围绕"品牌城市"发展战略，注重发展的差异性，突出资源的不可替代性，确保产业发展的可延展性，培育城市品牌文化软实力。①

---

① 注重差异性，就是与其他地区相比城市拥有"与众不同"的文化，差异性越大越好，如腾冲市的和顺镇至今保留着完好无损的历史生产生活方式。突出不可替代性，就是与其他地区相比拥有"人无我有"的文化特色，其他地区即使有模仿的意图也很难原汁原味地模仿出来，如丽江市所拥有世界独一无二的东巴文字和纳西古乐。确保产业可延展性，就是与其他地区相比"潜力无穷"的文化内涵，如大理古城吸收了中外文化、传统文化与现代文化的精神，拥有广阔的旅游发展空间。

（五）完善山地城镇建设的体制机制

《中共中央关于全面深化改革若干重大问题的决定》中提出，坚持走中国特色新型城镇化道路，推进以人为核心的城镇化，推动大中小城市和小城镇协调发展、产业和城镇融合发展，促进城镇化和新农村建设协调推进。优化城市空间结构和管理格局，增强城市综合承载能力。[①] 体制机制的改革创新是山地城镇建设的动力和活力。

1. 创新耕地保护机制，拓展占补内涵

采取省级统一收购地方指标、统一搭建交易平台、统一指标流转方式，确保云南省耕地总量动态平衡。按照"统一政策、分级筹集"的原则，全方位、多渠道、广角度来筹集坝区优质耕地保护资金，切实将资金用于耕地保护工作中。针对已经批准的各类城镇建设用地、产业发展用地，鼓励使用坡度在8度至25度以内的低丘缓坡土地资源，政府职能部门根据实际情况给予一定的奖励（建设资金奖励和政策奖励），用于弥补建设成本的增加。

2. 建立健全规划实施的监督机制

根据《云南省人民政府关于加强耕地保护促进城镇化科学发展的意见》（云政发〔2011〕185号）的要求，进一步建立、健全和规范规划管理机构和机制。理顺管理体制、明确职责范围，是山地城镇建设的第一要务。在山地城镇建设推动过程中，为避免部门之间的相互推诿，建议由建设部门统一归口管理。在具体工作中，归口管理部门对各级城乡建设用地增长方式情况进行实时检查，对未按要求调整完善的地方政府进行督办。

对公开发布的城乡规划在实施管理过程中，应受同级人民代表大会、上级城乡规划部门的监督。规划的修改和实施情况应分年度向同级人民代表大会常务委员会和上级城乡规划部门报告，及时通过报纸、杂志、广播电视、微信微博等媒体向全社会公开。下级建设部门在城乡规划的修改过程中应征求上级建设部门的意见，按照工作的推动时序，及时向上级城乡

[①] 新华网授权发布：《中共中央关于全面深化改革若干重大问题的决定》，2013年11月16日，http://www.sn.xinhuanet.com/2013-11/16/c_118166672.htm。

规划部门汇报规划的实施情况。

3. 创新配套基础设施建设的投融资方式

城镇建设用地向低丘缓坡地带转变，必然会带动基础建设、人力资源、配套设施等成本的增加。一方面，在山地城镇建设工作中，应积极维护区域内地形地貌的整体性和连续性，按照低丘缓坡地区的自然形态进行梯度开发、立体建设，利用区划范围内自然山势、水系科学设计供排水系统。另一方面，省级政府统一搭建山地城镇建设融资平台，运用政府和社会资本合作（PPP）、建设—经营—转让（BOT）等各方多种投融资建设模式，对山地城镇建设中的水、电、气、路、挡土墙等公共配套设施建设，从而缓解山地城镇建设的融资压力。

参考文献：

蔡云楠、郭红雨：《山地城镇绿化模式的探索》，《中国园林》2000 年第 1 期。

曹蕾等：《城镇化水平综合测评与城镇用地分析》，《西南师范大学学报》（自然科学版）2005 年第 8 期。

邓丽君：《城乡一体化之我见》，《现代城市研究》2001 年第 2 期。

杜肯堂、李大光：《论城乡一体化与农村劳动力转移》，《经济体制改革》1997 年第 4 期。

杜琼：《山地城镇建设的内涵与实践模式研究——以云南省为例》，《中国集体经济》2013 年第 19 期。

樊杰、王强、周侃等：《中国山地城镇化空间组织模式初探》，《城市规划》2013 年第 5 期。

韩斌：《云南省农村探索建设山地城镇的对策研究》，《安徽农业科学》2013 年第 29 期。

胡思祺：《培育和发展城乡一体化的劳动力市场》，《当代财经》1995 年第 1 期。

黄晓燕、蔡余萍：《山地城镇住区的特色营建——以攀枝花市西区格里坪安置小区规划设计为例》，《科技信息》2009 年第 12 期。

李杰、崔许锋：《山地民族地区城镇化的非均衡性与时空分异研究》，《农业技术经济》2016 年第 4 期。

李同升、库向阳：《城乡一体化发展的动力机制及其演变分析——以宝鸡市为例》，《西北大学学报》（自然科学版）2000 年第 1 期。

李文荣、陈霞、冯彦敏：《冲突—协调：云南山地城镇化的冷思考与热动力》，《云南农业大学学报》（社会科学版）2014 年第 5 期。

罗维有、邹立莉：《山地城镇是云南特色城镇化持续发展的路径》，《昭通学院学报》2015

年第 3 期。

罗艳、王星然、李江奇：《云南山地城镇生态化建设策略研究》，《改革与战略》2015 年第 10 期。

明庆忠、王嘉学、张文翔：《山地整理与城镇上山的地理学解读——以云南省为例》，《云南师范大学学报》（哲学社会科学版）2012 年第 4 期。

穆义财：《城镇化与农村土地流转现状、存在的问题及对策》，《西部资源》2010 年第 2 期。

孙自铎：《论工业化道路的新取向：城乡一体化》，《经济体制改革》1994 年第 4 期。

覃悦明：《山地城镇绿化模式的探讨》，《农业与技术》2016 年第 8 期。

王培茗、胡礼梅：《高速城镇化背景下山地城镇空间拓展问题的分析——以云南临沧为例》，《云南地理环境研究》2008 年第 4 期。

王睿：《城镇化与中国农村土地产权制度改革》，《中共中央党校学报》2013 年第 2 期。

王卫林、叶燎原、杨昆等：《山地城镇化建设背景下的土地利用生态风险分析》，《水土保持研究》2016 年第 6 期。

魏晓芳、赵万民、孙爱庐等：《山地城镇高密度空间的形成过程与机制研究》，《城市规划学刊》2015 年第 4 期。

许林艳、向伶、张洪：《基于 GIS 的山地城镇空间拓展土地适宜性评价——以大姚县为例》，《安徽农业科学》2015 年第 16 期。

杨建云：《基于 EKC 模型的河南省工业化、城镇化水平与耕地面积关系研究》，《水土保持研究》2013 年第 4 期。

杨培峰：《城乡一体化系统初探》，《城市规划学刊》1999 年第 2 期。

杨宇等：《新疆城镇化与土地资源产出效益的空间分异及其协调性》，《生态学报》2011 年第 11 期。

尹宏玲、徐腾：《中国城市人口城镇化与土地城镇化失调特征及差异研究》，《城市规划学刊》2013 年第 3 期。

俞孔坚、袁弘、李迪华等：《北京市浅山区土地可持续利用的困境与出路》，《中国土地科学》2009 年第 11 期。

袁敏等：《城乡统筹背景下的村级土地利用规划空间布局研究——以重庆市北碚区静观镇 4 村为例》，《中国农学通报》2012 年第 1 期。

朱康文、周梦甜：《中国山地城镇的土地适宜性评价研究——以重庆市武隆县为例》，《水土保持研究》2015 年第 2 期。

专题篇

专题研究报告一

山地城镇建设的理论与实践

一 山地城镇化的理论综述与文献述评

自 20 世纪中期以来,以麦吉(T. G. Mcgee,1992)、麦克·道格拉斯(Mike Douglass,2000)、斯卡利特·爱泼斯坦(T. Scarlett Epstein,2001)&戴维·杰泽夫(David Jezeph,2001)、毕雪纳·南达·巴拉查亚(Bhishna Nanda Bajracharya,1994)等学者为代表所提出的"城镇繁荣带动乡村发展"的城镇化模式,一度被认为是山地城镇化的理论渊源。

加拿大学者麦吉(T. G. Mcgee,1985)通过研究发展中国家城市周围出现的既非城市也非农村的空间形态,提出"城中村(Desakota)"概念,指出这种中间地带一般在人口密集的热带或亚热带地区,处于城市与城市之间的交通通道地带,它们借助于城乡之间相对强烈的交互作用来带动区域内劳动密集型产业的快速增长,从而实现居民生活和职业方式在不同程度上的转变。[①] 美国经济学家麦克·道格拉斯(Mike Douglass,2000)基于泰国东北部城镇化发展的研究,提出"传统城市极化效应在很大程度上能够带来城市的繁荣,但是与之相伴随的是人口的老龄化、农村居民的贫困化和地区的差异化,通过采取城乡一体化的推进方式来建立高效的城乡联系网络系统,对于区域内城市和乡村共同发展有着很大的促进

---

① T. G. Mcgee and Warwick Armstrong,*Theatres of Accumulation:Studies in Asian and Latin American Urbanization*,London:Methuen,1985,p. 213.

作用"①。美国著名经济学家斯卡利特·爱泼斯坦（T. Scarlett Epstein，2001）和戴维·杰泽夫（David Jezeph，2001）从第三世界部分国家的发展背景开展城镇化研究，开创性地提出"三维城乡合作模型"（即乡村增长区、乡村增长中心和城市中心），通过城乡间的有机合作来解决城市和农村的一些共性问题②。英国学者毕雪纳·南达·巴拉查亚（Bhishna Nanda Bajracharya，1994）基于"田园城市"的研究，提出通过小城镇发展来加强城市和农村间的系统联系，为城乡一体化奠定基础，进而促进城市与农村融合发展。③

在中国，山地城镇化的概念是基于城乡一体化的背景而产生的。这一概念并不是理论工作者先行学术论证的产物，而是由城市规划师和城市建设工作者在实践中提出来的。"山地城镇化"概念的提出与中国改革开放后小城镇的迅速发展、乡镇企业的逐步兴起密不可分，在这些大背景下对于城乡接合部发展的探究成为城乡一体化研究的重要试验田。几十年来，关于中国山地城镇化发展的研究成果比较丰富。根据不同时期中国学者对山地城镇化研究的主体不同，可以概括为四个方面：（1）以杨培峰（1999）、邓丽君（2001）、李同升（2000）等学者为主的山地城镇系统理论研究。杨培峰（1999）提出山地城镇化是"自然—空间—人类"系统化产物，满足人的需求与城镇发展是山地城镇化的两大目标，通过经济职能变迁、空间结构完善、一体化管理，最终形成"自然—空间—人类"三者有机统一的良性循环系统。邓丽君（2001）系统总结出了山地城镇具有长期性、地域性、整体性、双向性、互动性、广泛性六大特征，进一步指出山地城镇的建设阻力主要在制度层面。李同升（2000）等学者通过对山地城镇发展的历史研究，构建出山地城镇发展过程的判别指标，诸如城乡居民收入

---

① Mike Douglass, *Mega-urban Regions and World City Formation: Globalisation, the Economic Crisis and Urban Policy Issues in Pacific Asia*, American: URBAN STUDIES, 2000, p. 13.

② T. Scarlett Epstein & David Jezeph, *Development-There is Another Way: A Rural-Urban, Partnership, Development, Paradigm*, Netherlands: World Development, 2001, p. 101.

③ Bhishma Nanda Bajracharya, *Small Towns and Rural Development: A Study of Urban-Rural Relations in the Hill Region of Nepal*, American: Bell & Howell Information and Learning Company A bell & Howell Information Company, 1994, p. 116.

比、农业劳动生产率、乡村社会经济和产业构成、城镇化与工业化水平差异等。（2）以孙自铎（1994）、杜肯堂（1997）、胡思祺（1995）为代表的学者对山地城镇所涉及的各个领域的研究，涵盖了经济、人口、空间、生态等领域。山地经济发展是山地城镇化发展的物质基础，通过城市与乡村之间的横向联系，建立起多种形式的融合经济（包括产业、市场、生产要素等方面的融合）。城乡产业一体化作为山地城镇化经济发展（或是产业化推进）的主体，很多学者将它独立出来进行研究。还有部分学者专门研究山地城镇建设过程中的劳动力市场，诸如杜肯堂（1997）等得出了"农村劳动力向市场转移的行为是推进山地城镇化的一个重要环节"的结论，胡思祺（1995）也在其研究成果中论证了城乡一体化劳动力市场的必要性和重大意义。（3）在山地城镇化路径选择研究方面，李永周和辜胜阻（2000）提出的"多元道路论"、廖丹清（2001）提出的"大城市论"、陈美琼（2003）提出的"小城镇论"、姜太碧（2002）提出的"中心城镇论"、肖万春（2003）提出的"小城镇依托大城市辐射论"等理论为中国山地城镇化发展模式研究奠定了理论基础。（4）在山地城镇实现动力的研究方面，"推—拉"理论是中国学者研究的重点，辜胜阻、李正友（1998）提出"中国城镇化推动方式是自上而下，中国的城镇化制度变迁模式是自下而上"，这一结论在城镇化研究领域备受关注。

综上所述，可以看出理论界研究重点主要侧重于经济发达地区，其分析框架大多是基于宏观战略构想和政策制定，缺乏微观基础与实践环节，尤其是对于山区城镇化的研究并不太多。因此，在新型城镇化战略推动下对于山区城镇化的研究就具有重要的理论意义和现实价值。

二　新形势下中国经济发展格局的研判

（一）五类经济驱动的局面初步形成

一直以来，中国经济的焦点是在长三角、珠三角和环渤海三大陆港型地区，这三大陆港型经济区依靠强大的工业、便利的交通、高度的开放程度形成了中国经济发展的三个增长极。随着我国区域协调发展战略的深入推进，中国经济发展多核驱动局面逐渐形成，虽然陆港型经济仍然支撑着中国经济的稳定发展,但以畜牧业、奶制品产业为主导的草原经济逐渐成熟,以渔业、海盐业为主导的海洋经济方兴未艾,以资源性产业为主导的山地经济发展迅速。陆港型经济、平原型经济、草原型经济、海洋型经济和山地型经济五类互为补充的驱动形式正在推动中国经济向高质量发展纵深推进。

表 2 – 1　　　　　　　　五大类型驱动中国经济

经济类型	典型地区
陆港型经济	北京、上海、天津、广东珠海、辽宁大连、江苏连云港、河北秦皇岛
平原型经济	黑龙江、吉林、辽宁、河北、河南、安徽、江西、湖南、湖北
草原型经济	内蒙古、新疆伊犁、新疆巴音郭楞
海洋型经济	广东、山东、福建、辽宁、浙江、江苏、海南、广西
山地型经济	云南、贵州、四川、重庆、甘肃、陕西

1. 陆港型经济:重要节点城市推动中国经济稳定发展

所谓陆港型经济就是以现代物流为纽带,在内陆节点城市建设国际型陆港,将内地相对低价的劳动成本和雄厚的产业基础与沿海港口强大的航运能力和广阔的国际市场结合起来,连通世界经济,成为国家经济的主要推动力量。以上海为节点的长三角、以广州为节点的珠三角和以天津为节点的环渤海三大陆港引领中国经济快速发展,在商贸、物流、信息等重点产业支撑着中国经济的持续增长和稳定发展。

2. 平原型经济:承载着中国粮食供给的重大使命

所谓平原型经济是指以平原地区的地理优势、资源优势、产业规模优势为主导,形成的平原地区一体化的产业基础、相对较低的生产成本、便捷的交通运输能力和强大的市场供给,成为粮食、农产品等生活必需品供给的主要力量。在中国,以东北平原、华北平原、长江中下游平原三大平原构成了中国粮食的主产区,承担着全国粮食的主要供给功能。

3. 草原型经济:增强中国经济可持续发展的绿色动力

所谓草原型经济是指在草原这一特定的自然生态区域内的经济生产活动。草原型经济是基于草原气候条件、自然资源和生态环境,遵循草原的特定规律,从事和经营的经济活动。在中国,草原型经济主要体现在以畜牧业为增长核心的内蒙古自治区和以旅游业为核心的新疆维吾尔自治区。

4. 海洋型经济：促进中国临海产业的快速发展

所谓海洋型经济是指围绕开发海洋资源和依赖海洋空间而进行的生产活动，以及直接或间接从事海洋资源开发的相关服务性经济活动，由这些经济活动形成的经济集合均被视为现代海洋型经济范畴。海洋型经济包括海洋渔业、海洋交通运输业、海洋船舶工业、海盐业、海洋油气业、滨海旅游业等。国务院先后批复《山东半岛蓝色经济区发展规划》《浙江海洋经济发展示范区规划》和《广东海洋经济综合试验区发展规划》，预示着海洋型经济正逐渐成为未来中国经济增长不可忽视的重要经济增长点。

5. 山地型经济：中国经济发展的新一轮驱动

所谓山地型经济是以山地为载体包含山地资源的生产、加工和销售为一体的综合经济体系。山地型经济不同于大农业经济、工业经济，但又包含了二者。山地型经济的范畴包括林业、药业、畜牧业（家畜、禽类、野生动物）、采掘业、水电、山地农业、山地渔业等生产部门。山地型经济系统一般具有丰富的资源（如矿产资源、水利资源、林业资源、动植物资源等），且蕴藏着巨大的开发潜力，但由于交通闭塞、信息交流困难等因素导致经济发展具有封闭性特征，且受地理环境因素的制约较大。随着新一轮西部大开发的深入推进，以山地为主导的重庆、四川、贵州、云南等省份进入了快速的发展期，山地型经济在西部地区得到了很大的推动和实践。

（二）以城市群为主导的区域发展格局初步形成

未来一段时期，仍是中国城镇化推进的关键时期，随着户籍制度和社会保障体系的逐步完善，新增城市人口将主要向能够提供更多就业机会和生存空间的城市群集聚，城市群在区域协调发展中的地位将进一步凸显，并对经济社会发展、城市建设、公共服务等多方面产生巨大的需求。早在国家"十二五"规划中，就提出了培育和发展西部地区10个城市群、东北地区5个城市群、中部地区6个城市群和东部地区9个城市群的发展战略。通过近十年的培育和发展，这些城市群成为中国经济发展的重要引擎。

表2-2　　　　　中国"十二五"时期重点发展的城市群

区域板块	"十二五"时期重点发展的城市群
东部地区	京津冀、长江三角洲地区、珠江三角洲地区、河北沿海地区、江苏沿海地区、浙江舟山群岛新区、海峡西岸经济区、山东半岛蓝色经济区、海南国际旅游岛
东北地区	辽宁沿海、沈阳、长吉图、哈大齐、牡绥
中部地区	太原城市群、皖江城市带、鄱阳湖生态经济区、中原经济区、武汉城市圈、环长株潭城市群
西部地区	呼包鄂榆、广西北部湾、成渝、黔中、滇中、藏中南、关中—天水、兰州—西宁、宁夏沿黄、天山北坡

1. 东部地区：引领中国经济参与国际竞争

如何定义一个理想的城市群？从全球城市群发展的研究来看，应该是这个区域能够适应自然环境和区域发展，在特色产业和优势产业上能够参与国际竞争，在世界范围内具有较强的影响力。东部沿海地区首要任务就是力争培育出参与世界经济竞争的城市群，做大做强门户城市、提升门户城市在全球体系中的战略地位。同时，通过对城市群整体发展的合理组织，实现与这些城市的良性互动、共同发展。因此，在国家战略规划中明确提出"推进京津冀、长江三角洲、珠江三角洲地区区域经济一体化发展，打造首都经济圈，重点推进河北沿海地区、江苏沿海地区、浙江舟山群岛新区、海峡西岸经济区、山东半岛蓝色经济区等区域发展，建设海南国际旅游岛"。以六个城市群为支撑来引领中国经济健康增长、逐步增强参与国际经济竞争的实力，最终形成东部地区"3+6"的区域经济一体化发展格局。

2. 东北地区：推进老工业基地转型发展

近年来，在国家振兴东北老工业基地的战略下，国务院先后批复了《辽宁沿海经济带发展规划》和《中国图们江区域合作开发规划纲要——以长吉图为开发开放先导区》，国家发展和改革委员会批复沈阳经济区为国家新型工业化综合配套改革试验区，这些区域性城市的一体化发展，使得中国振兴东北老工业基地的战略取得了初步的成效。然而，就东北地区当前的发展情况来看，产业层次低、民营经济发育不足、服务业发展落后、资源消耗高、"三废"排放量大等问题，使得短期内实现东北地区全面振兴的任务十分艰巨。在国家战略规划中提出"重点推进辽宁沿海经济带和沈阳经济区、长吉图经济区、哈大齐和牡绥地区等区域发展"的思路，重点推进东北地区五大城市群的培育和发展，以经济结构的转型、产业结构的优化、创新能力的提高、资源型城市的转型、公共事业均等化为重点，带动整个东北老工业基地的转型发展。

3. 中部地区：发挥承东启西的战略地位

山西、安徽、江西、河南、湖北和湖南6个中部省份地处中国内陆腹地，起着承东启西、接南进北、吸引四面、辐射八方的重要作用。加快中部地区发展是提高国家竞争力的重大战略举措，也是推动区域经济高质量发展的客观要求。中部地区的快速发展，离不开武汉城市圈、长株潭城市群和皖江经济带三台"发动机"。国家战略规划中提出"加快构建沿陇海、沿京广、沿京九和沿长江中游经济带，促进人口和产业的集聚，加强与周边城市群的对接和联系。重点推进太原城市群、皖江城市带、鄱阳湖生态经济区、中原经济区、武汉城市圈、环长株潭城市群等区域发展"，进一步明确了中部地区加强以城市群为核心的重点区域开发、加快推进工业化和城镇化进程的战略任务。以此通过中部六大城市群的联动发展，促进中部产业结构的升级和集群化发展，在更大范围、更宽领域、更深层次参与国内外产业的竞争，从而进一步增强核心竞争力和区域整体实力。

4. 西部地区：积极培育新的区域经济增长极

自国家实施西部大开发战略以来，西部12个省（直辖市、自治区）经历了翻天覆地的变化，成渝、关中—天水、北部湾三大城市群脱颖而出，引领着西部经济走上了快速发展的跑道。但就整体而言，西部地区与其他地区还存在着一定的差距，这些差距不仅仅体现在基础设施建设、产业链的形成、高新技术发展等硬环境上，更重要的是在科技创新、人才教育、公共服务、体制机制等软环境上。那么西部地区在新的发展阶段如何取得更大的发展？培育新的经济增长极是核心。首先，国家在新一轮西部大开发战略中提出"坚持以线串点、以点带面，推进重庆、成都、西安区域战略合作，推动呼包鄂榆、广西北部湾、成渝、黔中、滇中、藏中南、关中—天水、兰州—西宁、宁夏沿黄、天山北坡等经济区加快发展,培育新的经济增长极"①的发展思路,明确提出了培育西部发展新的经济增长极和10个城市群的发展。其次,从西部地区发展条件来看,城市发展的不平衡、城市结构的不合理以及城市对区域经济发展带动不显著是西部地区城镇化发展中所面临的主要问题。从区域经济发展的角度考虑,应该形成功能齐全、结构合理、具有较大聚集效应和辐射效应的城市网络体系来加快西部地区整体经济发展。因此,需以城市群为主体在西部培育新的区域经济增长极,促进西部地区在新时代取得更大的成就。

三 云南省城镇化发展的历史回顾与现状分析

云南省位于中国西南边陲,土地总面积39.4万平方千米,其中山地面积占94%,坝区仅占6%。从国际层面看,云南省西部、南部是中国—缅甸、中国—老挝、中国—越南的交界处,滇缅公路、滇越铁路、昆河公路、昆洛公路以及曼昆公路将中国与缅甸、老挝、越南紧紧联系在一起。从国内层面来看,云南省北部与西藏、四川相接,东部、东南部与贵州接壤,西南部与广西毗邻,是中国内接大西南、外连南亚东南亚的黄金通道。

(一)云南省城镇化历史简述

从现有的历史研究成果来看,云南省城市发展的历史比较久远。早在唐朝之前,云南省的洱海地区就出现了城郭和城池。直到公元前298年至公元前263年,庄跷入滇,在滇池边修筑城郭,建立了古滇国。汉武帝始时,两汉在云南省设置有四郡(益州郡、越巂郡、牂柯郡、犍为郡)。此后,云南省历经了南诏国,第五代南诏国王阁罗凤修建了大量的城池和城郭,形成了云南初期的城市。随着经济社会的变迁,特别是元代以来,云南省城市发展呈现出剧增的态势。

1. 新中国成立前云南城镇的发展历程

元朝以来,云南设行省,政治中心也由大理移至昆明(中庆,此处的

---

① 参见中央人民政府门户网站发布的《中华人民共和国经济和社会发展第十二个五年规划纲要》。

云南地理范围与现在的范围不同），云南省的社会经济生活开始被完全纳入中央的治理，城市的发展也出现了新的趋势。

元明清时期，除原来由大理至中庆通道上的几个古城以外，许多新兴的城镇开始修建。元朝时期开始，交通驿道的开辟极大地促进了云南省经济的发展，带动了以驿站为主的城镇发展。元朝期间，云南主要开辟了9条驿道，即北至大雪山道、中庆经乌蒙至叙州道、中庆达邑州道、中庆经建都至成都道、中庆经普安达黄平道、中庆经乌撒达道、於州道、中庆至车里道、中庆经通海至蒙自道。在这9条驿道上，分布着今天云南省的许多县城。

云南古代的城池建设与内地还有些差异，元朝以来云南城池的修建首先是军事需要。屯垦戍边是进行军事设防的重要内容之一，但与官府建筑相关的则主要是通过交通的拓展，并广置铺哨、汛塘、军站、驿堡等不同的驻军方式。显然，不同的军队驻扎，也与各类建筑群紧密联系在一起，而当这种军事设防又与各级官府的公文邮传机构相结合时，则更有了一种社会化的普遍意义。在各驿堡、军站（云南称之为"驿"）的设置中，亦有关于其踏勘、选址、定编与房屋盖建等的统一规定，如"凡新开地方勘设释，分递运所，或旧设驿所相离弯远，往复不便，可以添设，差人踏勘明白，取勘彼处乡村市镇，画图贴说回报，验其里路远近相同，应设弹所、船车、马驴数目具奏，移咨工部盖造衙门，吏部拴官，礼部铸印，合用人夫，行移有司照例金点"[①]。在驻军的同时，各州府和县府所在地也进行了城池的修建，到晚清时期云南已有各级城池80座。可以说，到晚清时期，在元朝驿站的基础上，云南大部分城镇已经初步形成。

近代云南的城镇化进程显著加快，小城镇数量快速增加，城市人口和规模逐渐扩大，以昆明为中心的城市网络得到进一步强化。1912年，云南省城镇人口职业统计显示，雇工11993人、商界7445人、工艺9132人，分别约占全省总人口的12.6%、7.9%和9.6%；1922年，云南省的相关

---

① 陈征平：《云南工业史》，云南大学出版社2007年版，第223页。

调查显示，工业界15013人、商业界15006人、矿业界67人，工业、商业和矿业三者合计约占全省总人口的25.3%。① 谈到近代云南的城镇化，不可回避滇越铁路的修建、昆明开埠和抗战迁都。

19世纪末20世纪初，滇越铁路的修建是法帝国主义侵略中国并在中国划分势力范围的结果。法国在中国修建滇越铁路真正的目的并不是要帮助中国发展地方经济，而是对中国进行经济侵略和原材料的掠夺。滇越铁路通车后，运输时间和运输空间距离得到了大幅的缩短，滇东南成为中国西南内陆地区交通最便捷的地区。蒙自（1889）、思茅（1897）、河口（1897）、腾越（1902）的相继开埠，在云南封闭的社会体系上戳开了大大小小的窟窿。因为矿产的开采和交通环境的改变，铁路沿线兴起了河口、蒙自、开远、石屏、建水、个旧、弥勒等一批市镇。②

1907年9月，云南商埠清查局在昆明东门外芦茶会馆设立。1909年7月，云南开始筹设商埠总局。1910年2月，云贵总督李经羲核准商埠总局职责权限，委托交涉司暨劝业、巡警两道充任总会办，并遴选属员。其所订商埠总章及商博租赁房地专章、商埠禁令规条，呈报外务部审核立案，并照知各国驻京公使。③ 自开商埠后，昆明取代蒙自成为云南与法属印度支那贸易的主要口岸。1932年1月1日，蒙自关迁往昆明，蒙自关税务司迁移至昆明办公。据历史资料记载，1935年昆明市20—60岁职业适龄人口中，工业界13506人、商业界13927人、矿业界43人、交通运输业界837人，工业、商业、矿业和交通运输业四者合计约占适龄职业总人口的38.5%，工商业人口正在成为城市人口的主体。这一切，都标志着云南城镇化水平的不断提高。④

抗战时期，由于当时特殊的历史背景，以及云南地区工业和商业的较大发展，这一时期成为近代云南地区城镇化进程中的重要阶段。除了以昆明为中心的城市网络继续得到拓展外，又在作为当时重要国际交通线的滇

---

① 赵育红：《论近代云南地区的城市化》，《现代商贸工业》2008年第12期。
② 赵勇：《中法战争后云南近代社会经济的变迁》，《昆明学院学报》2009年第2期。
③ 车辚：《晚清昆明自开商埠的地缘政治经济意义》，《红河学院学报》2008年第12期。
④ 赵育红：《论近代云南地区的城市化》，《现代商贸工业》2008年第12期。

缅公路、中印交通线等沿线地区兴起了一些重要城镇。例如，德宏州的畹町在通车前仅有四间茅舍和不常住的4家农户，滇缅公路通车后的三四年时间里，畹町人口激增至1万多，并建立了交通运输机构、商店、旅馆、食馆、海关、税务、银行等，一度呈现繁华景象；曲靖市随着铁路的建设，一度变成通往川、黔两省的枢纽城市和重要物资转运站，城市规模不断扩展；中印交通线上的丽江，最盛时有中央及地方银行分支机构9家，大小商号1200余家，往来于丽江与拉萨之间的马帮，由原来的几千匹骡马增至数万匹。[①]

截至1949年，云南地区城市主要分布在交通要道及其附近地区，集中表现在昆明、个旧、蒙自、开远、下关、曲靖、昭通、腾冲、保山等城市的发展上，在这些有代表性的城市中，真正称得上是近代工商业城市的也只有昆明、曲靖、个旧等少数几个城市，大多数仍只是作为商品集散交易点的商业性中小城镇。

2. 新中国成立后云南省城镇化发展的三个阶段

新中国成立以后，云南省城镇化进入了一个新的阶段。云南省城镇化的进程，经历了一个与全国大体相似的历程，即比较缓慢的发展、基本停滞、加速发展三个阶段。

（1）第一阶段：1950年至20世纪50年代末期

新中国成立后，云南省从一个经济和社会相对落后、城镇化水平相对较低的阶段开始发展。1949年底，云南省总人口为1595万人，其中城镇人口77.517万人，城镇化水平仅为4.8%。云南省当时只有一个称得上"城市"的城市，即省会昆明市，当时的昆明城市人口仅28万。1950年6月，云南省设立河口市、麻栗坡市（县级市）。之后，云南省又逐步设立了个旧市（省辖市）、下关市（县级市）、东川市（地级市）。1958年，撤销下关市、大理县、凤仪县、漾濞县，辖区合并设立大理市，仍为州辖县级市。这一阶段以行政区划设市为主，而且撤销成立变动比较大。

---

① 刘吕红：《清代云南区域次中心城镇演变与区域经济发展》，《中华文化论坛》2007年第2期。

(2) 第二阶段：20世纪60年代初至1980年

这一阶段，云南省城镇化基本处于停滞状态。一方面，1958年的"大跃进"运动使经济结构比例严重失衡，经济发展几乎崩溃；另一方面，由于"文化大革命"，严重破坏了国民经济正常运行的秩序，基本丧失了城市正常发展的条件和能力。其间，云南省一直保持4个城市的数量，既无增加也无减少。城市人口绝对数量小幅增加，但因为云南省总人口增加更快，这一阶段云南省的城镇化率反而下降了。

(3) 第三阶段：1980年至今

党的十一届三中全会以后，云南省经济和社会各项事业快速发展，城镇化重新起步并加快了进程。1981年1月，云南省撤销开远县设立开远市，同时设立昭通市。之后，云南省逐步设立了曲靖市、玉溪市、保山市、楚雄市；撤销下关市、大理县，合并成立大理市；设立瑞丽市、思茅市、景洪市、宣威市、安宁市。从20世纪90年代到2011年，实现了全部地区的撤地设市。

直到今天，云南省共有8个省辖地级市（昆明市、昭通市、曲靖市、玉溪市、保山市、思茅市、丽江市、临沧市）、8个民族自治州（楚雄彝族自治州、红河哈尼族彝族自治州、文山壮族苗族自治州、西双版纳傣族自治州、大理白族自治州、德宏傣族景颇族自治州、怒江傈僳族自治州、迪庆藏族自治州）在全省129个县（市、区），包含16个县级市（安宁市、宣威市、腾冲市、楚雄市、个旧市、开远市、蒙自市、弥勒市、文山市、景洪市、大理市、瑞丽市、芒市、香格里拉市、泸水市、澄江市）、17个市辖区（五华区、盘龙区、官渡区、西山区、东川区、呈贡区、晋宁区、麒麟区、沾益区、马龙区、红塔区、江川区、隆阳区、昭阳区、古城区、思茅区、临翔区）、29个民族自治县（石林彝族自治县、禄劝彝族苗族自治县、寻甸回族彝族自治县、峨山彝族自治县、新平彝族傣族自治县、元江哈尼族彝族傣族自治县、玉龙纳西族自治县、宁蒗彝族自治县、宁洱哈尼族彝族自治县、墨江哈尼族自治县、景东彝族自治县、景谷傣族彝族自治县、镇沅彝族哈尼族拉祜族自治县、江城哈尼族彝族自治县、孟连傣族拉祜族佤族自治县、澜沧拉祜族自治县、西盟佤族自治县、双江拉祜族佤族布朗族傣族自治县、耿马傣族佤族自治县、沧源佤族自治县、屏边苗族自治县、金平苗族瑶族傣族自治县、河口瑶族自治县、漾濞彝族自治县、南涧彝族自治县、巍山彝族回族自治县、贡山独龙族怒族自治县、兰坪白族普米族自治县、维西傈僳族自治县)。

(二) 云南省城镇化发展现状

1. 云南省城镇化现状与问题

(1) 云南省城镇化现状

云南省城镇化的发展,既反映了城市发展的客观规律,也是由一定历史和时代条件所造成的。具体表现在三个方面:(1) 由于长期不重视城市发展,没有认识到城市的发展对区域经济的重要带动作用,所以长期没有把城市发展放到应有的战略高度来对待,甚至一度实施抑制城市发展的政策和措施。(2) 云南过去经济基础较弱,第一产业独大,第二、第三产业所占比重相对较低,很难为城市工业发展提供必要的财政支撑。(3) 云南省城镇化的发展规律可以概括为初期缓慢发展阶段、中期快速发展阶段和后期发展阶段。

(2) 云南省城镇化推进过程中存在的问题

受地理区位、自然环境、历史文化、经济发展等因素的综合影响,导致云南省与其他地区相比,城镇化发展基础相对较差,并存在一些矛盾和问题。

第一,城镇化水平低于工业化水平。根据美国人口统计学家塞缪尔·普雷斯顿(Samuel Preston)的研究显示,1950年到1970年世界大多数国家工业化与城镇化比例大致是1:2(即工业劳动力占全体劳动力比例每增长1%,城市人口占总人口比例将增长2%),按照这一标准来衡量,云南省的城镇化远远低于工业化。2001年,云南省工业化水平已达42.4%,比城镇化水平高出17个百分点;2018年,云南省工业化水平为38.9%,城镇化水平为47.81%,城镇化略高于工业化。

第二,城市规模偏小偏少。2018年,云南省仅有1个特大城市、1个大城市、3个中等城市、14个小城市、106个县城、1175个小城镇。云南省大中城市数量在全国所占的比例不到3%,而城镇化走在中国最前面的广东、山东和江苏三省的大中城市数量占全国城市总数的比重分别达到8.1%、7.2%、6.6%。在全国所有省、市、自治区中，云南省的小城市率[①]为89.7%，居全国倒数第二（西藏自治区为倒数第一），同期全国的小城市率这一指标为54.72%、西部地区小城市率为63.6%，广东、江苏、山东等发达省份小城市率则低于40%。

第三，大中小城市体系不健全。在城市规模结构上，云南省的大城市仅有昆明市，楚雄、个旧、玉溪、大理等也刚进入中等城市的行列。云南省坝区面积仅占全省国土总面积的6%，大部分是高山峡谷，加之经济发展滞后等因素的制约，除省会城市昆明市外，很难向中国内地那样形成较大规模的人口聚集。大多数城镇四周环山，狭小的地理空间难以孕育较大规模的城市。诸如红河县、绿春县等地方更是直接将县城建在山脊上，成为名副其实的"山城"和"山镇"。按照美国城市经济学家威尔弗雷德·贝克曼（Wilfred Beckerman）的城市等级论的观点，即任何城市的大小与它服务的人口成正比，除最低级城市外，每一等级的城市都有几个次一级的卫星城镇，形成在城市等级体系中，每一城市服务的人口都是上一级城市的一半。如此推算，云南省目前理想的城市规模结构应该是：特大城市1个，大城市2个，中等城市4个，小城市8个，从而形成宝塔形的城市规模结构。现实是云南省不仅大城市缺乏，而且4个中等城市的非农业人口只有22万人左右，即刚刚跨越小城市与中等城市20万人的分界点。畸形的城市体系，加之地理条件限制，导致城市间的经济联系较少、封闭性较强。在缺乏大城市与中小城市协调发展的条件下，中心城市昆明市的核心辐射力受到了极大的限制和削弱。

第四，小城镇建设相对缓慢。云南省城镇化建设比较落后，城镇化率一直低于全国平均水平。按非农人口计算，云南省平均每个镇人口不足2000人，一般县城人口约10000人，县城以外建制镇人口平均不足1000人，这是按照现有的户籍统计的数据推算。如果按照完全脱离农业生产的人口标准来统计，城镇非农人口会更少。由于城镇规模小，城镇功能不健

---

① 小城市率，即小城市数量占所有城市数量的比率。

全，产业规模小，关联度差，难以形成相互接应的集聚效应和辐射扩散效应，加上缺乏政策给予产业发展的支持，部分城镇（特别是一些边境口岸）出现了经济萎缩萧条的景象。一些地区的城镇规划规模宏大，但缺乏市场基础和产业支撑。因此，很难按照产业规模来规划城镇建设规模，很难按照产业特色来规划城镇特色，很难按照产业档次来规划城镇档次。

第五，城镇管理经营严重滞后。新中国成立初期，云南省起步于自给自足的小农经济，对城市的经营管理缺乏足够的重视和必要的经验。近年来，随着社会主义市场经济的发展，在城市供水、污水处理等基础设施的建设方面，市场化运作逐步启动。但由于体制机制的制约，云南省的城镇建设和经营城市的观念相对滞后，这在一定程度上制约了城镇建设的统一规划、配套建设，影响了土地资源、水资源、环境资源、人力资源的深度开发，从而导致财政增收、社会就业压力增大。[①]

2. 学术界关于云南省城镇化发展的理论探讨

李立刚、王志雄在《城市化理论与实践——云南城市化进程的若干研究》一书中，以昆明、玉溪和昭通为例，分别就这些地区城镇化现状和问题进行了考察，并就昆明大城市发展、玉溪中心区产业发展和欠发达的昭通地区的城镇化问题进行探讨，重点关注了城镇化与社会发展之间的矛盾。

张耀波《曲靖城镇化研究》一书立足于曲靖市的实际，客观分析了曲靖市经济社会发展、城镇化发展现状，深入分析了曲靖市城镇化发展水平滞后的原因，提出了积极寻求加快曲靖城镇化发展的路径、对策、建议，该研究是一个典型的小区域城镇化战略研究理论。其中，颇具创新意义的是，在论述曲靖市城镇化目标的过程中，阐述并论证了滇中城市群与珠江源大城市建设、城镇化与城市文化塑造、城镇化经济与产业支撑、城乡一体化与城镇化发展等关系，实际上也是对当前云南省推进区域城镇化过程中涉及的重大问题的理论回答。

除此之外，在一些公开发表的论文中，关注云南省城镇化发展的研究

[①] 傅淑丽：《加快云南城镇化进程问题探讨》，《中共云南省委党校学报》2002年第3期。

可以分为以下几大类:(1)对当前云南省或省内某个区域城镇化水平的测定与问题分析。许宏、周应恒《云南城市化质量动态评价》一文对城镇化质量的评价指标体系进行了构建,并分别选取了1996年、2001年、2006年和2007年作为研究对象进行了测量,得出近十年来云南省城市现代化水平处于发展较快的结论;杨永生在《云南农村工业化与城镇化发展阶段判识及政策取向》一文中,从工业化与城镇化的关系出发,对云南省农村城镇化的阶段做出了三个方面的判断:第一,云南省城镇化发展尚处于增长速度较为缓慢的初期阶段,与农村工业化正在从早期向中期过渡冲刺阶段形成鲜明对比,农村城镇化发展明显缓慢。第二,云南省城镇化水平不仅严重滞后于其经济发展水平,而且严重滞后于其产业结构发展水平,造成潜在城镇化压力巨大,使得云南省城镇化水平提高的阻力不仅大于中国东部地区,这种阻力也高于全国平均水平。第三,云南省城镇化进程推进的速度依然十分缓慢,已凸显出城镇化水平与全国平均水平的差距有继续扩大的可能性。(2)对云南省或区域城镇化战略的研究。赵敏、向剑凛在《新时期的云南城镇化发展道路探索》一文中提出了云南省特色城市发展道路七个方面的内容,即提高对农村剩余劳动力的吸引力和吸纳力、充分重视大中城市的发展、有选择有重点地发展小城镇、"指状发展"的空间布局、城市发展与产业结构调整相结合、突出民族文化和生态文化、构建新的发展动力机制;冯志成在《云南的城镇化与城市布局》一文中重申了云南省城镇化发展与城市布局的基本思路,这一基本思路可以概括为:以"一带五群"为区域性中心,按"三沿一边"进行布局,促进四大出海通道的开发和建设。(3)还有一些研究者对小城镇建设极其关注,如李松志、武友德、何绍福撰写的《云南省小城镇发展现状和动力机制及发展模式研究》和任洁撰写的《云南小城镇发展战略构想》等理论文章。(4)还有少量学者基于云南省城镇化道路中的民族特色、生态保护、人居环境等方面也展开系统研究。

四 云南省山地城镇建设的现实选择

城镇化是经济社会发展走向现代化的必由之路,也是结构优化与升级在地域空间上的必然反映。云南省作为一个"边疆、民族、山区、贫困"四位一体的省份,按照传统的发展模式,云南省要在坝子(盆地、河谷)仅占6%的土地上实现城镇化的提升,必然对土地资源有效利用带来压力。因此,云南省迫切需要切实转变现有的经济发展方式以及用地方式,推进保护坝区农田、建设山地城镇,走出一条符合云南省基本省情的城镇化发展之路。

(一) 山地城镇化是云南省实现跨越发展的内在要求

山地城镇不仅是中国城镇体系的重要组成部分,也是发展山区经济的核心。城镇上山是一项促进云南省城镇可持续发展和社会经济发展的战略决策,也是一项系统工程。这一战略思路得到了党中央、国务院的充分肯定,引起了社会各界广泛关注,国家自然资源部(原国土资源部)为此将云南省列为全国"低丘缓坡土地综合开发利用试点"省份之一。山地城镇战略的实施需要利用各种高新技术,从多学科、多层面展开研究,促使山地城镇建设科学化,为建设生态良好、环境友好、景观优美的云南奠定科学基础。

(二) 山地城镇化是云南守住耕地红线的必然选择

坝区是云南省优质耕地的集中地,是云南省的粮仓和菜园。然而实际情况是,云南省的城镇建设基本上都在占用坝区土地,使得优质耕地面积愈来愈少,粮食保障问题越来越严重。云南省国土总面积占全国陆地总面积的4.1%,居全国第八位。在云南省现有的土地中,山地占云南省土地面积的84%,高原、丘陵约占云南省土地面积的10%,坝子(盆地、河谷)占云南省土地面积的6%。从坡度来看,云南省坡度在8度以下的土地占云南省国土总面积的8.87%,坡度在8度到15度之间的土地占云南省土地总面积的13.73%,坡度在25度以上的土地占云南省土地总面积的39.31%。坝区(盆地、河谷)仅占云南省土地总面积的6%。随着工业化、城镇化进程的加快,对建设用地的需求也不断增加,这就使承载粮食生产的耕地保护和建设用地扩张的矛盾越来越突出。因此,转变土地利用方式,切实保护耕地特别是坝区优质耕地,是确保云南省粮食安全和农产品有效供给的迫切要求。

（三）山地城镇化是促进云南省协调发展的必由之路

云南省129个县（市、区）中，山区面积占县域总面积95%以上的县份有110个，有18个县（市、区）的国土面积高达99%以上的土地是山地。当前，云南省城乡发展差距较大。1978年，云南省城镇居民人均可支配收入为315.12元，云南省农村居民人均纯收入为130.60元，差距比为2.41∶1，差距绝对值为184.52元；到2008年，云南省城镇居民人均可支配收入为13250元，云南省农村居民人均纯收入为3103元，差距比为4.27∶1，差距绝对值达到了10147元；2018年，云南省城镇常住居民人均可支配收入为33488元，云南省农村常住居民人均可支配收入为10768元，城乡差距比为3.11∶1，差距绝对值为22720元。由此可见，造成云南省城乡差距的主要原因就是山区农村居民收入偏低。云南省也是全国贫困县最多的省份，2008年以来，云南省农村贫困人口占全国绝对贫困人口的比重均在10%以上，这些贫困人口主要居住在高寒山区、石山区和偏远山区，自我发展能力较弱，要保持山区农村居民收入的持续增长，需要付出很大的努力。

五　云南省山地城镇建设的实践与探索

山地城镇化是解决云南省人地矛盾，保障建设用地和农产品有效供给的重要途径。一方面，引导城镇和工业向山地发展，可以减少工业化、城镇化对坝区耕地的占用，减轻农产品供给压力。另一方面，城镇和工业向山地发展将促进山区丰富的自然资源的开发，同时有效地增加农产品供给，带动山区农村居民致富，提高居民生活水平。

（一）构建四级梯度开发模式

根据云南省的地形地貌，重新审视云南省的用地选择，形成云南省土地开发利用的四级梯度模式，即严格保护坝区、重点开发浅山区、适度发展半山区、构建生态屏障。

1. 严格保护坝区

坡度在8度以下的土地是重点保护区域。严格贯彻执行"十分珍惜、合理利用土地和切实保护耕地"的基本国策，对现有存量坝区土地进行充分挖掘，禁止新增建设用地，优化提升土地利用效率。

2. 重点开发浅山区

坡度在8度到15度之间的土地是重点开发区域。在此区域将质量好的农用地优先用于粮食生产，保护基本农田的稳定。同时，城镇新增建设用地要充分利用周边适建山地、坡地和荒地，积极引导工业向产业园区集中，鼓励园区向缓坡布局。

3. 适度发展半山区

15度到25度之间的山地为调整优化区域。在稳定发展粮、油生产和养殖业的基础上，大力发展山地农业，扩大经济作物比重，积极发展混农林业，推进生态化利用。

4. 构建生态屏障区

25度以上的山地为生态屏障区。进一步巩固退耕还林成果，促进退耕还林地区的社会稳定、经济发展和土地可持续利用；以综合生态效益维护为重点继续推进天然林保护，建设生物产业原料基地、加强水土流失综合整治。

（二）积极探索"三规"联审机制

根据《关于印发云南省城镇上山三个规划调整完善审查工作方案的通知》（云政办发〔2012〕2号）的精神和要求，由云南省人民政府统一组织，对三类规划（土地利用总体规划、城镇建设近期规划、林地保护利用规划）的科学性、合法性、规范性及其衔接情况等进行审查，并进行调整完善，完成云南省129个县（市、区）的土地利用总体规划编制。这一做法，在全国首次首家实现了"三规"衔接，创造了"三规"联合会审的新模式。

（三）用地上山的十大模式创新

按照"守住红线、统筹城乡、城镇上山、农民进城"的总体思路，云南省各地立足实际，主动作为，大胆创新，强力推进，通过积极探索与试点示范，山地综合开发已在多个山区取得了明显成效，初步总结出十大类型：（1）以大理白族自治州为试点的山地城市建设。为切实保护海西、保护洱海、保护耕地以及综合开发海东，大理市提出了"两保护、两开发"

的重要举措，探索出山地城镇建设新模式。（2）以昆明长水国际机场、丽江火车站为试点的基础设施上山建设。昆明长水国际机场、丽江火车站率先开展了基础设施建设向低丘缓坡地区布局工作，充分挖掘土地资源潜力，利用荒地、山坡地等低丘缓坡土地建设配套项目和产业，有效保护了坝区的优质耕地，实现了耕地资源保护与经济建设良性发展的双赢格局。（3）以昆明市宜良县北古城工业园区、普洱茶科技园区为试点的工业用地选址上山。实现了工业用地与保护耕地相结合、增强了工业化、城镇化发展的土地资源保障。（4）以腾冲市、景洪市为试点的旅游项目山地开发。按照"城在山中、房在林中、水在城中、人在绿中"的思路，规划生态旅游小镇，推进旅游项目用地上山，提升旅游文化内涵。（5）以楚雄彝族自治州职业教育中心选址低丘缓坡区域为试点的教育用地上山。按照"在保护中开发、在开发中保护"的原则，在低丘缓坡地区建设楚雄州职业教育中心，树立了节约集约用地的典型。（6）以文山壮族苗族自治州富宁县剥隘镇为试点的移民用地上山。由于西电东输的重点工程（百色水利枢纽工程）建设后，剥隘镇人民政府所在地面临被淹没的危险，需整体搬迁建设，为解决这一重大问题，剥隘镇通过建设山地集镇，探索移民搬迁山地布局的模式。（7）以磨憨、瑞丽为试点的口岸建设用地上山。西双版纳傣族自治州、德宏傣族景颇族自治州是云南省旅游核心地区，磨憨口岸、瑞丽口岸日益成为边境游的热点城市。立足于把口岸建设成国际物流基地、进出口贸易加工基地和生态旅游口岸的目标，在科学规划、环境优先的前提下适度开发山地资源，以保障口岸建设所需的各类用地需求。（8）以曲靖市马龙区为试点的现代农业用地上山。随着农业现代化发展，传统农业向现代农业转变，云南省人民政府"保护坝区农田、建设山地城镇"政策的确定，使得建设用地方式也发生着转变。（9）以玉溪市新平县、曲靖市富源县为试点的矿村共建用地上山。新平县、富源县把低丘缓坡土地综合开发利用、建立矿村共建资源开发新机制与社会主义新农村建设有机结合起来，全面推进城镇建设和工业项目上山，促进了当地经济社会持续、快速发展。（10）以红河哈尼族彝族自治州绿春县为试点的山地城镇建设与地质灾害防治有机结合。创新性地开展"造城运动"，探索实践出一种山地城镇建设的新模式，拓展城市发展空间。

参考文献：

崔琰、李建伟：《山地城镇空间形态演进及重构研究——以岚皋县城为例》，《陕西农业科学》2014年第12期。

戴均良、高晓路、杜守帅：《城镇化进程中的空间扩张和土地利用控制》，《地理研究》2010年第10期。

樊杰、王强、周侃等：《中国山地城镇化空间组织模式初探》，《城市规划》2013年第5期。

范晓莉、罗培升、黄凌翔：《京津冀都市圈新型城镇化与城市土地利用效益协调性研究》，《生态经济》2017年第1期。

方创琳、马海涛：《新型城镇化背景下中国的新区建设与土地集约利用》，《中国土地科学》2013年第7期。

冯丽、陈思：《山地城镇在控制性详细规划中的土地利用强度研究》，《北京建筑工程学院学报》2011年第2期。

傅超、刘彦随：《中国城镇化和土地利用非农化关系分析及协调发展策略》，《经济地理》2013年第3期。

胡卫星、李小慧、易旭勇：《衡阳市城镇化与土地利用协调发展研究》，《国土与自然资源研究》2006年第4期。

黄晓燕、蔡余萍：《山地城镇住区的特色营建——以攀枝花市西区格里坪安置小区规划设计为例》，《科技信息》2009年第12期。

蒋菁、李杭江、唐琰：《新型城镇化背景下土地利用研究》，《企业家天地》（理论版）2010年第12期。

蒋仁开、张冰松、肖宇等：《土地利用规划要引导和促进新型城镇化的健康发展——新型城镇化背景下的土地利用规划研讨会综述》，《中国土地科学》2013年第8期。

金晶：《快速城镇化进程中的土地利用安全与政策调控的优化路径选择》，《城市发展研究》2015年第10期。

孔令仙：《中国新型城镇化建设中土地利用存在的问题及解决对策》，《渤海大学学报》（哲学社会科学版）2015年第1期。

赖光宝、赵勇：《新型城镇化背景下河北省土地利用的问题及对策》，《城市问题》2016年第4期。

李佳佳、罗能生：《城镇化进程对城市土地利用效率影响的双门槛效应分析》，《经济地理》2015年第7期。

李鹏、杨巧玲、曹少英等:《南宁市城镇化与土地利用结构协调发展研究》,《法制与经济》2014年第4期。

李穗浓、白中科:《城镇化地区乡村土地利用效益评价研究》,《广东社会科学》2014年第6期。

廖进中、韩峰、张文静等:《长株潭地区城镇化对土地利用效率的影响》,《中国人口·资源与环境》2010年第2期。

刘宝涛、王冬艳、刘惠清:《城镇化发展与土地健康利用协同演化关系——以长春市为例》,《经济地理》2016年第10期。

刘新卫、张定祥、陈百明:《快速城镇化过程中的中国城镇土地利用特征》,《地理学报》2008年第3期。

罗艳、王星然、李江奇:《云南山地城镇生态化建设策略研究》,《改革与战略》2015年第10期。

马德君、王科涵、胡继亮:《西北民族地区城镇化与土地集约利用耦合度分析》,《财经科学》2014年第3期。

明庆忠、王嘉学、张文翔:《山地整理与城镇上山的地理学解读——以云南省为例》,《云南师范大学学报》(哲学社会科学版)2012年第4期。

彭冲、陈乐一、韩峰:《新型城镇化与土地集约利用的时空演变及关系》,《地理研究》2014年第11期。

任丽娜、张歆越:《新型城镇化背景下河北省土地利用问题探究》,《环境与可持续发展》2016年第6期。

陶泽良:《中国新型城镇化与土地利用问题》,《黑龙江科技信息》2014年第24期。

王芳萍、师燕、姚步青等:《西宁市土地利用效益与新型城镇化耦合协调度研究》,《水土保持研究》2016年第6期。

王培茗:《山地城镇空间结构演化中的自组织性——以云南临沧市城镇为例》,《云南地理环境研究》2010年第4期。

薛梅、詹勇、邱月:《山地城镇虚拟地理环境构建及规划设计实践》,《地理信息世界》2016年第5期。

杨帆:《城镇化进程中土地集约利用问题研究》,《企业经济》2013年第1期。

杨勇:《开放条件下重庆地区城镇化对土地利用效率的影响及区位差异》,《地域研究与开发》2011年第3期。

杨勇、郎永建:《开放条件下内陆地区城镇化对土地利用效率的影响及区位差异》,《中国土地科学》2011 年第 10 期。

余方镇：《城镇化与土地资源集约利用研究》，《开发研究》2005 年第 2 期。

余兆武、郭青海、曾瑜皙等：《城镇化过程土地利用变化及效应研究进展》，《生态科学》2015 年第 6 期。

张迪、郭文华：《城镇化对土地利用的影响浅析》，《国土资源情报》2010 年第 5 期。

张虹、李月臣、汪洋：《近 10 年重庆市城镇化与土地利用非农化的演变过程及空间格局研究》，《重庆师范大学学报》（自然科学版）2014 年第 4 期。

张乐勤、陈素平、陈保平等：《城镇化与土地集约利用耦合协调度测度——以安徽省为例》，《城市问题》2014 年第 2 期。

张清军、鲁俊娜：《新型城镇化视角下韶关市土地利用问题研究》，《特区经济》2014 年第 8 期。

郑华伟、刘友兆、王希睿：《中国城镇化与土地集约利用关系的动态计量分析》，《长江流域资源与环境》2011 年第 9 期。

郑伟元：《中国城镇化过程中的土地利用问题及政策走向》，《城市发展研究》2009 年第 3 期。

周元媛、何腾兵：《喀斯特地区县域城镇化发展中的土地利用问题及对策》，《贵州农业科学》2012 年第 10 期。

朱嘉晔、詹丽华：《新城镇化背景下对土地利用模式转变的探讨》，《中国市场》2013 年第 20 期。

朱俊成：《武汉市城镇化对土地利用的影响研究》，《中国名城》2014 年第 6 期。

朱天舒、秦晓微：《城镇化路径：转变土地利用方式的根本问题》，《地理科学》2012 年第 11 期。

邹德慈：《浅论山地城镇》，《西部人居环境学刊》2014 年第 2 期。

Donato F., Pasquale L., Monarca S., Bonetti F., Chiesa R., Nardi G., "Alcohol Drinking among Adolescents from Town and Mountainous Areas in North Italy", *European Journal of Epidemiology*, Vol. 1, No. 9, 1993.

Guanrong Yao, Hualin Xie, "Rural Spatial Restructuring in Ecologically Fragile Mountainous Areas of Southern China: A Case Study of Changgang Town, Jiangxi Province", *Journal of Rural Studies*, Vol. 17, No. 7, 2006.

Hong Chang Zhang, Yu Sheng Li, Jie Bao, "Study on the Seismic Damaging Effects of Mountainous Towns in Wenchuan Earthquake", *Advanced Materials Research*, Vol. 446, 2012.

Liang Zhang, "Passing the Disadvantageous Terrain and Containing Towns by Towns: Mongolian Strategy to Break Through Song's Mountainous Defense System", *Canadian Social Science*, Vol. 11, No. 2, 2015.

Peiyue Li, Yuting Zhang, Nuan Yang, Lijun Jing, "Peiyuan Yu: Major Ion Chemistry and Quality Assessment of Groundwater in and around a Mountainous Tourist Town of China", *Exposure and Health*, Vol. 2, No. 8, 2016.

Sachiyo Kanzaki, "Sustainable Development from Within: A Case Study of Kuzumaki, The Town of Milk, Wine, and Clean Energy", *The Japanese Political Economy*, Vol. 4, No. 40, 2014.

Xiao Fan Zhao, Jia Bao Wang, "Fitness Evaluation for Residential Land in a Mountainous Town", *Advanced Materials Research*, Vol. 798, 2013.

Yuan Li, Chen Zheng, "Research on 3D Terrain Visualization Based on GIS in the Mountainous Area-Taking Xiping Town as an Example", *International Journal of Digital Content Technology and its Applications*, Vol. 19, No. 6, 2012.

Zhen Jia, Long Fei Cheng, "Landscape Space Planning on Mountainous Watershed Towns: The Sustainable Exploring Development on Landscape Space of Three Gorges Reservoir District", *Advanced Materials Research*, Vol. 450, 2012.

专题研究报告二

中国城镇化历程与中国特色城镇化道路选择

一 新中国成立以来的城镇化历程

新中国成立至今，城镇化经历了起步、徘徊和加速发展的过程，具体可以划分为三个阶段。

（一）第一阶段：改革开放前城镇化与"反城镇化"的实践

新中国的成立，标志着中国开始进入工业化和城镇化的初步发展阶段，随着国民经济建设规模不断扩大，城市人口占总人口的比重与新中国成立前相比显著上升。从1949年到1979年，中国城镇人口增加了1.3亿，城镇化率也从1949年的10.67%提高到1979年的19.99%。由于计划经济的运行方式和政治运动的不断开展，全国城镇化进程十分缓慢，平均每年增长0.21个百分点，远低于世界同期平均水平。部分地区由于大炼钢铁、"三线建设"以及知识青年下乡等大规模人口迁移运动，使得城镇化水平呈现出短暂的大起大落的现象，区域中心城市转移也比较明显。这一时期，从城镇化发展的动力因素来看，政治因素超过了经济因素，致使新中国成立到改革开放前中国城镇化发展进程不仅缓慢，而且波动性很大，甚至出现了低城镇化水平条件下的"反城镇化"现象。

1. 新中国成立初期中国城镇化短暂健康发展

新中国成立之初，由于经济社会的重心在社会主义改造和经济建设上，随着国民经济的恢复和发展，工业化和城镇化进展较为顺利。到1957

年，全国城市增加到183个，城市人口增加到9949万人，城镇人口占全国总人口的比重上升到15.4%，比1949年增加了4.8个百分点。[①] 从1949年到1957年的8年时间里，平均每年增加城镇人口445万人，年均增长率为7.06%，同时期总人口年均增长率仅为2.24%，人口的增加主要集中在大型城市和中型城市。可以说，这一阶段城镇化发展相对平稳，是中华人民共和国成立以来城镇化的第一个黄金时期。

2. 城市建设的"大跃进"运动

20世纪50年代末，中国进入"大跃进"阶段，重工业产值年均增长速度高达49%，轻工业产值年均增长达14%，人民公社化运动导致城镇人口急剧增加。国民经济发展受到"左"倾思想的影响，农业人口大量涌入城市大炼钢铁搞工业建设，城市人口处于失控状态。1958年到1960年，全国城镇职工增加到2860万人，城镇人口增加833万，增长率高达9%，城镇人口比重从1957年的15.93%上升到1960年的19.75%，年平均上升1.45个百分点。

3. 20世纪60年代后的"反城镇化"阶段

由于"大跃进"期间农村人口过度流入城市，导致农村劳动力减少，严重影响了农业生产，粮食总量供给出现缺口。根据这一形势，中央做出规定：(1) 1960年至1961年，除安排大中专和技校毕业生及少数复员军人和学徒外，不再增加新职工；(2) 今后3—5年内，企业、事业机关都必须停止从农村招收工人。1961年6月，中央政府决定在1961年底1.29亿城镇人口的基础上，三年内减少城镇人口2000万人以上。1961年到1963年，全国总共精简职工2546万人，1641万人从城镇回到农村形成了近代以来中国历史上罕见的大规模城乡人口流动浪潮。1966年，"文化大革命"启动，开始了新一轮的"反城镇化"浪潮，具体体现在两个方面：(1) 用行政力量和思想动员迫使知识青年下乡；(2) 基于对国际政治形势的过分严峻判断，在全国范围内实施"三线"建设，沿海工厂大量内迁。到1977年，中国城镇人口比重下降到17.55%。

[①] 何念如、吴煌：《中国当代城市化理论研究》，上海人民出版社2007年版，第128页。

(二) 第二阶段：改革开放后以小城镇建设为发端的城镇化历程

改革开放后，中国经济社会进入正常发展的轨道，经济社会建设持续快速发展，城镇化进程明显加快，城镇化也进入了稳定的发展轨道。中国城镇化水平从1978年的17.92%上升到2018年的59.58%，平均每年提高1个百分点，明显高于世界同期城镇化的平均增速。城市数量大幅增加，从1978年的196个增加到2018年的661个，相当于改革开放前的3.37倍；建制镇由1978年的2173个增加到2018年的19522个，年均增加643个。

1978年3月，中央在北京召开第三次全国城市工作会议，讨论制定了城市建设的有关方针政策，会议通过了《关于加强城市建设工作的意见》。此后连续几年，国家先后取消了一些限制城镇发展的规定，实施了一系列扶持城镇发展的政策，如允许知识青年回城、允许下放干部返城等，这些政策促使城镇（特别是大城市）人口数量快速增长，城镇化水平大幅提高。同一年，中央建立了深圳、珠海、汕头、厦门四个经济特区。此时，中央意识到大城市的发展需要得到控制，如何解决大量流入城市的农村人口、走符合中国实际的城镇化道路是当时面临的亟待解决的问题。1980年10月，国家建设委员会在北京召开了全国城市规划工作会议，明确提出"控制大城市规模，合理发展中等城市，积极发展小城市"的城市发展总方针。1984年10月13日，国务院出台《关于农村居民进入集镇落户问题的通知》，规定："一、凡申请到集镇务工、经商、办服务业的农村居民和家属，在集镇有固定住所，有经营能力，或在乡镇企事业单位长期务工的，公安部门应准予落常住户口，及时办理入户手续，发给《自理口粮户口簿》，统计为非农业人口。粮食部门要做好加价粮油的供应工作，可发给《加价粮油供应证》。地方政府要为他们建房、买房、租房提供方便，建房用地，要按照国家有关规定和集镇建设规划办理。工商行政管理部门要做好工商登记、发证和管理工作，各有关部门都要给予热情支持，积极引导，加强管理，促进集镇的健康发展。二、为了保护农村居民进入集镇兴业安居的合法权益，乡镇人民政府要依照国家法律，保护其正当的经济活动，任何组织和个人不得随意侵占他们的合法利益。对新到集镇务工、经商、办服务业的农户要同集镇居民户一样纳入街道居民小组，参加街道居民委员会活动，享有同等权利，履行应尽的义务。为了使在集镇务工、经商、办服务业的农村居民保持稳定，乡镇人民政府和村民委员会对其留居农村的家属不得歧视；对到集镇落户的，要事先办好承包土地的转让手续，不得撂荒；一旦因故返乡的应准予迁回落户，不得拒绝。三、乡镇人民政府要加强集镇的行政管理。健全机构，充实力量，管理好集镇的经济、教育、科技、文化、卫生、建设规划和财政、公安、民政、计划生育等工作。为了加强集镇的户口管理，在未设公安派出所的集镇，应根据其规模配备相应的户口管理人员，设置户籍登记办公室，做好常住户口、暂住人口和出生、死亡、迁出、迁入的日常登记管理工作。大城市郊区的集镇，如何解决农村居民到集镇落户问题，由省、自治区、直辖市人民政府自行确定。"[①] 从此，理论界关于新阶段中国城镇化道路的争论就逐步展开。1984年11月22日，国务院批转民政部《关于调整建镇标准的报告》的文件中规定："一、凡县级地方国家机关所在地，均应设置镇的建制。二、总人口在2万以下的乡，乡政府驻地非农业人口超过2000的，可以建镇；总人口在2万以上的乡，乡政府驻地非农业人口占全乡人口10%以上的，也可以建镇。三、少数民族地区、人口稀少的边远地区、山区和小型工矿区、小港口、风景旅游、边境口岸等地，非农业人口虽不足2000，如确有必要，也可设置镇的建制。四、凡具备建镇条件的乡，撤乡建镇后，实行镇管村的体制；暂时不具备设镇条件的集镇，应在乡人民政府中配备专人加以管理。"[②] 这一系列改革措施使中国小城镇迅速发展起来，中国城镇数量增长迅猛，城镇人口数量也随之快速增长。1985年，费孝通先生发表了《小城镇、大问题》一文，迅速得到理论界和决策层的认同。可以说，这一时期关于大力发展小城镇的理念已经成为当时社

---

① 中国政府网：《国务院关于农民进入集镇落户问题的通知》（国发〔1984〕141号），1984年10月13日，http://www.gov.cn/zhengce/content/2016-10/20/content_5122291.htm。

② 相关观点，可参见《国务院批转民政部〈关于调整建镇标准的报告〉的通知》（国发〔1984〕65号），1984年11月22日，http://www.gov.cn/zhengce/content/2016-10/20/content_5122304.htm。

会的主流认识。

（三）第三阶段：城镇化科学合理发展

进入21世纪以后，中国传统的高投入、高消耗的发展方式遇到了障碍，传统的社会经济结构、政治结构和阶层结构已经不能适应科学发展的要求，呈现出许多突出矛盾和尖锐问题。比如，收入差距持续扩大，就业难、就医难、上学难等问题突出，社会事业发展相对滞后，人口增长、经济发展同生态环境之间的矛盾加剧。2003年10月，中国共产党十六届三中全会提出，坚持以人为本，树立全面、协调、可持续的发展观，促进经济社会和人的全面发展，进一步要求按照"统筹城乡发展、统筹区域发展、统筹经济社会发展、统筹人与自然和谐发展、统筹国内发展和对外开放"的思路推进各项事业改革和发展。

2018年，中国城镇化率已经达到59.58%，21世纪中叶中国城镇化的目标是实现60%的城镇化率。为实现中国城镇化水平的预期目标，在城镇化发展中，既要考虑城镇化大力推进、加速发展的现实要求，扩大城市规模、增加城市数量，促进人口由农村向城市转移，还要考虑现代城镇化的现实需求，更加注重城市发展的和谐和可持续性。

1. 大中小城市与小城镇协调发展的城市体系

鉴于中国城镇化发展已经进入加速发展阶段，原有的强调小城镇发展战略已不符合中国新时期城镇发展的实情。现阶段，需要走中国特色的城镇化道路，充分利用和发挥大中小城市和小城镇各自的优势，使之互为补充，构成大中小城市与小城镇协调发展、结构合理的城镇网络体系。

2. 城乡协调发展、区域协调推进

中国城镇化的一个重要目标就是要彻底改变二元经济结构，实现以城带乡、城乡互动的发展格局。因此，城镇化是关系现代化全局的重大战略，是激发经济社会发展活力的重要引擎。应当遵循城镇化发展的规律，抓住城乡人口结构转折的重大机遇，以大城市为依托，以中小城市为重点，逐步形成辐射作用大的城市群，促进城市和城镇协调发展，构建城镇化战略发展新格局。积极稳妥地推进城镇化，把符合落户条件的农业人口逐步转为城镇居民,在城镇化中释放内需潜力、促进城乡结构调整。[①]

二 当前中国城镇化进程中的主要困惑与争论

(一) 中国城镇化实践中的问题与困惑

现阶段是中国城镇化快速发展的关键时期,也是城镇化过程中问题和矛盾集中爆发的时期。在中国城镇化的快速发展过程中,存在着诸如城镇发展质量较差、城乡差距扩大、二元体制难以消除等诸多问题,面临的资源、环境和社会矛盾也日益突出。

1. 城镇化滞后于工业化依然严重

按照美国经济学家霍利斯·钱纳里(Hollis B. Chenery)关于工业化阶段理论的模型,正常的城镇化率与工业化率之间的合理比例范围在1:2左右。根据这一理论,中国的城镇化严重滞后于工业化,1952年中国工业化率是17.6%,城镇化率是12.6%,工业化快于城镇化5个百分点。1978年工业化率为43.1%,城镇化率仅为17.3%,工业化快于城镇化25.2个百分点。进入21世纪后,这一比值明显得到了一定的纠正,到2018年中国工业化率为40.7%,城镇化率为59.58%。

2. 城镇化推进的驱动机制不健全

新中国成立初期到改革开放前,中国实行计划经济体制,城镇化的主导模式是政府主导。改革开放以后,随着市场经济体制的不断健全,城镇化的驱动模式也逐渐从政府驱动向市场驱动转变。比如,中央政府及时地调整了一系列有利于城镇化发展的制度规定。但计划体制遗留下来的二元城乡体制改革却困难重重,制约城镇化进程的政策和体制障碍依然存在,如二元户籍制度、土地制度、劳动就业制度、社会保障制度等。由于这些体制和政策上的限制,农村居民在城市工作却难以获得公平的市民待遇。目前,中国城镇化政策仍然不能完全适应市场化的要求:一方面,市场经济的发展为农村人口进城提供了强大的吸引力;另一方面,考虑到对城市居民既得利益的维护,于是对农村人口融入城市加以各种政策和行政因素

[①] 李克强:《深刻理解〈建议〉主题主线,促进经济社会全面协调可持续发展》,《人民日报》2010年11月15日第5版。

的限制，致使一部分进城农村人口无法实现身份的转变，也无法享受城市的社会保障。突出表现为现存的户籍制度与社会保障制度的错位，成为显性或隐性的阻碍农业人口转化为非农人口的障碍。近年来，各地虽然对户籍制度进行了改革，放松了对城镇户口的限制，但限于城市承载能力与需要接纳人口数量之间的矛盾，大中城市采取选择性、有条件开放，间接地阻碍进城务工人员落户。随着小城镇经济规模和就业岗位的饱和，农村剩余劳动力主要是向经济发达、就业岗位多的大中城市转移，如2005年到大中城市务工的农村劳动力占农村外出务工劳动力的65.1%。许多大中城市对进城务工的农村居民设置较多的障碍，使得中国流动性人口规模不断增大，"进城不留城"的问题更加突出。消除影响城镇化健康发展的制度性障碍，打破城乡分割的二元体制，引导包括城乡人口在内的资源要素的合理流动，仍将是城乡体制改革的重点。

3. 城镇化发展质量参差不齐

在城镇化推进过程中，各地普遍存在重视城镇化速度、轻视城镇化质量的现象。不少地方通过行政区划调整以扩大城市辖区，"摊大饼"式地把城市做大。一些地区热衷于数字政绩，通过大量撤县设市设区、撤乡设镇来增加城镇数量。这种行政建制的变化，从大量乡村人口未发生职业和地域转移的情况下，在统计上扩大了城镇数量和城镇人口规模，导致城镇实体地域与行政地域混乱，实际上并没有提高城市品质。一部分地区把推进城镇化片面等同于城镇建设，从而忽视对进城农村居民的吸纳，将城镇发展等同于城镇规模扩张，盲目扩大建设用地规模，耕地资源被无节制地占用和浪费，而非农产业并没有得到充分发展，人地矛盾日益尖锐。

（二）中国城镇化道路的争论与困惑

在国内城镇化研究的过程中，讨论最多、分歧最大、争论最激烈的是城镇化的道路问题。改革开放以来，关于中国城镇化道路的争论一直没有中断过。到目前为止，国内关于中国城镇化道路的争论，概括起来主要有五种观点。

1. 城镇化道路过程中的大、中、小方针之争

关于城镇的大、中、小方针政策的主要代表人物是李梦白先生，他认

为这一方针既表述了中国城市发展总的战略思想,又为现在的大、中、小城市规定了不同的发展原则。"大、中、小方针"是在总结中华人民共和国成立以来城市建设经验的基础上,研究世界经济发达国家城市发展情况之后,针对中国国情和社会主义现代化建设的需要而制定的,因而是符合中国实际情况的战略①。他认为,"积极发展小城镇,应当包括四个方面的内容:(1) 随着全国经济建设的发展,逐步把现有小城镇建设好,特别要加强小城镇基础设施建设,以适应进一步发展的需要;(2) 在大城市周围建设卫星城,以分担大城市的压力;(3) 条件好的小城市可以根据需要和可能,向中等城市发展,重点在提高城市的设施水平和城市功能与作用方面下功夫;(4) 在今后若干年内可逐步发展小城镇,条件好的镇可以升级为市,条件好的农村集镇可以升级为建制镇"②。

这可以看作是对"大、中、小方针"最明确最权威的解释。但随着城镇化实践的发展和理论探讨的深入,这一方针的科学性和可行性受到严重挑战,不少人对其提出质疑③。

2. 城镇化道路过程中以小城镇为动力之争

城镇化应该以小城镇为动力,这一观点的主要代表人物是费孝通先生。大力发展小城镇,主要是为了解决中国乡村剩余劳动力就地向非农产业转移的问题。主要论点包含两个方面:(1) 中国原有城市无力接纳如此众多转移来的乡村剩余劳动力,而中国的国力又难以再建那么多的新城市;(2) 福利补贴、粮食补贴等国家已经负担不起,城市住房、交通、粮食、供水、就业、就医等问题已相当紧张。因此,只能在原有乡村集镇的基础上发展小城镇。这样就可以离土不离乡,进厂不进城,将大量的乡村剩余劳动力就地消化④。

理论界对这种观念有截然不同的看法,一方面看到了这种现象的必然性和积极作用,另一方面也有不少人注意到了人为因素和消极后果。部分

---

① 李梦白:《社会学与中国城市发展问题》,《社会学与现代化》1984年第1期。
② 同上。
③ 郭凡生:《贫困与发展》,浙江人民出版社1988年版,第149—167页。
④ 秦伟江:《中国特色城镇化道路研究的共识与偏离》,《上海城市管理职业技术学院学报》2009年第6期。

学者认为，小城镇的发展不但没有避免"城市病"，而且造成了比"城市病"危害更大的"农村病"。"把这种模式当作农村工业化、城镇化的最佳目标模式和终极格局，则是错误。"①

3. 城镇化道路过程中以大城镇为主导之争

持"大城市为主导"的学者认为，中国城镇化道路应以发展大城市为重点。其理论来源有两个方面：（1）西方传统的城镇化理论认为，城市的扩展效是城镇化的基础，发展大城市无论从效益还是城市治理来说都是最佳选择；（2）现代大都市理论认为，现代成熟的城镇化道路就是大都市的培育和形成。

持"大城市为主导"观点的主要论点有三个方面：（1）世界城镇化的发展道路证明，发展大城市是世界共同趋势，中国正处在发展大城市阶段；（2）从经济、社会、环境三个层面分析城市规模效益，无论从哪一方面看，大城市的效益都高于中小城市；（3）大城市病和城市规模大小并无必然联系。因此，在中国城镇化现阶段，必须选择以大城市为主体的城镇化模式。

对持"大城市为主导"观点的质疑，主要来自四个方面：（1）逆规模效益成本大；（2）大城市发展中的"门槛成本高"；（3）发展大城市的区域机会成本低；（4）发展大城市的疏散成本高。②

4. 城镇化道路过程中以中等城镇为主导之争

持"以中等城镇为主导"观点的重要代表人物是刘纯彬先生，他认为中国中等城市明显优于小城镇，在很多指标上中等城镇与大城市比也不逊色，有些指标甚至超过大城市。小城市的弊端是浪费耕地、浪费能源、污染环境。因此，"中国城镇化要以建设中等城市为重点"。有学者提出，中等城市人口规模是否就是最佳规模，仍值得商榷。因为大中小不同人口规模的城市构成一个有机整体，功能不同，作用有别，各有千秋，不能互相代替，只能互相补充。国外研究资料显示，中等城市各方面效益是否都较

---

① 顾益康：《对乡镇企业——小城镇道路的历史评判》，《农村经济问题》1989 年第 3 期。
② 靳新中：《论大城市化战略的限制因素》，《南开学报》1988 年第 1 期。

高，仍值得进一步探讨。①

5. 城镇化道路过程中围绕城乡一体化之争

持此观点的学者认为，当代社会发展趋势不是乡村城镇化而是城乡一体化。从理论上来看，城镇化不是社会发展的普遍规律，而是工业化规模经济所产生的特征。从近代发展情况来看，也已展现了城乡之间趋于融合的新态势，特别是现代科学技术发展为城乡融为一体提供了物质技术基础。②

以上五种观点都受到不同程度的批评和诟病。当然实际研究中还有许多观点没有总结进来，一些新的观点流派还处在碰撞、组合的过程中。比如，多元化的观点认为，鉴于中国人口众多、地域广大、农村人口比重高、地域差异悬殊、商品经济不发达、工业化水平低等特点，决定了中国城镇化模式是多元的、多层次的，而绝不能采取单一的模式。朱铁臻先生提出的"走多元化协调发展的城镇化道路"可以说是"多元化派"观点的代表性总结。③

三 科学发展主题下的中国特色城镇化道路

党的十六大报告针对中国城镇化发展提出"城镇人口的比重较大幅度提高，工农差别、城乡差别和地区差别扩大的趋势逐步扭转"的总体目标，进一步阐述"农村富余劳动力向非农产业和城镇转移，是工业化和现代化的必然趋势。要逐步提高城镇化水平，坚持大中小城市和小城镇协调发展，走中国特色的城镇化道路"。党的十七大报告提出"中国特色城镇化道路，即按照统筹城乡、布局合理、节约土地、功能完善、以大带小的原则，促进大中小城市和小城镇协调发展，城镇化的重点是增强综合承受能力，以特大城市为依托，形成辐射作用大的城市群，培育新的经济增长极"的城镇化发展思路。中国特色城镇化道路的提出，既是对以往城镇化

---

① 刘纯彬：《中国城市化要以建设中等城市为重点》，《财经科学》1988年第7期。
② 张修志：《略论当代社会发展趋势不是乡村城市化而是城乡一体化》，《城乡建设》1987年第1、2期。
③ 朱铁臻：《中国特色的新型城市化道路》，《北京规划建设》2008年第5期。

战略的创新，又是对以往城镇化战略的反思，其根本目的就是促进中国城镇化健康发展。

（一）中国特色城镇化道路提出的背景

世界许多国家城镇化道路的经验启示表明，城镇化发展应该立足于国情，尊重城镇化发展的规律，定出一条符合本国实际的具有可持续发展的城镇化道路。

1. 必须把中国特殊国情作为城镇化推进的现实基础

中国特殊的国情是推进城镇化必须考虑的首要问题，脱离这一前提将会导致严重的后果。（1）农村人口众多。较多的农村人口意味着农转城的压力巨大，未来城市综合承载能力也面临严峻的挑战。城镇化不仅面临城市基础设施建设压力大的问题，而且还面临大量的农村剩余劳动力转移的问题。因此，中国的城镇化必须着眼于促进农村劳动力的就业，使农村居民和城市居民在城乡之间能够自由流动。（2）地区发展不平衡。社会优质资源集聚在城市，农村在教育、就医、就业、养老等方面的条件还相对落后。近几年，国家出台了一系列的扶贫措施，这些状况虽然有所改观，但并没有得到完全的改变。除此之外，地区之间城镇化水平差异很大，东部地区已经进入了城镇化的中期，大中小城镇体系比较健全；西部一些地区城镇化刚刚进入起步阶段，城镇体系不完善，城市规模和质量都还需要大力提升。因此，中国特色城镇化道路，一定要结合不同地区经济社会发展的实际情况，因地制宜地制定各地区的城镇化发展战略。对于经济发达地区，要选择交通条件好、有利于发挥规模效应、促进分工协作的地区进行重点发展，打造一批具有国际竞争力的城市群，充分发挥区域经济增长极的作用。对于经济欠发达地区，选择一些资源环境承载力较好的城市作为中心城市，对其进行大力发展，从而带动周边地区，实现区域协调发展。（3）资源和环境压力巨大。由于中国土地资源少，城市用地与耕地、水资源之间的矛盾突出，资源环境对发展的约束十分明显，这些因素共同决定了中国既不能片面发展大城市走"过度城镇化"的道路，也不能只强调发展小城镇走"小城镇化"的道路，应该走集中型与分散型相结合、大中小城市与小城镇协调发展、城镇化发展速度与区域资源环境相适应的城镇化道路。

2. 坚持以新型工业化为支撑

产业是城镇化的支撑，城镇化与产业发展相互推动。以工业化促进城镇化是人类社会发展中城镇化实践的规律性总结。党的十六大报告中明确提出"坚持信息化带动工业化，以工业化促进信息化，走出一条科技含量高、经济效益好、资源消耗低、环境污染少、人力资源优势得到充分发挥的新型工业化路子"。新型工业化道路就是要通过信息化与工业化的互相融合，发挥信息技术的辐射、渗透和关联带动作用，提高工业的竞争力，赋予工业化崭新的内容，并建立起以高新技术为支撑的强大工业体系，为信息化提供坚实的物质基础。

从中国的实际出发，正确处理好发展高新科技产业和巩固传统产业、资金技术密集型产业和劳动密集型产业、虚拟经济和实体经济的关系能够优化中国资源配置。[1] 因此，中国特色城镇化道路必须与国家工业化和经济发展水平相适应，把城镇化发展与信息化、科技创新紧密结合起来，通过消除体制性、政策性的障碍，逐步建立起新型工业化与城镇化良性互动的机制，走与"新型工业化"相适应的中国特色城镇化道路。

3. 把城镇作为经济全球化的主要载体

经济全球化是指人力资本、商品、服务、信息和其他各类要素跨越民族和国家的区域而自由流动，以及通过国际分工在世界范围内提高资源配置效率，从而使各国经济相互依赖的程度日益加深。[2] 当今世界，全球经济活动，从某种意义上说就是城市经济活动，全球大部分的生产、贸易、投资等经济活动，把城镇作为主要的组织载体和活动场所，而且这种趋势越来越明显。城市作为经济活动载体，必然会受到经济全球化的重大影响。具体来说，全球化对城镇发展的影响主要体现在两个方面：（1）城市间的经济网络开始主宰全球经济命脉，多极多层次的全球城市网络体系开始形成，也就是都市圈的影响力不断攀升。（2）城市体系的极化作用加

---

[1] 李廉、周勇：《中国制造业"新型化"状况的实证分析——基于中国30个地区制造业评价研究》，《管理世界》2005年第6期。

[2] 薛永久：《经济全球化的影响与挑战》，中央编译出版社1998年版，第6—8页。

剧，首位城市主导世界经济的趋势日渐明朗。主动适应经济全球化的新趋势，不仅要参与国际经济大循环，而且要能够在国际经济大循环中占有相对重要的位置。为此，中国应进一步打破行政区域的限制，放眼国际市场，加快国际性城市和创新性城市的建设，使之尽快成为联结中国与世界的新节点，并进一步将中国各级各类城市融合到新的城市网络格局之中。

（二）中国特色城镇化道路的内涵特征

党的十七大对中国特色城镇化提出了具体要求，提出"按照统筹城乡、布局合理、节约土地、功能完善、以大带小的原则，促进大中小城市和小城镇协调发展，城镇化的重点是增强综合承受能力，以特大城市为依托，形成辐射作用大的城市群，培育新的经济增长极"的思路，在处理城乡关系上坚持统筹城乡，在处理环境资源与城镇发展的关系上坚持可持续发展，在城镇体系建设上坚持大中小协调发展，在未来城镇发展的形态上鼓励城市群的发展。

1. 在处理城乡关系上坚持统筹城乡

在城市发展的不同阶段，城镇化的侧重点是不同的。城镇化启动和快速发展时期，城市对人口、产业的吸引和凝聚作用处于主导地位；之后，城镇化以城市对农村的扩散和辐射作用为主；而在城镇化的平稳发展阶段，人口和产业在城市和农村之间的转移则处于一种均衡状态，这是世界城镇化进程中所表现的一种客观规律。[①] 统筹城乡发展就是要把城市与农村、农业与工业、农业与农民作为一个整体，纳入国民经济与社会发展全局考量，充分发挥工业对农业的支持和反哺作用、城市对农村的辐射和带动作用，建立以城带乡、以工促农、城乡互进共促的新机制，实现城乡一体化的目标。

2. 在处理环境资源与城镇发展的关系上坚持可持续发展

可持续发展，既要满足当代人的需求，又要不损害后代人的利益。作为人类最主要的经济社会载体，城市的发展也应该坚持可持续发展的原则。纵观西方发达国家的城镇化历程，城镇化推进过程中都带来了生态破

[①] 中国科学院可持续发展战略研究所：《2005年中国可持续发展战略报告》，科学出版社2005年版，第9页。

坏、资源过度利用、环境污染等问题。因此，中国城镇化应该走城市与生态、城市与农村、城镇化与新型工业化协调发展的可持续发展道路，在节约土地、功能完善上有所突破，进一步完善中心城市的聚集和扩散功能、生产功能、服务功能、就业功能、创新功能，提升城市综合承载力。

3. 在城镇体系建设上坚持大中小协调发展

要实现大城市、中等城市、小城镇的合理布局，既取决于合理城市体系的需要，又取决于实际国情。中国特色城镇化道路应该坚持大中小城市和小城镇并举的城镇化发展战略。(1) 大城市是中国参与国际竞争的重要承载体，在有条件的地区可以大力发展超大城市和特大城市，这样有利于促进产业结构优化和升级，提高城市在全球的综合竞争力。(2) 中等城市作为中国特色城镇化道路的核心，应当放在发展的优势地位，鼓励基础设施相对比较完善、产业基础比较雄厚的大中城市加快发展步伐、提升发展品质，增强其经济实力和辐射带动力，形成带动中国城镇化的引擎。(3) 小城市和小城镇是城乡经济发展与交流的桥梁和纽带，小城市和小城镇的发展不仅需要大城市带和城市群来引导，使其成为吸纳和接受大城市功能辐射的地区，同时随着大城市产业结构的升级和调整，小城市和小城镇也需要加强自身基础设施建设，主动承接大城市的产业转移，形成具有一定辐射和带动能力的农村区域经济中心。

4. 在未来城镇发展的形态上鼓励城市群的发展

城市群或者城市带的形成，是一个国家或者地区城镇化成熟度的标志。作为特定区域范围内较完整的城市"集合体"，城市群具有较强空间集聚和辐射带动能力，能促进大中小城市和小城镇的协调发展，促进区域经济的协调发展。日本的东京、阪神、名古屋三大都市圈组成的日本东海岛城市群，集中了日本65%的人口和70%的国内生产总值；由伦敦、巴黎、米兰、慕尼黑和汉堡组成的五边形大都市区，集中了欧盟40%的人口和50%的经济总量；美国的大纽约区、大洛杉矶区和五大湖区三大城市群，集中了美国67%的国内生产总值。① 如果说当今世界的经济是城市经

---

① 王群会：《以城市群为主体形态推进城市化健康发展——第二次中国城市群发展研讨会观点综述》，《中国经贸导刊》2005年第19期。

济,那么城市经济的核心发动机就是城市群,一个合理、高效、规模化的城市群所带动和辐射的经济区域远远超出了其他经济体,一个成熟的城市群所创造出的经济奇迹和经济形态也远超出了传统城市所达到的范围。在经济全球化的今天,通过加快城市群发展,带动本国(或区域)经济的发展,增强经济竞争力,已成为各国经济发展和城镇化发展的重要举措。因此,中国特色城镇化道路应该把城市群作为推进城镇化的主要方式,以增强综合承受能力为重点,以特大城市为依托,形成辐射作用大的城市群,培育新的经济增长极。一方面,优先发展条件日趋成熟的京津冀、长三角、珠三角地区的大城市群,使其成为中国经济发展的重要引擎。另一方面,注重培育未来有条件成为重要城市群落的区域板块,例如山东半岛、辽中南地区、中原地区、长江中下游地区、海峡西岸、川渝地区和关中地区,这些地区的城市彰显出来的强劲发展势头,应该给予合理的引导,使其成为中国经济未来新的增长极。

四 习近平总书记关于中国特色城镇化的重要论述

城镇化是现代化的必由之路。2015年12月,习近平总书记主持召开中央城市工作会议,强调"中国城市工作的指导思想是:全面贯彻党的十八大和十八届三中、四中、五中全会精神,以邓小平理论、'三个代表'重要思想、科学发展观为指导,贯彻创新、协调、绿色、开放、共享的发展理念,坚持以人为本、科学发展、改革创新、依法治市,转变城市发展方式,完善城市治理体系,提高城市治理能力,着力解决城市病等突出问题,不断提升城市环境质量、人民生活质量、城市竞争力,建设和谐宜居、富有活力、各具特色的现代化城市,提高新型城镇化水平,走出一条中国特色城市发展道路"[①]。习近平总书记这一重要论述,为新时代中国特色城镇化发展指明了方向。

(一)推进新型城镇化是全面建成小康社会的现实要求

改革开放以来,中国城市发展取得了举世瞩目的成就,经历了世界历史

---

① 此部分内容参考习近平总书记在2015年12月20日至21日中央城市工作会议上的讲话。

上规模最大、速度最快的城镇化进程。在传统城乡二元经济体制的影响下，城市与农村、经济与社会、人与自然等方面还存在着一些不协调的问题。推进新型城镇化，正是着眼于中国发展全局，破解深层次体制机制障碍，促进城乡区域协调发展，为全面建成小康社会打下坚实基础。

1. 推进新型城镇化是全面建成小康社会、基本实现现代化的战略举措

城市是各类要素资源和经济社会活动最集中的区域。全面建成小康社会、加快实现现代化，必须充分利用城市这个"火车头"。推进新型城镇化，就是要发挥城市的集聚功能、辐射功能和引擎功能，通过以城带乡、以工促农，推动农村和农业现代化，促进工业化、信息化、城镇化和农业现代化同步发展，从而实现全面建成小康社会、基本实现现代化的奋斗目标。

2. 推进新型城镇化是统筹城乡发展、促进城乡一体化的内在要求

在全面建成小康社会的进程中，推进新型城镇化就是要突破城乡体制壁垒、消除城乡二元结构，构建城乡一体化发展的体制机制，促进城市基础设施向农村延伸、城市产业经济向农村辐射、城市优质资源向农村流动、城市公共服务向农村覆盖、城市文明文化向农村传播，进一步缩小城乡差距。

3. 推进新型城镇化是转变经济发展方式、加快经济转型升级的重要引擎

中国经济发展进入新常态，经济转型迫在眉睫，社会转型刻不容缓。城市是人才、科技、金融、信息等高端要素的集聚地，也是高新技术产业和现代服务业的发展高地。推进新型城镇化，就是要不断优化高端要素配置、提升自主创新能力、扩大社会有效需求、增强内生发展动力，在推动经济社会持续健康发展中发挥重要作用。

4. 推进新型城镇化是提高居民生活品质、全面改善民生的主要途径

在经济快速发展过程中，人们追求美好生活的愿望日益强烈。城市拥有较为完备的交通、通信、信息等基础设施，集聚着大量教育、医疗、卫生、文化等优质资源，是人们追求美好生活的空间载体。推进新型城镇化，就是要完善基础设施，提升城市功能，城乡居民生活质量和生活品质的升级提供条件。

(二) 推进新型城镇化必须确立新的发展理念和发展方式

新型城镇化战略在内涵上体现出四大转变，发展理念上从以物为主转向以人为本，发展格局上从偏重大城市转向大中小城市和小城镇协调发展，发展方式上从外延扩张转向内涵发展，发展动力上从投入推动转向创新驱动。

1. 坚持以人为本，推进以人为核心的新型城镇化

2006年，习近平总书记在浙江省城市工作会议上提出"积极鼓励和引导人口城镇化"的思路。推进以人为核心的新型城镇化，关键是有序推进农业转移人口市民化，着力提高城镇人口素质和居民生活质量，既要创造物质财富，又要创造精神财富，让城乡居民过上物质富裕、精神富有的现代文明生活。

2. 坚持城乡统筹，形成以城带乡、以乡促城、城乡互促共进的发展格局

习近平总书记指出，城镇化必须同农业现代化同步发展，城市工作必须同"三农"工作一起推进，形成城乡发展一体化的新格局。推进新型城镇化，必须立足统筹城乡发展，把城乡经济社会发展和区域发展作为一个整体，科学筹划、统一部署、协调推进，促进城乡要素平等交换，推动公共资源均衡配置，形成以工促农、以城带乡、工农互惠、城乡一体的新型工农城乡关系。

3. 坚持因地制宜，促进大中小城市和小城镇协调发展

习近平总书记强调，以城市群为主体形态，科学规划城市空间布局，走大城市、中等城市、小城市和小城镇协调发展的城镇化道路。推进新型城镇化，必须顺应现代城市发展新趋势，找准现代化城市建设新方向，适应城乡居民对生产、生活、生态改善的新需求，科学确定城市发展模式，创新城市规划，突出城市群主体形态，合理布局城市空间，推进大中小城市和小城镇协调发展。

4. 坚持节约集约，提升城镇化发展的质量和水平

习近平总书记指出，不断提升城市环境质量、人民生活质量，提高新型城镇化水平，必须把城市发展与资源节约、环境保护和生态建设结合起来，使节地、节水、节能、节材等措施落实到各个环节，按照严控增量、

盘活存量、优化结构的要求，推动城市集约发展，提高资源集约利用水平，努力建设环境优美、生态良好、宜居宜业的现代化城市。

5. 坚持改革创新，推动城镇化可持续发展

习近平总书记强调，充分发挥改革创新对城市发展的推动作用，让创新成为城市发展的动力，释放城市发展新动能。在新型城镇化进程中，必然面临各种深层次的矛盾和问题，解决的办法仍在于深化体制机制改革。通过改革创新破除城乡二元结构，释放城镇化潜力，提高城镇化活力，增强城市对周边地区的带动力，促进城乡之间产业发展互补、基础设施共建、信息网络共联和社会民生共享。

6. 坚持积极稳妥，推进城镇化要循序渐进

习近平总书记指出，推进城镇化既要积极、又要稳妥、更要扎实，方向要明、步子要稳、措施要实。深入推进新型城镇化，既要有满腔的进取热情，更要有足够的耐心，不贪一时之功，不图一时之名，不急于求成。遵循城镇化发展的客观规律，从实际出发，因地制宜，因势利导，使城镇化成为一个顺势而为、水到渠成的发展过程。

（三）推进新型城镇化要着力提高发展的质量和水平

新时代推进新型城镇化，必须牢固树立创新、协调、绿色、开放、共享的发展新理念，着力提高城镇化质量和水平。

1. 建设"公众城市"

习近平总书记指出，城市发展是一个自然历史的过程，必须认识、尊重、顺应城市发展规律。城镇化包括人口职业转变、产业结构调整、土地空间转化。在这个过程中，关键是让有能力在城镇稳定就业和生活的人扎根城市。就必须坚持以人民为中心的发展思想，正确处理人口、产业、用地之间的关系，做到城市发展以产业为支撑、城市扩大与经济相适应、人口集中与承载能力相匹配。

2. 建设"紧凑城市"

习近平总书记强调，科学规划城市空间布局，形成紧凑集约、高效绿色发展的空间格局。城市空间布局，不仅是城市内部要素的构成和组合，还包括城市之间的空间结构和形态。一个城市不仅要选择与之相适应的主

导产业，还要科学确定城市在区域发展格局中的地位和作用。统筹空间、规模、产业三大结构，科学规划城市的空间布局和功能定位，努力建设"紧凑城市"。从大中小城市和小城镇协调发展出发，突出城市群主体形态，发挥大都市引领和带动作用，突出中小城市的特色优势，促进城市间产业协作和社会协同发展。

3. 建设"创新城市"

习近平总书记指出，依靠改革、科技、文化三轮驱动，增强城市持续发展能力。在当前资源环境压力加大的情况下，城市发展必须从要素投入推动向创新驱动转变。统筹推进土地、财政、教育、就业、医疗、养老、住房保障等领域配套改革，集聚人才、信息、技术等创新资源，培育企业、院校、机构等创新主体，完善激励、评价、竞争等创新机制，创造公正、公平、开放的创新环境，不断释放城市发展新动能，增强城市凝聚力和辐射力。

4. 建设"海绵城市"

习近平总书记强调，城市建设要以自然为美，把好山好水好风光融入城市。统筹生产、生活、生态三大布局，把握好城市的生产空间、生活空间、生态空间的内在联系，科学规划城市的生态绿地、地下廊道、透水铺装、植被草沟、洪水调蓄等系统工程，大力推进自然积存、自然渗透、自然净化的"海绵城市"建设，实现生产空间集约高效、生活空间宜居适度、生态空间山清水秀，把城市建设成为人与人、人与自然和谐共处的美丽家园。

5. 建设"平安城市"

习近平总书记强调，树立系统思维，把安全工作落实到城市工作和城市发展的各个环节、各个领域。城市发展是一个系统工程，无论哪个环节出现短板，都会造成隐患。强化系统思维，统筹城市规划、建设、管理各个环节，切实堵住影响城市发展的安全隐患。城市规划要以主体功能区规划为基础，统筹各类空间性规划，推进"多规合一"；城市建设要注重市政设施配套，提高综合承载能力；城市管理要从粗放型向精准型转变，着重提高城市治安和管理服务水平，让人民群众生活得更方便、更舒心、更美好。

6. 建设"智慧城市"

习近平总书记强调，创新城市治理方式，依法规划、建设、治理城市。城市是一个要素集聚性与活动分散性共存的复合体，是生产者与消费者、管理者与被管理者共处的综合体。以法治理念和法治手段，统筹政府、社会、市民三大主体，调动各方积极性、主动性和创造性，促进城市管理从平面直线管理转为立体多维管理，加强精细管理，做好精准服务。充分运用互联网+、云平台、大数据等现代信息网络技术，加快建设"智慧城市"，促进城市治理体系和治理能力的现代化。

参考文献：

鲍亮亮：《认真贯彻习近平总书记重要讲话精神　与时俱进加快新型城镇化试点省建设》，《安徽日报》2015年11月12日第1版。

陈晨：《从习近平总书记重要讲话看城镇化要把握的四条原则》，《生产力研究》2016年第3期。

陈来芳：《中国农村城镇化进程中的信息不对称问题研究》，硕士学位论文，贵州大学，2008年。

杜新和：《新型城镇化进程中政府和市场均衡机制研究》，《湖北经济学院学报》（人文社会科学版）2016年第7期。

杜洋：《美国城镇化及其地方政府融资模式对中国的启示》，《工业经济论坛》2015年第4期。

符青松：《关于中国城镇化的内涵》，《海南师范大学学报》（社会科学版）2015年第7期。

龚万达：《以人为本：习近平农村市场化和城镇化思想的特质》，《现代经济探讨》2015年第4期。

黄娟：《以人为本的城镇化研究》，硕士学位论文，湘潭大学，2014年。

贾建梅、郭雅玮、陈宇洁：《农民工市民化与城镇化建设——学习习近平总书记"新型城镇化"论述的思考》，《商丘职业技术学院学报》2015年第6期。

贾晓慧：《中国就地城镇化过程中的产业支撑研究》，硕士学位论文，陕西师范大学，2016年。

李一花、安体富：《城镇化演进与中央地方财政支出责任分担研究》，《地方财政研究》2015年第10期。

刘林、董欣：《基于国际经验的西部地区城镇化路径浅析》，《新西部》（理论版）2015年第1期。

刘士鑫：《中国农村城镇化路径与模式研究》，硕士学位论文，浙江海洋学院，2014年。

陆小方、杨大宽、张瑞等：《中国的城镇化历程追溯及新型城镇化展望》，《新经济》2014年第29期。

雒尧：《中国城镇化与经济增长、农村发展关系的研究》，硕士学位论文，西北农林科技大学，2013年。

宋迎昌：《发达国家城镇化的经验与启示》，《中国报道》2013年第3期。

万鹏龙：《中国集约型城镇化研究》，博士学位论文，西南财经大学，2007年。

王淼：《浅析中国城镇化相关制度的变迁和改革展望》，硕士学位论文，西华大学，2015年。

吴宇哲：《小城镇建设的空间集聚：与大城市的比较》，《现代城市研究》2013年第5期。

徐莺：《中国城镇化研究存在的问题与建议》，《广西大学学报》（哲学社会科学版）2014年第5期。

许云：《把以民为本要求落实到城镇化建设之中——学习习近平总书记系列重要讲话体会》，《前线》2015年第2期。

闫凤英、付孟泽：《典型发达国家城镇化快速阶段多维比较研究》，《建筑与文化》2016年第1期。

燕彬、聂正彦：《中国城镇化演进的内生动力分析》，《上海商学院学报》2016年第4期。

余俊：《中外农村城镇化比较研究》，硕士学位论文，华中科技大学，2013年。

袁佳：《基于区域资源经济的城镇化发展模式研究》，博士学位论文，中国地质大学，2014年。

张可娜：《中国新型城镇化发展问题研究》，《现代经济信息》2014年第12期。

张文范：《关于中国城市化道路和城市设置问题的探讨》，《财经问题研究》1991年第7期。

张跃飞：《中国城镇化建设中宏观问题与对策研究》，硕士学位论文，中共陕西省委党校，2014年。

赵志敏：《中国新型城镇化道路的探索》，硕士学位论文，山东财经大学，2014年。

周梅：《论城镇化背景下的农村金融制度创新路径》，《中国农业资源与区划》2017年第1期。

专题研究报告三

新型城镇化推进与区域经济发展的关系研究

改革开放以来,中国进入城镇化高速发展阶段,城镇化水平由1978年的19.92%提高到2018年的59.58%。国家"五位一体、四化同步"的战略构想,为中国新一轮城镇化发展提出了更高、更具体的要求。未来一段时期,中国将进入城镇化加速推进的关键阶段,新型城镇化的快速推进与区域经济的协调发展如何协同将成为当前中国发展所面临的重大课题。

一 城镇化发展与经济增长的潜在关系

(一) 理论综述

1. 国外关于城镇化与经济发展研究的理论成果梳理

西方学者很早就开展城镇化相关问题的研究,研究内容主要包括城镇化与工业化、城镇化与能源消费、城镇化与人口增长、城镇化与就业的内在联系,以及城镇化与农业产业化、国家和地区城镇化发展水平差异、城镇化与产业集群、城镇化与经济发展的潜在关系。

西班牙学者塞达(A. Serda)在《城镇化基本原理》中首次用"城镇化"的概念来描述乡村劳动力向城市转移的过程。美国发展经济学家托达罗(Michcl P. Todro)从人口转移理论解释城镇化,他认为城市内部人口的增长、城乡间预期收入差异、城市就业的可能性都成为促进城镇化的主要原因。① 美国著名经济学家西蒙·史密斯·库兹涅茨（Simon Smith Kuznets）、英国古典经济学家威廉·配第（William Petty）和英国经济统计学家科林·克拉克（Colin G. Colark）从产业结构的角度对城镇化进行了系统的解释，指出城镇化过程就是农业向工业以及第三产业转化的过程。

美国地理学家诺瑟姆（Ray. M. Northam）（1979）提出S形曲线，进一步把城镇化分为城镇化初期、城镇化中期和城镇化后期三个阶段，并对城镇化进行量化界定：城镇化初始阶段城镇化率一般低于30%，中期城镇化率一般在30%—70%，当城镇化率超过70%时就进入了城镇化后期②。美国著名经济学家罗伯特·卢卡斯（Robert E. Lucas，1990）把人力资本纳入到经济增长模型中，并指出人力资本影响城镇化发展，劳动力会从传统的土地密集型部门向技术密集型部门转移，城镇化过程中劳动力自身技术水平影响劳动力的转移③。美国著名经济学家霍利斯·钱纳里（Hollis B. Chenery，1975）指出生产结构的变化是影响城镇化的主要原因，就业期望、政府分配政策、人力素质等因素也会影响城镇化水平④。美国经济学家吉勒·杜兰顿（Gilles Duranton，2003）和普盖（Puga，2003）指出，城镇化带来聚集效应的同时也给城市带来污染，使城市生活更加混乱⑤。美国经济学家威廉姆森（J. G. Williamson，1988）研究了政府行政建制划分、人口净迁移、城市人口增长这三种城镇化模式，并指出通过人口迁移增加的城镇人口在城镇化进程中扮演着最重要的角色⑥。布鲁克纳（M. Bruckner，2012）通过四十多个非洲国家1960—2007年的面板数据，利用国

---

① [美] 托达罗：《第三世界的经济发展》，中国人民大学出版社1988年版。
② 宋慧琳、陈平：《基于"诺瑟姆曲线"分析江西城镇化发展》，《价格月刊》2015年第1期。
③ Robert E. Lucas, *Why doesn't capital flow from rich to poor countries?* American Economic Review, Vol. 80, No. 2, 1990.
④ [美] 霍利斯·钱纳里、莫尔塞斯·塞尔昆：《发展的格局：1950—1970》，中国财政经济出版社1989年版。
⑤ Gilles Duranton, *Micro-foundations of Urban Agglomeration Economies*, Handbook of Regional and Urban Economics, Vol. 201, 2003.
⑥ J. G. Williamson, *Migration and Urbanization*: Handbook of Development Economics, Netherlands: Elsevier Scince Publisher B. V., 1988, p.117.

际商品中的工具变量估计了农业部门和人均国内生产总值对城镇化率的影响，并得出农业增加值的减少有利于城镇化率的提高，城镇化率的快速提高与人均国内生产总值的增长存在负相关关系①。

2011年，美国社会经济局公开发布的《世界城镇化前景（修订本）》中指出：到2020年超过一半的亚洲人口将居住在城市；到2035年，非洲城镇人口数量将超过一半；到2050年，城市居民将达到63亿，全世界农村人口比2011年减少3亿人，世界总体城镇化水平将达到67%，高度发达地区的城镇化水平达到86%，而欠发达地区的城镇化水平将达到64%。

伊森·莫里克（Ethan Mollick，1996）运用拉姆齐经济增长模型研究政府在城镇化和社会福利中的作用，研究结论显示：城市的增长要取决于城市和农村间税收的差异，税收收入结构的转移将引起城市经济的快速增长，要想提高城镇化水平和社会福利，政府需要干预并协调人口流动②。

亨里克（Henrik，2013）利用1960年亚洲和非洲国家的数据，通过几种模型研究城市人口和城市混乱之间的关系，并推翻了城市人口快速增长导致城市混乱这种看法。研究结论显示：造成城市混乱的主要原因是政府缺乏持续的政策制度、经济刺激和市民冲突，而不是由于人口数量的增长所导致的。③

弗农·亨德森（J. Vernon Henderson，2003）指出除了人均国内生产总值（GDP）外，结构和非经济因素也是促进城镇化水平的重要手段，一个国家的经济结构、产业结构、所有制结构都会或多或少地对城镇化发展产生一定的促进作用④。同时一些涉及社会公平、社会效益、公共服务等系列

---

① M. Bruckner, *Economicgrowth*: *Size of the Agricultural Sector, And Urbanization in Africa*, Journal of Urban Economics, Vol. 71, 2012.

② United Nations Department of Economic and Social Affairs, *Population Division World Urbanization Prospects*（http://iefi.mof.gov.cn/pdlb/dbjgzz/201605/t20160524_2002803.html）.

③ Halvard Buhaug, *An Urbanization Bomb? Population Growth and Social Disorder in Cities*, Global Environmental Change, Vol. 23, 2013.

④ J. Vernon Henderson, *The Urbanization Process and Economic Growth*: *The So-what Question*, J. Econ. Growth, Vol. 8, 2003.

的非经济因素，也与城镇化发展有一定的相关关系。

罗纳德·蒙马瓦（Ronald L. Moomaw，1996）指出，工业化、进出口额度、获取外界援助的数量都能促进城镇化。[①] 工业化的发展对城镇化具有很强的助推作用，欧洲工业化革命时期，也是城镇化高速推动的时期。一个国家的进口商品和出口商品也在很大程度上与城镇化水平有着直接的联系。

日本学者岩田弘对城镇化来自现代部门的扩张还是传统部门的扩张问题进行了研究，并得出人口聚集在区域或部门间的分布和部门间收入的差异程度共同影响城镇化水平。如果一个国家经济以资本积累为起步，它会以机会均等的模式发展。城镇化伴随着技术进步、正规部门的扩张以及非正规部门的萎缩，农业生产的减少和正规部门产品的增加都能促进城镇化。但是，在长时间内不能达到财富的平均分配和机会的均等分享目标。[②]

2. 国内关于城镇化与经济发展研究的理论成果梳理

从国内的研究看，中国学者在城镇化与经济发展的研究领域也取得了丰富的成果。黄毅（2006）认为城镇化不仅有利于消除城乡二元结构，还有利于促进农业规模化经营、实现农业产业化、节约农业土地资源和保护生态环境。他利用1952—2002年的数据建立回归模型，得出城镇化与人均国内生产总值（GDP）之间存在半对数高阶多项式函数关系的结论，并预测出当人均GDP达到10000元时城镇化率将达到46.3%。[③] 曹凤岐（2010）指出城镇化是城乡经济发展过程中的必经之路，经济持续发展的重要动力，中国城镇化水平每增加一个百分点，就有1000多万个农村居民转化为城里人，城镇化的过程就是农村成为城镇，农村居民成为城市居民的过程，城镇化能够完善社会保障和公共投入制度，解决

[①] Ronald L. Moomaw, *Urbanization and Economic Development: A Bias Toward Large Cities?*, Urban Econ, Vol. 40, 1996.

[②] K. Yuki, *Urbanization Informal Sector and Development*, Journal of Development Economics, Vol. 84, 2007.

[③] 黄毅：《城镇化进程与经济增长相关性分析》，《西南民族大学学报》（人文社会科学版）2016年第4期。

产能过剩的问题。① 辜胜阻、李华、易善策（2010）指出，城镇化过程中政府需要更加注重人往哪里去、钱从哪里来、农民工如何成为市民等问题。② 张志勇、李连庆（2012）利用山东省 1978—2009 年的数据通过建立时间序列模型，检验了山东省城镇化与经济增长之间的长期均衡关系，并提出城镇化水平每提高一个百分点，拉动的人均地区生产总值为 1.99 个百分点；在短期内，人均地区生产总值每增加一个百分点，拉动的当期城镇化水平为 0.12%；若城镇化水平每提高一个百分点，推动的当期地区人均生产总值为 0.34%；滞后第三期后经济增长对城镇化的作用逐渐减弱。方差分解的结果显示"经济对自身的冲击导致下一轮的增长，而城镇化对经济增长的作用一开始较微弱，但随着时间的推移，其冲击作用逐渐显现出来"③。彭群、徐保根、吴次芳（2003）认为快速城镇化可能会产生大量的失地农村居民，而这部分人的生活缺乏保障、进城成本高、就业困难、法律意识淡薄，这些因素对城市治安和秩序可能会带来较大的挑战。④

郑艳玲（2012）对河北省的城镇化与经济增长问题进行了定量检验，并得出河北的城镇化水平每提高 1%，推动 2.125% 的经济增长。格兰杰检验结果显示"人均国内生产总值增长是城镇化水平提高的格兰杰原因，而城镇化水平的提高不是人均国内生产总值增长的格兰杰原因"⑤。刘湘辉、孙艳华（2010）对城镇化与中小企业集群的耦合关系进行了研究，并指出城镇化与企业集群在人口聚集、经济增长、产业集聚、区位品牌、信息外溢、技术创新、规模经济、要素整合、结构调整等方面存

---

① 曹凤岐：《城镇化是城乡经济协调发展的必由之路》，《农村金融研究》2010 年第 5 期。
② 辜胜阻、李华、易善策：《城镇化是扩大内需实现经济可持续发展的引擎》，《中国人口科学》2010 年第 3 期。
③ 张志勇、李连庆：《城镇化水平与经济增长互动效应的动态分析》，《山东财政学院学报》2012 年第 9 期。
④ 彭群、徐保根、吴次芳：《发达地区城镇化与农村经济协调发展探讨》，《农村经济问题》2003 年第 6 期。
⑤ 郑艳玲：《河北省人口城镇化与经济增长关系的协整研究》，《统计与管理》2012 年第 8 期。

在互为因果的耦合关系。[①] 姜太碧（2002）用增长极理论研究了农村城镇化问题，指出中国农村城镇化水平呈"东部高，西部低"的态势，主要原因是东部地区依靠资金、技术、人才、制度等优势形成新的增长极，增长极的辐射作用有利于带动周围地区的经济和城镇化水平。[②] 罗明奇、付晶园、马少仙（2009）对甘肃省民族地区的经济状况与其他民族自治地区进行了对比，并指出农村居民基本技能的缺失是农村居民人均纯收入低下的主要原因，还有较高的人口增长率也是导致甘肃省民族地区的城镇化水平较落后的主要因素。[③] 李艳萍（2010）认为在西部地区，城镇化的确能够推动农村人口向城市的集聚和生产方式向现代化生产的转变，但过快的城镇化速度可能会影响少数民族文化流传的完整性，可能会破坏民族文化形态中的特质意识[④]。龙江智、杨新宇、杜丹（2002）认为区域发展差距是由各区域城乡收入差距引起的，而物价的变动和教育水平的差距是造成城乡差距的重要原因。[⑤] 卢小祁、匡小平（2011）利用江西省南昌市1990—2009年的样本数据，对城乡收入差距与经济增长、工业化、城镇化之间的相关关系进行讨论，研究结果显示"经济增长造成城乡居民收入差距，而这种差距的变动是单向的，而城镇化对城乡居民收入差距的变动没有显著的作用。相反，城乡收入差距与经济增长之间存在倒U形的关系"[⑥]。

姚士谋、吴建楠、朱天明（2009）指出中国城镇第二、三产业不断发展壮大的过程其实是农村人口非农化的过程，因此城镇化进程与人口的增长、非农化程度、产业的转移、城市土地的扩张、城乡之间的交流

[①] 刘湘辉、孙艳华：《中小企业集群与城镇化耦合发展的机理分析》，《甘肃社会科学》2010年第2期。

[②] 姜太碧：《经济增长极理论与农村城镇化研究》，《农业技术经济》2002年第4期。

[③] 罗明奇、付晶园、马少仙：《民族地区经济发展与城镇化建设的现状及影响因素分析——以甘肃省民族地区为例》，《中国集体经济》2009年第13期。

[④] 李艳萍：《论西部城镇化与民族文化发展的相关性》，《云南民族大学学报》（哲学社会科学版）2010年第11期。

[⑤] 龙江智、杨新宇、杜丹：《九十年代城乡收入差距的特征、形成因素及政策思考》，《经济界》2002年第2期。

[⑥] 卢小祁、匡小平：《城乡收入差距与经济增长、工业化、城市化相关性分析——以欠发达城市南昌为例》，《江西社会科学》2011年第7期。

等因素密切相关,大量农村居民进入城市工作生活使中国城镇化水平快速提高,想要中国城镇化健康发展,进城农村居民的文化素质和就业技能就必须进一步提高。[①] 吴耀、牛俊蜻、郝晋伟(2009)利用因子分析方法构建囊括人口、经济、社会、城市以及环境为一体的城镇化综合指标体系,通过陕西省城镇化与中国其他省份城镇化的对比分析,得出土地城镇化与人口城镇化在测算城镇化率系数上有很大的差距。[②] 段禄峰、张沛(2009)对中国城镇化与工业化之间的关系进行了研究,研究结果显示"中国改革开放初期的城镇化水平滞后于工业化的局面在20世纪末有所好转,而2003年后工业化水平再次超越了城镇化水平;从区域划分来看,中国东部和中部的城镇化滞后于工业化,与东部地区相比,西部地区的工业化和城镇化水平均较低,两者协调性也较好"[③]。李胜会、李明东(2004)指出县域经济与城镇化程度密切相关,县域经济水平发达的地区城镇化水平也较高,而城镇化也通过集聚推动着县域经济。基于相关系数计算出中国2001年的城镇化与经济的相关系数,结果显示"全国的相关系数为0.909,东部地区的相关系数为0.895,中西部地区的相关系数为0.462"[④]。

3. 国内外关于城镇化与经济发展的研究文献评述

国内外学者对城镇化发展与经济增长、农业产业化、工业化、第三产业、产业结构以及就业的关系进行了系统的研究,并形成了丰富的研究成果。大部分文献得出城镇化与经济增长存在较强的相关性,区域经济增长是城镇化的格兰杰原因,而城镇化不是经济增长的格兰杰原因。但也有少量的文献结论认为城镇化与经济发展互为因果关系,指出稳定的经济和市场环境有利于推动产业集聚,从而节省交换成本,推动知识溢出。国外学者的研究主要以实证分析为主,大部分学者运用了亚洲、

[①] 姚士谋、吴建楠、朱天明:《农村人口非农化与中国城镇化问题》,《地域研究与开发》2009年第6期。
[②] 吴耀、牛俊蜻、郝晋伟:《区域城镇化综合发展水平评价研究——以陕西省为例》,《西北大学学报》2009年第12期。
[③] 段禄峰、张沛:《中国城镇化与工业化协调发展问题研究》,《区域与城市》2009年第7期。
[④] 李胜会、李明东:《县域经济与城镇化水平相关性分析》,《兰州学刊》2004年第1期。

非洲等国家层面的数据，验证了与城镇化相关的经典理论。国内大部分研究仍然停留在理论构建或者简单的统计描述的阶段，与国外研究相比还有一定差距。

第一，国内文献大部分以人口城镇化率作为评价城镇化水平的唯一指标，缺乏系统性研究理论，大部分文献只停留在人口城镇化率与人均的时间序列计量模型上，并没有从多方位、多维度去研究经济发展和城镇化水平的关系。例如，并没有很好地把城镇化与城市空间布局、产业结构、产业布局、政策体制联系起来。

第二，国内研究城镇化的文献中关于城镇化指标的选取问题存在混乱现象。有的学者采用户籍人口与总人口的比例来代替城镇化率，而有的学者采用城镇常住人口与总人口的比重来代替城镇化率。评价城镇化水平缺乏多方位、多维度的系统化考量，忽略了城镇化质量、就业质量和生态环境等因素。

（二）城镇化与经济发展之间的关系

基于经济学的研究视角，城镇化在经济发展中扮演着十分重要的角色，城镇化与经济发展之间存在着显著的互动关系。

1. 城镇化由经济发展水平所决定

城镇化是经济和社会发展到一定阶段的产物，受工业化水平和经济增长水平的制约，城镇化也是工业化和现代化发展的必然结果。一个国家或地区的经济社会发展水平，城镇化是一个非常重要的衡量指标。纵观世界各国发展历程，一个国家或地区的城镇化水平越高，表明该国（或地区）的经济以及社会发展水平就越高。通常发达国家的城镇化率都不低于70%，中国目前实际城镇化率也达到了51%。

国内研究城镇化发展水平，比较有代表性的学者是周一星先生，他通过建立关于城镇化与经济增长的对数曲线关系模型，得出城镇化过程中的阶段性特征，表明城镇化水平在不同的阶段与经济发展水平存在不同的数量关系。工业化前期，经济发展水平相对较低，人均生产总值的增加依赖于城镇人口比重的迅速提高；到了工业化中期，城镇人口占总人口的比重会趋于平缓，相同的人均生产总值增加量，需要提高的城镇人口比重就会降低；进入了工业化后期阶段，城镇化水平达到峰值，面对经济发展的同时，城镇化率几乎不变甚至有所回落。这一模型具有城镇化率的预测功能，并在调控城镇化和经济发展中具有重要的参考价值。首先，城镇化的初期和中期阶段，经济发展是城镇化的主要驱动力，经济发展必然涉及产业结构布局问题。其次，当人口和经济发展趋于稳定，经济结构相对完善，产业布局相对合理，国民生产总值的增长率保持相对平衡，那么城镇化水平相对也会随之趋缓，市场对于城镇化的需求将会减弱。可以说，工业化是城镇化的第一动力，第三产业的发展是城镇化的后续动力。

2. 经济发展是城镇化的核心动力

城镇发展是工业发展的强大动力，也是工业化和经济社会发展到一定阶段的必然结果。一方面，城镇化推动基础设施大规模建设，由此产生的有效需求成为经济增长的重要拉动力，从而推动经济发展；另一方面，城镇化有助于生活设施趋于完备，为城镇居民消费需求的升级创造可能性。

经济发展的关键在于市场消费需求，拓宽市场、增加需求、推动消费，经济才能保持快速发展的趋势。在国民经济不断发展的进程中，商品会得到空前的补给，乃至在一定水平上达到满足或超过市场需求的状况，市场的制约将成为经济发展停滞不前的最大阻碍。因此，城镇化进程的推进，将成为扩大市场需求的充分非必要条件。随着城镇化水平的逐渐演进，将会产生新的局面，诸如，城镇人口、城镇的数量和比重增大，城镇基础设施建设、环保建设和住房建设的面积增加，城镇规模持续向周边扩散，交通网络建设的投资力度加大。

（三）城镇化与经济发展水平相互作用的理论模型

20世纪80年代前后，许多学者尝试建立城镇化与经济发展关系的研究模型，城镇化水平以一个区域城镇人口数量占总人口的比重作为测度标准，即：

$$L = \frac{U}{P} \times 100\% = \frac{U}{U+R} \times 100\%$$

（式1-1）

在（式1-1）中，L为城镇化水平，U是城镇人口数量，R是农村人口数量，P是区域总人口。经济发展水平通常以人均生产总值（人均GDP）来衡量。

在（式1-1）中建立的函数关系以城镇化水平为因变量，以人均地区生产总值为自变量，通过对数函数、幂指数函数、二类指数函数、Logistic函数、双曲线函数等曲线描述，其趋势均呈现出后半段曲线上凸形状。目前较为成熟的模型是刘易斯—拉尼斯—费景汉模型、托达罗模型、钱纳里模型运用最为广泛。[①]

1. 刘易斯—拉尼斯—费景汉模型

美国发展经济学家威廉·阿瑟·刘易斯（William Arthur Lewis）是早期研究发展中国家贫困和经济发展缓慢根本原因的专家之一，他构建了曾经轰动一时的"二元经济"模型。该模型从理论层面阐述了在资本缺乏和劳动生产率低的双重压力下，传统的乡村农业之所以被城镇的工业部门替代，其根本原因是农村大量剩余劳动力的转移，劳动力由农村迁移至城镇。归纳出城镇发展的三个先决条件，即城镇工业部门集聚的资本、农村极高的劳动生产率和人力资源的充足性。资本家要获取最大利润就必然依靠农村剩余劳动力的转移，通过投入大量资金，扩大工业部门的生产，大幅度增加工业岗位，吸收大量的劳动力，如此周而复始，直至农村剩余劳动力全部转移到工业部门。

1961年，费景汉（John C. H. Fei）和古斯塔夫·拉尼斯（Gustav Ranis）对刘易斯模型进行了辩证分析，并进行修正和补充。他们认为，劳动转移不是一次性的，而是分为两个阶段来完成的。从第一个阶段来看，大量剩余劳动力闲置在农村，无法产生任何的边际生产力，工业部门的高工资水平在某种程度上对于他们具有较高的吸引力，人员开始流向工业部门。在这一阶段中，需要把城镇工业部门的总产出、企业利润、工人工资的收入、劳动力需求和工资率等变量因子放入理论模型，由于农业剩余劳动力向城镇转移，社会总收入会相应增加，企业获取利润之后也会进行再

---

① 陈彦光：《城市化与经济发展水平关系的三种模型及其动力学分析》，《地理科学》2011年第1期。

次投资，工业生产规模不断扩大，以此证实了刘易斯原理。上述层面完全结束后，农村剩余劳动力已经全部转移到城镇的工业部门，此时进入第二个阶段，城镇工业部门在规模和工人数量上都有一定的扩张，但是仍未达到饱和，对劳动力的需求有增无减，农业潜在的失业者替代农村剩余劳动力成为新的目标。但是，失业者的边际生产力大于零。所以，在第二阶段计算社会总收入时，衡量标准将发生变化，诸如价格上升率、工业部门工资上升率、劳动力供给变化和农产品的产量下降率等都应该纳入研究模型。当工业部门的利润达到最高点进入下降趋势时，工业扩张的速度得到减缓，此时潜在的失业者也同样被完全吸收到工业部门。当劳动力转移完成，也就意味着城镇化进程的结束。

刘易斯—拉尼斯—费景汉模型，经历了很长的修正过程，最终解释了城镇化主要通过农村剩余劳动力和潜在失业者的转移来达成。由此证明，城镇化对于国民经济发展有推动作用，城镇化与经济发展水平之间存在着相互作用和相互影响的关系。

2. 托达罗模型

20世纪60年代末至70年代初，美国发展经济学家迈克尔·托达罗（Michacl P. Todro）创立了托达罗模型。该模型的创立处于特殊的历史时期，资本主义社会飞速发展，社会主义社会曲折徘徊，失业问题日益凸显，尤其是发展中国家，大量劳动力闲置在城市，处于待业状态。与此同时，农村中的剩余劳动力也企图转移到城镇，经济发展中最大的障碍和限制就是人口流动问题。针对该现象，托达罗制定了专门的人口流动模型。

托达罗模型在针对农业劳动力的转移这个研究点上提出了4个假设性结论：

（1）如果农村人口在城镇的就业率与农村向城镇的迁移率（或者迁移量）成正相关，那么一旦城市就业机会增多，来自农村的转移劳动力就会增多。

（2）农村劳动力转移具有相当大的"盲目性"，因为实际上他们并没有受到专业的指导和引领，完全依赖个人的直觉和理解。

（3）农村剩余劳动力转移至城镇以后，就业过程也是分阶段性讨论的，因为城镇仍然存在所谓的传统部门，没有技术优势的劳动力想要进入现代工业部门，非熟练手工业者、非熟练建筑工人、个体商贩、非熟练服务员将会成为他们的出路，还有一部分人原本来自农村的传统部门，可能受到现代工业部门的青睐，可以在城镇找到相对固定的工作。对此应当研究城镇传统部门的规模、比例和城乡实际收入的差异等。

（4）导致农村劳动力转移至城镇的因素来自三个方面：第一，城乡的性质和区域差异使人们形成了对于"预期收入"的期待感；第二，就业可能性，农村劳动力一直或某个阶段处于闲置状态，城镇就业概率小，农村人口的选择可能更加趋于谨慎；第三，城市人口本身的数量、规模以及在区域中的占比。

托达罗的模型中，在描述农村劳动力转移至城镇的可能性因子中，劳动力是否转移的决定性因素，不是城乡实际收入的差异，而是预期的差异。也就是说，一旦农村普遍的平均收入低于城市工业部门的预期收入，农村人口转移至城镇将成为极大可能。实际上，预期收入差异不仅仅指的是收入的部分，更涵盖了失业率的高低和城镇就业率方面的内容。一旦发现城镇失业率很高，即使了解城乡实际收入存在较大差异，农村剩余劳动力并不认为转移到城镇是不错的选择，可以理解是对高失业率的恐惧和担忧。因此，在计算预期收入时，通常认为是现阶段就业率和城镇实际收入的乘积，而就业率又包含了两个因素——城镇失业人数和城镇工业部门新创造的就业机会。综上所述，任何阶段任何时期的人口迁移行动至少凭借三个因素，即城乡工资差距、城镇的失业率和潜在迁移者对迁移后果的反应程度。

根据托达罗模型的逻辑和分析，可以看出人口之所以向城镇迁移，很大程度上是由城乡预期的收入差距决定的。同时，农村人口流入城镇现代部门的数量越多，意味着城镇现代部门新创造的就业岗位和新提供的就业机会越多，也就意味着城镇经济的繁荣。

3. 钱纳里模型

1986年，美国经济学家钱纳里建立了多国模型，对采集来的101个国家的数据进行回归分析。具体来看，钱纳里模型分三步进行。

（1）制定理论框架

钱纳里将发展模式定义为伴随收入或其他发展指数水平的提高，在经济或社会结构的任何重要方面所表现出来的系统性变化。另外，美国著名经济学家西蒙·史密斯·库兹涅茨（Simon Smith Kuznets）在钱纳里的基础上展开国际比较研究，由于跨国比较在经济和社会发展过程方面起着重要作用，能够识别经济发展的一致性，于是采用三个计量经济模型和27个变量来表现国家经济发展的本质特点。

（2）构建计量模型

$$X = \alpha + \beta_1 \times \ln Y + \beta_2 \times (\ln Y)^2 + \gamma_1 \times \ln N + \gamma_2 \times (\ln N)^2 + \sum (\delta_i \times T_i) \quad \text{（式1-2）}$$

$$X = \alpha + \beta_1 \times \ln Y + \beta_2 \times (\ln Y)^2 + \gamma_1 \times \ln N + \gamma_2 \times (\ln N)^2 + \sum (\delta_i \times T_i) + e^F \quad \text{（式1-3）}$$

$$X = \alpha_i + \beta_1 \times \ln Y + \beta_2 \times (\ln Y)^2 + \gamma_1 \times \ln N + \gamma_2 \times (\ln N)^2 + \sum (\delta_i \times T_i) + e^F \quad \text{（式1-4）}$$

上述模型（式1-2）、（式1-3）、（式1-4）中，27个因变量用X表示，α是常数参数，N是人口（单位为百万），Y代表的是美元计算的人均国民生产总值，T表示时间段，X是城镇化率，F表示的是人口作为国内生产总值一部分的净资源流入。方程（式1-2）和（式1-3）是基本的跨国回归，（式1-3）考虑到外部资源流入的影响，（式1-2）中把它的平均效应包含在Y和N的系数之中，（式1-4）是比较时间序列和横截面的结果。

（3）回归结果

钱纳里模型证实分析了处于一定的人均国内生产总值水平之上与之相匹配的城镇化水平、劳动力配置和生产结构。

钱纳里模型无论是在数据的采用、理论框架的建构，还是在实证模型拟合方面，意义都非常重大，为理论界研究城镇化提供了全新的思路。但是，钱纳里模型也存在一定的局限性。首先，钱纳里研究的重点并不是城镇化，而是整个经济结构；其次，采用了多国回归模型分析，然而每个国家和地区的经济发展水平和基本国情存在差异，容易使所得结论产生偏差；再次，在选取的国家中，人口规模大小没有细致划分，同等而论；最后，尽管当时的数据是由世界银行提供，具有相对的权威性，但却忽略了汇率的变化。

二 新型城镇化战略下云南省六大城市群架构

西部大开发以来，云南省紧紧抓住国家对西部地区发展的优惠政策，不仅仅在经济上取得了快速的发展，城镇化水平得到了空前的提高。2000年云南省的城镇化水平为23.36%，到2018年达到了47.81%，西部大开发以来云南省的城镇化水平按照年均1.35%的速度递增。同时，也应该看到，云南省至今仍是全国城镇化发展水平相对落后的省份之一。2018年云南省47.81%的城镇化水平比全国59.58%城镇化水平低了约12个百分点，在全国31个省级行政区域（省、市、自治区）中位于倒数第3位。中共云南省委、云南省人民政府在制定发展战略时尤为重视云南省城镇化发展，在全国以城市群推动新型城镇化发展的背景下，提出了滇中城市群、滇西次级城市群、滇东南次级城市群、滇西北次级城市群、滇西南次级城市群和滇东北次级城市群六大城市群的建设来推动云南省城镇化发展。

表2-3　　　　　　　　　云南六大城市群建设

城市群	城市组织	功能定位
滇中城市群	昆明市、曲靖市、玉溪市、楚雄州	充分发挥龙头作用，提升对全省经济社会的辐射带动作用
滇西次级城市群	大理州、隆阳区、芒市、瑞丽市、腾冲市、龙陵县、祥云县、盈江县	以大理、隆阳、芒市、瑞丽为中心，以腾冲、龙陵、祥云、盈江等为节点，注重水环境保护与生态建设，着力推进瑞丽国家重点开发开放试验区建设，打造滇西沿边开放城市群
滇东南次级城市群	蒙自市、文山市、个旧市、开远市、建水县、河口县、砚山县、富宁县、丘北县	以蒙自、文山市为核心，以个旧、开远、建水、河口、砚山、富宁、丘北等为节点，以蒙砚高速公路为纽带，优化城市功能，提升城市品质，形成云南连接北部湾、珠三角的滇东南城市群

续表

城市群	城市组织	功能定位
滇西北次级城市群	丽江市、香格里拉市、泸水市	以丽江为核心，以香格里拉、泸水等为节点，充分考虑资源环境容量和生态保护要求，有序发展城镇体系，着力打造联动川藏的国际知名旅游休闲城市群
滇西南次级城市群	景洪市、思茅县、临翔区、宁洱县、澜沧县、云县、耿马县	以景洪、思茅、临翔为核心，以宁洱、澜沧、云县、耿马等为节点，重点推进口岸城市建设，逐步建成特色鲜明、布局合理、生态良好的滇西南沿边开放城市群
滇东北次级城市群	昭阳区、鲁甸县、水富县	以昭阳、鲁甸为核心，以水富为节点，注重区域环境综合治理，加快推进昭鲁一体化进程，带动其他中小城镇发展，形成连接成渝、长三角的滇东北城市群

三 云南省城镇化与经济发展水平关系的实证分析

（一）指标选取

测算城镇化与经济发展的关系，主要涉及两类指标，即衡量城镇化发展的指标和衡量经济发展水平的指标。

1. 城市发展水平

对于衡量城镇化发展的指标，国际国内公认的是用城镇化率。城镇化率是从人口城镇化的角度来衡量地区城镇化发展的程度，以区域内的城镇人口占总人口的比重来反映城镇化水平。该指标从地域的角度出发划分为城镇人口和农村人口两大群体，较为客观地反映了人口在城乡之间的空间分布。其计算公式：

$$Y = \frac{P_C}{P_C + P_R} \times 100\% \qquad (式2-1)$$

（式2-1）中，Y表示某一时间点上的城镇化率（一般采用百分比），P_C表示某一时间点上城市人口的数量，P_R表示某一时间点上农村人口的数量。

2. 经济发展水平

经济发展水平，简单地说就是一个国家或地区所提供产品和劳务的生产能力。在数量上的反映一般是指国内生产总值（GDP）与人均国内生产总值（人均GDP）。对于经济发展水平指标的选取，国际国内公认的是采用人均生产总值来衡量。本研究希望从多角度来验证云南省经济发展水平对城镇化的影响，主要选取5个表征经济发展水平的指标：

（1）地区人均国内生产总值（人均GDP）

地区人均国内生产总值为某一时间点上（比如截至2019年12月31日）云南省总产出与云南省总人口的比值。地区人均国内生产总值常作为发展经济学中衡量经济发展状况的重要指标，它是了解一个地区宏观经济运行状况的有效工具。

（2）人均全社会固定资产投资额

固定资产投资额是以货币表现的固定资产活动的工作量，反映固定资产投资规模、速度、比例关系和使用方向的综合性指标。人均全社会固定资产投资额反映了政府对基础性工程的投入力度，能够较好地反映城镇化过程中基础设施的保障能力。

（3）全社会人均消费水平

全社会人均消费水平是指一定时期内（比如2019年度）平均每人占有和享受的物质生活资料和服务的数量。全社会人均消费水平反映人民物质和文化生活需要的满足程度，也是一个国家（或地区）整个经济活动成果的最终体现。

（4）城镇登记失业率

城镇登记失业率是指报告期末（比如2019年12月31日）云南省城镇登记失业人数占报告期末云南省城镇从业人员数与报告期末云南省实有城镇登记失业人数之和的比重。城镇登记失业率真实地反映了一个国家或地区的就业状况。

（5）人均财政收入

财政收入是指政府为履行其职能、实施公共政策和提供公共物品与服务需要而收集的一切资金的总和。财政收入表现为政府部门在一定时期内（一般为一个财政年度）所取得的货币收入，是衡量一个国家或地区财力的重要指标。区域人均财政收入即为区域财政收入总量与区域总人口的比值。

表 3-1　　　　　　　　　　　　　指标构成

指标名称	单位
UR_t	城市化率	%
PG_t	人均 GDP	元
PI_t	人均全社会固定资产投资额	元
PC_t	全社会人均消费水平	元
UE_t	城镇登记失业率	%
PF_t	人均财政收入	元

（二）数据来源与预处理

本文选择 2000—2018 年共 19 个年度的数据作为样本区间。文章所用到的数据均来源于各年度的《云南统计年鉴》、《中国城市统计年鉴》和《云南调查年鉴》，以及云南省统计局公布的各年度"云南省国民经济和社会发展统计公告"。

为剔除物价水平变动的影响，利用 GDP 缩减指数对人均 GDP 绝对值进行变换，全部转换为 2000 年不变价的人均 GDP；同时，为消除可能存在的异方差，对指标进行自然对数的处理，记为 $LnUR_t$、$LnPG_t$、$LnPI_t$、$LnPC_t$、$LnUE_t$ 和 $LnPF_t$。

（三）实证分析

1. 相关性分析

变量的相关分析是研究现象之间是否存在某种依存关系，并对具有依存关系的现象进一步探讨其相关方向以及相关程度。相关系数是反映变量之间相关关系密切程度的统计指标，若两个变量相关系数 r>0，则两个变量之间存在正相关关系；若两个变量相关系数 r<0，则两个变量之间存在负相关关系；若两个变量相关系数 r=0，则两个变量之间不存在相关关系。r 的绝对值越大，相关程度越高。

利用统计软件 Stata 10，分析变量 $LnUR_t$ 对 $LnPG_t$、$LnPI_t$、$LnPC_t$、$LnUE_t$、$LnPF_t$ 之间的相关关系，计算出各组变量间的相关系数，如表 3-2 所示。

表 3-2　　　　　　　　　　相关性分析结果

$LnUR_t$	相关系数
$LnPG_t$	0.99
$LnPI_t$	0.98
$LnPC_t$	0.97
$LnUE_t$	0.61
$LnPF_t$	0.98

从表 3-2 中可以看出，反映云南省城镇化发展水平的城镇化率与地区人均 GDP、人均全社会固定资产投资额、全社会人均消费水平、城镇登记失业率、人均财政收入均存在正相关关系，除了城镇化率与城镇登记失业率的相关系数在 0.61 外，其他均存在强相关关系，相关系数均在 0.95 以上。进一步说明了所选取的指标均有很强的代表性。

2. 协整检验

协整理论主要用于寻找两个或多个非平稳变量之间的均衡关系，如果某两个或多个同阶时间序列向量的某种线性组合可以得到一个平稳的误差序列，则这些非平稳的时间序列之间存在长期均衡关系，即具有协整性。

(1) 单整检验。由于只有相同单整阶数的变量才可能存在协整关系，因此在协整分析之前首先要检验变量的单整阶数。进行城镇化水平与地区人均 GDP、人均全社会固定资产投资额、全社会人均消费水平、城镇登记失业率、人均财政收入的协整分析之前，首先要检验这 6 个变量的时间序列是否平稳。对序列 $LnUR_t$、$LnPG_t$、$LnPI_t$、$LnPC_t$、$LnUE_t$、$LnPF_t$ 的平稳性进行 ADF 检验。根据检验结果（表 3-3）可以看出，ADF 检验值都大于 5% 的临界值，说明 6 个变量均为非平稳系列；对两个序列做一阶差分，再进行 ADF 检验，6 个变量系列的一阶差分都为平稳系列。可知，$LnUR_t$、$LnPG_t$、$LnPI_t$、$LnPC_t$、$LnUE_t$、$LnPF_t$ 都具有一阶单整性，即 $LnUR_t \sim I(1)$，$LnPG_t \sim I(1)$，$LnPI_t \sim I(1)$，$LnPC_t \sim I(1)$，$LnUE_t \sim I(1)$，$LnPF_t \sim I(1)$。

表 3 – 3　　　　　　　　　　　ADF 检验结果

变量	检验形式	ADF 检验	临界值（1%）	临界值（5%）	结论
$LnUR_t$	(C, T, 1)	-3.544474	-5.295384	-4.008157	不平稳
$\Delta LnUR_t$	(C, 0, 1)	-3.464911	-2.816740	-1.982344	平稳
$LnPG_t$	(C, 0, 1)	-3.329905	-5.295384	-4.008157	不平稳
$\Delta LnPG_t$	(C, T, 1)	-3.952895	-2.847250	-1.988198	平稳
$LnPI_t$	(C, 0, 1)	-2.520392	-5.124875	-3.933364	不平稳
$\Delta LnPI_t$	(C, 0, 1)	-2.202222	-2.816740	-1.982344	平稳
$LnPC_t$	(C, 0, 1)	-2.329320	-5.295384	-4.008157	不平稳
$\Delta LnPC_t$	(C, T, 1)	-7.122184	-2.886101	-1.995865	平稳
$LnUE_t$	(C, 0, 1)	-2.360875	-5.124875	-3.933364	不平稳
$\Delta LnUE_t$	(C, 0, 1)	-6.014360	-2.847250	-1.988188	平稳
$LnPF_t$	(C, 0, 1)	-2.324971	-5.124875	-3.933364	不平稳
$\Delta LnPF_t$	(C, 0, 1)	-3.803833	-2.816740	-1.982344	平稳

注：（1）检验形式（C，T，L）中的 C、T、L 分别表示模型中的常数项、时间趋势项和滞后阶数。
　　（2）滞后期的选择以施瓦茨信息准则（SC）为依据。

（2）协整检验。检验变量间的协整关系，通常采用 Engle-Granger 检验。利用该方法进行城市发展水平与经济发展水平的协整检验，首先构建变量 $LnUR_t$ 对 $LnPG_t$、$LnPI_t$、$LnPC_t$、$LnUE_t$、$LnPF_t$ 的回归方程：

$$LnUR_t = \alpha + \beta_1 LnPG_t + \beta_2 LnPI_t + \beta_3 LnPC_t + \beta_4 LnUE_t + \beta_5 LnPF_t + \varepsilon_t$$

然后，用普通最小二乘法（OLS）估计回归方程。估计结果如表 3 – 4 所示。

表 3 – 4　　　　　　　　　　　OLS 估计结果

变量	估计值	t 统计量
α	0.693873	0.995329**
β_1	0.184807	0.735230
β_2	0.027985	0.557219*
β_3	0.083009	0.814782
β_4	0.196001	3.026146***
β_5	0.043867	0.292250

注：（1）R-squared = 0.996738，F-statistic = 427.8230，Durbin-Watson stat = 2.011651；
　　（2）＊＊＊表明显著性水平为 0.01。

于是得到估计后的回归方程：

$\text{Ln}UR_t = 0.6939 + 0.1849 \times \text{Ln}PG_t + 0.0279 \times \text{Ln}PI_t + 0.083 \times \text{Ln}PC_t + 0.196 \times \text{Ln}UE_t + 0.0439 \times \text{Ln}PF_t$

令 $\varepsilon_t = \text{Ln}UR_t - 0.6939 - 0.1849 \times \text{Ln}PG_t - 0.0279 \times \text{Ln}PI_t - 0.083 \times \text{Ln}PC_t - 0.196 \times \text{Ln}UE_t - 0.0439 \times \text{Ln}PF_t$；

检验残差项 ε_t 是否平稳，即 ε_t 是否为 I（0）序列。ADF 检验统计量明显小于显著性水平为 1%、5% 时的临界值，估计残差序列 ε_t 为平稳序列，即 $\varepsilon_t \sim I（0）$。表明 $\text{Ln}UR_t$ 与 $\text{Ln}PG_t$、$\text{Ln}PI_t$、$\text{Ln}PC_t$、$\text{Ln}UE_t$、$\text{Ln}PF_t$ 之间存在协整关系，城市发展与经济发展之间存在长期动态均衡关系。这种动态均衡关系说明，随着中国西部大开发的深入推进，云南省经济增长与城镇化水平提升之间呈现出一定的协调性，并不存在城镇化滞后于经济增长的情况。

3. 回归分析

通过选择自变量最优子集的逐步回归方法，构建城市发展水平和经济发展水平的回归方程。由逐步回归结果选择自变量最优子集，最终进入模型的指标有 3 个，即地区人均 GDP（$\text{Ln}PG_t$）、人均全社会固定资产投资额（$\text{Ln}PC_t$）和城镇登记失业率（$\text{Ln}UE_t$）。回归结果如表 3 – 5 所示。

表 3 – 5　　　　　　　　逐步回归法的 OLS 估计结果

变量	估计值	标准差	t 统计量	p 值
C	0.649174	0.054385	11.93674	0.0000
$\text{Ln}PG_t$	0.229013	0.065063	3.619881**	0.0005
$\text{Ln}PC_t$	0.051528	0.067880	3.759109*	0.0002
$\text{Ln}UE_t$	0.171532	0.028781	5.959875	0.0002

注：（1）R-squared = 0.996583，F-statistic = 875.0040，Durbin-Watson stat = 1.837883。
（2）*（**）表明显著性水平为 0.10（0.05）。

回归结果显示，变量 $\text{Ln}PG_t$ 和 $\text{Ln}UE_t$ 的系数估计值都是非常显著的，表明人均 GDP 和城镇登记失业率的变化对云南省城镇化水平有着显著影响。R^2 为 99.6%，说明模型能够在 99.6% 的程度上解释城镇化水平的变化。F 统计量为 875.004，p 值为 0.0000，说明回归模型整体非常显著，回归方程可信。DW = 1.837，接近于 2，说明模型不存在自相关。

4. 格兰杰因果检验

为了更深入地探究云南城镇化发展水平与经济发展水平是否存在着相互促进、互为因果的关系，对变量进行 Granger 因果检验。建立城镇化水平 $LnUR_t$ 与 $LnPG_t$、$LnPI_t$、$LnPC_t$、$LnUE_t$、$LnPF_t$ 之间的 Granger 因果关系模型：

$$LnUR_t = \alpha_{10} + \sum_{i=1}^{k} \alpha_{1i} LnUR_{t-i} + \sum_{i=1}^{k} \beta_{1i} LnPG_{t-i} + \sum_{i=1}^{k} \delta_{1i} LnPC_{t-i} + \sum_{i=1}^{k} \varphi_{1i} LnUE_{t-i} + \varepsilon_{1t}$$

$$LnPG_t = \alpha_{20} + \sum_{i=1}^{k} \alpha_{2i} LnUR_{t-i} + \sum_{i=1}^{k} \beta_{2i} LnPG_{t-i} + \sum_{i=1}^{k} \delta_{2i} LnPC_{t-i} + \sum_{i=1}^{k} \varphi_{2i} LnUE_{t-i} + \varepsilon_{2t}$$

$$LnPC_t = \alpha_{30} + \sum_{i=1}^{k} \alpha_{3i} LnUR_{t-i} + \sum_{i=1}^{k} \beta_{3i} LnPG_{t-i} + \sum_{i=1}^{k} \delta_{3i} LnPC_{t-i} + \sum_{i=1}^{k} \varphi_{3i} LnPF_{t-i} + \varepsilon_{3t}$$

$$LnUE_t = \alpha_{40} + \sum_{i=1}^{k} \alpha_{4i} LnUR_{t-i} + \sum_{i=1}^{k} \beta_{4i} LnPG_{t-i} + \sum_{i=1}^{k} \delta_{4i} LnPC_{t-i} + \sum_{i=1}^{k} \varphi_{4i} LnUE_{t-i} + \varepsilon_{4t}$$

上式中下标 t 为时间（采用年度样本数据），k 为最大滞后阶数（根据 OLS 估计，该模型的最大滞后阶数为3），ε_t 为误差项。利用普通最小二乘法（OLS）对参数进行估计，得到表 3-6 的检验结果。

表 3-6　　　　　　　　逐步回归法的 OLS 估计结果

变量	F 统计量	p 值	Granger 因果关系
$LnPG_t$ does not Granger Cause $LnUR_t$	4.31714	0.0689	不存在
$LnUR_t$ does not Granger Cause $LnPG_t$	5.93281	0.0379	存在
$LnPC_t$ does not Granger Cause $LnUR_t$	1.69096	0.0416	存在
$LnUR_t$ does not Granger Cause $LnPC_t$	2.27382	0.0541	存在
$LnUE_t$ does not Granger Cause $LnUR_t$	2.30781	0.1806	不存在
$LnUR_t$ does not Granger Cause $LnUT_t$	3.49913	0.0484	存在

通过表3-6的Granger因果检验结果可以看出,城镇化率是地区人均GDP的Granger原因,城镇化率与全社会人均消费水平互为Granger原因,城镇化率是城镇登记失业率的Granger原因。由于通过模型的反复调整,选定模型的最大滞后阶数为3,可见云南省经济发展对城镇化水平的影响在滞后3年时相对比较明显。

四 结论与展望

立足于当前的宏观经济形势,系统研究云南城镇化发展的路径,运用实证分析方法对云南省城镇化发展水平与经济发展水平之间的关系进行了定量测算,得出了云南省城镇化发展水平与地区人均GDP、人均全社会固定资产投资额、全社会人均消费水平、人均财政收入都具有很强的相关性。同时,研究中引入失业率这一指标,在实证分析的检验中均能够看出失业问题与城镇化之间存在着因果关系。

"五位一体"和"四化同步"战略的提出,新一轮西部大开发的深入推进,云南省的经济社会发展将迎来更广阔的空间。随着第二、三产业产值比重的不断提高,云南省城镇化水平将会持续不断提高。政府在统筹考虑增强区域经济实力的同时,应着力解决由农村居民转变为城市居民这部分群体的住房、子女入学、医疗、社会保障等民生问题,确保经济社会的稳定健康发展。

参考文献:

崔木花:《城镇化与区域经济协调发展研究——以安徽皖北地区为例》,《淮北师范大学学报》(哲学社会科学版)2014年第5期。

崔宁波、陈诗波、王亚静:《中国城镇化水平与县域经济发展相关性的实证研究》,《学术交流》2007年第12期。

丁浩、余志林、王家明:《新型城镇化与经济发展的时空耦合协调研究》,《统计与决策》2016年第11期。

丁建臣、刘亚娴、孟大伟:《中国城镇化与经济发展的协调性分析》,《新视野》2012年第5期。

高天跃、秦邦媛:《新型城镇化与经济发展的相关性问题探析》,《财会学习》2016年第 18 期。

何立春：《新型城镇化、战略性新兴产业与经济发展》，《财经问题研究》2015 年第 5 期。

李治、马玲玲：《边疆民族地区城镇化与经济协调发展的时空演变特征研究——以云南省为例》，《昆明学院学报》2014 年第 2 期。

凌弈、刘后平：《城镇化与区域经济发展的良性互动——基于成都市龙泉驿区的分析》，《成都理工大学学报》（社会科学版）2014 年第 4 期。

刘建华、周晓：《吉林省城镇化发展与经济增长关系研究》，《税务与经济》2014 年第 6 期。

刘涛、曹广忠、边雪、郜晓雯：《城镇化与工业化及经济社会发展的协调性评价及规律性探讨》，《人文地理》2010 年第 6 期。

马欣如、朱洪兴：《上海市城镇化与经济发展关系研究》，《农村经济与科技》2014 年第 8 期。

欧阳华生、黄智聪：《区域间经济发展、城镇化与住房保障财政供给——基于空间计量模型框架的实证研究》，《财贸经济》2014 年第 6 期。

彭翀、常黎丽：《湖南省县域城镇化时空格局及其经济发展相关性研究》，《经济地理》2013 年第 8 期。

盛广耀：《城镇化与经济发展空间格局的优化》，《区域经济评论》2015 年第 2 期。

师应来、付英俊、苏波：《湖北省城镇化与经济发展水平关系研究》，《统计与决策》2011 年第 21 期。

肖力、石丽娟：《论城镇化与经济发展方式转变——以石家庄市为例》，《经济论坛》2012 年第 9 期。

徐展峰：《城镇化与经济发展相关问题研究——基于江西的实证分析》，《金融与经济》2013 年第 12 期。

许濛竹：《云南省城镇化与经济发展关系研究报告》，硕士学位论文，云南财经大学，2013 年。

尤鑫：《西部地区城镇化水平与经济人口发展变化研究——基于 2000—2010 年西部地区十二个省区面板数据》，《地理科学》2015 年第 3 期。

余凤龙、黄震方、曹芳东、吴丽敏、陶玉国：《中国城镇化进程对旅游经济发展的影响》，《自然资源学报》2014 年第 8 期。

张士杰：《城镇化驱动经济发展的作用机制与动力学特征——基于中部六省的实证研究》，《经济问题探索》2016 年第 2 期。

赵润田：《欠发达地区城镇化与县域经济发展》，《理论学刊》2012 年第 11 期。

朱苏加、吴建民、孙博等：《县域城镇化度量与经济发展——以河北省为例》，《地理与地理信息科学》2016年第6期。

朱越浦、黄新建：《城镇化对经济发展的影响及其渠道研究》，《运筹与管理》2016年第2期。

专题研究报告四

新型城镇化与土地资源综合开发利用关系研究

土地是人类赖以生存和发展的重要物质基础。从人类诞生之日起，土地资源的开发利用就成了人类生存的永恒主题。新中国成立70多年来，中国国土资源对城镇化推进、工业化发展有着重大的贡献，为经济社会快速发展提供了基础性保障。随着"五位一体"和"四化同步"进程的加快，土地资源相对不足的问题逐渐凸显，尤其是易于开发利用的平原和盆地资源在国土面积中占比不到三分之一这样一种严峻形势的出现，直接影响中国经济社会的可持续发展。

一直以来，云南省在土地的开发利用过程中都秉承"合理开发、保护耕地"的原则，对土地合理开发利用的探索从未停止过。在新型城镇化战略的推动下，面对山区土地面积仅占全省国土总面积94%的基本省情，为有效破解保护耕地与满足建设用地的突出矛盾，2011年中共云南省委、云南省人民政府做出了"保护坝区农田、建设山地城镇"的重大决策。如何正确处理城镇化高质量推进与耕地高质量保护之间的关系是云南经济社会发展过程中亟待解决的问题。

一 城镇化推进与土地资源综合利用的研究综述

目前，国内外学者对于城镇化发展与土地资源综合开发利用之间的关系研究已有不少成果。总体来看，主要是基于以下两类观点展开：

一种观点认为，城镇化水平与耕地总量呈现出显著的负相关关系，即随着城镇化水平的提高、耕地总面积在不断减少。余庆年（2001）通过江苏省 1978—1997 年的统计数据构建出耕地总面积与城镇化水平的线性回归模型，数据拟合结果表明"江苏省城镇化水平（城镇化率）每提高 1%，有效耕地面积就要减少 136.9 万公顷"[1]；郭敏（2004）通过对湖北省 1978—2002 年共 24 个年度的时间序列数据分析得出"1978—2002 年期间，湖北省农村城镇化率提高了 14 个百分点，年均增长 5.8 个百分点；耕地总面积却减少了 67.4 万公顷，年均减少 2.8 万亩；通过时间序列回归模型得出农村城镇化水平每提高 1%，耕地总面积就减少 4.8 万公顷，进一步说明湖北省农村城镇化水平的推进是建立在耕地减少的基础之上"[2]。张军岩、贾绍凤、高婷（2003）对 1995—2000 年河北省石家庄市的测算分析结果显示，石家庄市耕地面积的减少系数为 0.86（明显地小于1），不仅反映出城镇化水平与耕地面积呈负相关关系，还进一步说明石家庄市耕地面积减少比率小于城镇化水平的增长比率。这一结论，在很大程度上解释了耕地资源在城镇化进程中的核心主导作用。[3]

另一种观点认为，城镇化水平（城镇化率）与耕地占用（有效耕地面积）之间存在着"库兹涅茨曲线"的关系。蔡慧（2007）通过对山西省汉中市城镇化发展与有效耕地面积变化的定量分析，结果表明城镇化水平表现出两个不同的阶段性特征：（1）在城镇化水平相对较低时（城镇化发展的初级阶段），城镇化水平与有效耕地面积之间呈显著负相关；（2）城镇化发展进入快速推进时期（城镇化发展的中级阶段），城镇化水平的持续稳定提高对耕地面积减少量的影响呈现出递减趋势。根据这一结论，可以推断出在城镇化推进过程中，城镇化水平（城镇化率）和土地资源综合利用效率（有效耕地面积）之间存在着明显"库兹涅茨曲线"倒"U"形关系。曲福田（2004）、李丹（2003）等学者也有类似的研究结论。宋戈、吴次芳、王杨（2006）指出，城镇化率的提高与耕地总量减少率之间表现出一定的规律性，这种规律性类似于"库兹涅茨

---

[1] 余庆年：《江苏小城镇发展中的用地问题及对策》，《生态经济》2001 年第 1 期。
[2] 郭敏、周春：《湖北耕地面积递减特征研究》，《国土与自然资源研究》2004 年第 9 期。
[3] 张军岩、贾绍凤、高婷：《石家庄城市化进程中的耕地变化》，《地理学报》2003 年第 7 期。

曲线"倒"U"形关系。[①]

综上所述，当前学术界对于城镇化发展水平与土地资源综合开发利用关系的研究都是基于统计推断和计量分析为基础，通过实证模型推导得出结论。这种研究范式也略有不足之处。从前期定量研究成果来看，大多数学者是通过城镇化水平（城镇化率这一指标来表征）与土地资源综合利用情况（有效耕地面积这一指标来表征）这两大指标的联系进行长期跟踪研究，或者是利用纯数量经济分析方法通过截面数据与时间序列数据有机结合进行回归。这两类研究方法均采用了数量分析的技术，数量分析技术一般都暗含时间序列变量平稳性的假定。相关经验表明，大部分经济变量都具有非平稳的特征，倘若直接运用这些数据进行数量分析，必然导致伪回归问题。也就是说，对于当前直接采用城镇化率与耕地面积变化的拟合回归，由于变量之间很可能存在高度相关性而导致得出的结论并不十分可靠。因此，基于上述研究方法和研究内容上的不足之处，从现代协整理论的角度研究城镇化水平与耕地面积变化的关系，可以在一定程度上弥补当前该领域研究的不足。

二　云南省土地资源的基本现状

（一）地理区位与地形地貌

云南省地处中国西南边疆，位于北纬21°8′32″—北纬29°15′8″、东经97°31′39″—东经106°11′47″之间。云南省东部与贵州省、广西壮族自治区为邻，东北部以金沙江为界与四川隔江相望，北部紧靠西藏自治区，西北部与缅甸接壤，南部与老挝、越南毗邻。云南省东西横跨8649千米，南北纵距990千米，总面积39.4万平方千米，居全国第8位。云南省山区、半山区面积占94%，耕地面积为420万公顷，是一个典型的边疆山区省份。

1. 总体地势起伏延绵

云南省大部分的土地呈高低参差、纵横起伏状态，相对较平缓的土地

[①] 宋戈、吴次芳、王杨：《城镇化发展与耕地保护关系研究》，《农业经济问题》2006年第1期。

面积只占总面积的6%左右,总体上呈较大块状分布的"丘陵坝子"格局,古夷平面①的形态构成了高山和峡谷相间的高原面。

2. 阶梯递减特征明显

从北到南,云南省域范围内地势呈阶梯递减特征。滇西北地区是地势最高的一级梯队,海拔一般在3000—4000米;以滇中高原为主体,残存的部分古夷平面为第二梯队,海拔在2300—2600米;南部、东南部的边缘,主要是海拔1200—1400米的低山丘陵和海拔不到1000米的盆地、河谷。三层阶梯地势中,第一梯队内的地貌形态十分复杂,高原上不仅有丘状高原面、分割高原面以及大小不等的山间盆地,还有巍然耸立的巨大山体和深邃的河谷,这种分割层次从北到南纵横交织,把本来已经十分复杂的地带性分布变得更加错综复杂。

3. 大小盆地遍布高原

断陷盆地分布在起伏纵横的高原山地之中,盆地在云南俗称为"坝子",是云南省最重要的土地资源。这些盆地的地势较为平坦,一般都有河流通过,且土壤层较厚,是云南省耕地和社会发展用地的主要来源。统计显示,云南省面积大于1平方千米的坝子有1557个,坝区土地总面积为3839.5万亩。其中,面积大于10平方千米的有375个,面积大于50平方千米的有114个,面积大于100平方千米的有59个。云南省最大的坝子在陆良县,面积为771.99平方千米。

表2-1　　　　　　云南省域范围内平坝地区分布

名称	面积（平方千米）	地理位置	云南省排名
陆良平坝	771.99	曲靖市陆良县	1
昆明平坝	763.60	昆明市主城区	2
洱海平坝	601	大理州大理市	3
昭鲁平坝	524.76	昭通市昭阳区、鲁甸县	4
曲沾平坝	435.82	曲靖市麒麟区、沾益区	5
固东平坝	432.79	保山市腾冲县	6
嵩明平坝	414.60	昆明市嵩明县	7

① 即地壳在长期稳定的条件下,由于外动力的影响,而形成的近似平坦的地面。

续表

名称	面积（平方千米）	地理位置	云南省排名
平远平坝	406.88	文山州砚山县	8
盈江平坝	339.99	德宏州盈江县	9
蒙自平坝	217	红河州蒙自县	10

资料来源：根据《新编云南省情》（云南人民出版社1996年出版）一书整理得到。

（二）土地利用现状及特点

根据第二次全国土地调查显示，云南省耕地面积9365.84万亩，占云南省国土面积的16.3%，约占全国耕地总面积的1/20。

1. 云南省土地利用总体情况

《云南省土地利用总体规划大纲（2006—2020年）》显示，云南省土地总面积3831.94万公顷。其中，农用地3176.09万公顷，占土地总面积的82.88%；建设用地77.53万公顷，占土地总面积的2.02%；未利用地578.32万公顷，占土地总面积的15.10%。根据《云南省第二次全国土地调查主要数据成果公报》，以2009年12月31日为标准时点统计，云南省耕地面积为624.39万公顷，全省人均耕地面积为0.137公顷。

（1）农业用地

以2009年12月31日为标准时点统计，云南省农业用地总面积为3175.96万公顷，占土地总面积的82.88%。从农业用地结构来看，耕地为607.21万公顷，占农业用地总面积的15.85%；园地面积8415万公顷，占农业用地总面积的22%；林地为2214.05万公顷，占农业用地总面积的57.78%；牧草地为78.19万公顷，占农业用地总面积的2.04%；其他农用地192.36万公顷，占农业用地总面积的5.02%。

（2）建设用地

以2009年12月31日为标准时点统计，云南省建设用地为816万公顷，占土地总面积的2.13%。从建设用地的结构来看，居民点及独立工矿用地为62.82万公顷，占土地总面积的1.64%；交通运输用地为10.02万公顷，占土地总面积的0.26%；水利设施用地为8.76万公顷，占土地总面积的0.23%。

(3) 未利用地

以 2009 年 12 月 31 日为标准时点统计，云南省未利用地为 574.38 万公顷，占土地总面积的 14.99%。从未利用土地结构来看，荒草地、盐碱地、沼泽地、沙地、裸土地、裸石砾岩地等未用土地共计 530.13 万公顷，占未利用土地总面积的 92.3%；其他未利用土地 44.25 万公顷（包括：河流、湖泊、滩涂、苇地、冰川），占未利用土地总面积的 7.7%。

(4) 耕地质量

以 2009 年 12 月 31 日为标准时点统计，云南省耕地总量为 607.21 万公顷，占农业用地总面积的 15.85%。从耕地结构和分布特征来看，耕地中旱地有 473.90 万公顷，占耕地总量比例高达 78.04%；位于 25 度以上的耕地有 90.76 万公顷，占耕地总量的 14.94%。

2. 低丘缓坡土地基本情况

根据 2009 年云南省第二次全国土地调查数据，云南省低丘缓坡土地资源海拔分布极不均匀，不同海拔日照时数、气温、降水量等气候资源差异显著。

(1) 8 度到 15 度低丘缓坡土地资源现状

云南省 8 度到 15 度土地总面积为 544.4 万公顷，占云南省土地总面积的 14.2%。具体分布如表 2-2 所示。

表 2-2　　云南省 8 度到 15 度低丘缓坡土地分布

分类		数量（万公顷）			云南省低丘缓坡面积占比（%）		云南省土地面积占比（%）
农用地	耕地	105.2	478.8	544.4	26.4	30	14.2
	园地	33.5					
	林地	328.5					
	草地和其他农用地	11.6					
建筑用地		11.0			0.6		
其他用地		54.6			3.0		

数据来源：根据 2009 年云南省第二次全国土地调查数据整理得到。

(2) 15 度到 25 度低丘缓坡土地资源现状

云南省 15 度到 25 度土地面积为 1268.8 公顷，占云南省土地总面积的 33.1%。具体分布如表 2-3 所示。

表2-3 云南省15度到25度低丘缓坡土地分布

分类		数量（万公顷）		云南省低丘缓坡面积占比（%）	云南省土地面积占比（%）
农用地	耕地	175.5	1139.7	62.8	33.1
	园地	65.1			
	林地	888.5			
	草地和其他农用地	10.6			
建筑用地		14.1	1269.4	0.8	70
其他用地		115.6		6.4	

数据来源：根据2009年云南省第二次全国土地调查数据整理得到。

（3）低丘缓坡地区海拔分布

云南省海拔500米以下的低丘缓坡土地面积为12.4万公顷，仅占土地总面积的0.7%；500—1000米的低丘缓坡土地面积为146.7万公顷，占土地总面积的8.1%；1000—1500米的低丘缓坡土地面积为423.3万公顷，占土地总面积的23.3%；1500—2000米的低丘缓坡土地面积为621.7万公顷，占土地总面积的34.3%；2000—2500米的低丘缓坡土地面积为609.2万公顷，占土地总面积的33.6%；云南省近70.0%的低丘缓坡土地资源的海拔在1500—2500米区间范围内。

3. 土地资源利用的特点

（1）土地资源总量较大，但土地利用制约因素较多

云南省土地总面积约占全国陆地总面积的4.1%，居全国第8位，人均土地资源约0.86公顷，高于全国平均水平，但是土地利用受诸多因素制约。第一，山地制约。云南省为高原山区省份，山地约占全省国土面积的84%，高原约占全省国土面积的10%，坝子（盆地、河谷）约占全省国土面积的6%，高海拔土地和陡坡土地占有较大比重。云南省土地利用最大的制约因素是山地地貌，15度以下的坝子和缓坡、丘陵约8万平方千米（不含水域），约占土地总面积的20.9%，人均不足3亩，低于中国一些东部省份。云南省25度以上的陡坡土地占土地总面积的比重近40%，可供建设和耕作的土地资源相对不足。第二，水资源分布不均。水资源时空分布不均，水资源与人口、耕地等经济发展要素极不匹配，占云南省土地总面积6%的坝区，集中了2/3的人口和1/3的耕地，但水资源量只有云南

省的5%；滇中经济区的人均水资源量仅有700立方米左右，特别是滇池流域不足300立方米，处于极度缺水状态。第三，滇西北、滇东北河流环绕高山峡谷，田高水低，农田水利建设成本高，滇东南喀斯特地貌众多等地质因素，也限制了林牧业和城镇、交通的建设与发展，加剧了人地之间的矛盾。

（2）土壤和气候类型多样，但地质灾害和水土流失较为严重

云南省土壤类型多样，红壤系列的土地总面积占55.32%，有机质分解较快，土壤肥力和产出能力较低，部分地区土地质量退化趋势加剧。云南省纬度位置低，海拔差异大，垂直地带性明显，从低海拔地区到高海拔地区大致可分为低热、中暖、高寒三层，具有中国从海南岛到东北的各种气候类型，各气候类型具有不同的土地利用特性。云南省也是中国地质灾害频发的省份之一，崩塌、滑坡、泥石流等地质灾害隐患点多达数万处。1997—2005年云南省因水土流失（含洪水、滑坡、泥石流等）共计冲毁农田475万公顷，平均每年冲毁农田0.53万公顷，年均冲毁农田占耕地减少总量的10%以上，水土流失问题严重，土地生态建设任务十分艰巨。

（3）土地利用类型丰富，但分布零散且结构和布局不尽合理

云南省土地资源类型丰富多样，拥有全国土地利用现状调查统一划分的3个一级土地利用类型和10个二级土地利用类型。受复杂地形结构的影响，各类用地分布十分零散，土地利用具有多样化和复杂性的特点。

（4）区域间节约集约用地分布不平衡

目前，云南省人均城镇用地为109平方米，低于全国平均水平，城镇土地利用较为集约，但云南省各市（州）的集约用地水平差异很大，且单位建设用地的投入和产出相对较低，农村居民点布局散乱、利用率低，粗放利用现象严重。由于山地特点，交通、能源、水利等基础设施用地较多，占建设用地比例较大。

（5）垦殖质量相对较差且后备资源不足

云南省农业用地垦殖率达82.88%，但农用地质量普遍不高，陡坡耕地和劣质耕地比例较大，耕地总体质量较差，林地产出率较低，草地有退

化趋势，水域污染日趋严重。云南耕地开垦潜力已接近临界状态，水土条件的时空不匹配加大了耕地占补平衡的难度，目前可开垦的宜农荒地人均仅为0.09亩，且后继开发难度较大。

(6) 坝区耕地水资源相对匮乏

虽然云南省水资源丰富，但地处独特的高原山地，主要河流经高山峡谷流淌出境，水土资源时空分布不均匀，农田水利建设成本高，水利资源很难用于坝区耕地。根据云南省国土部门2008年土地利用变更数据显示，云南省耕地中灌溉水田和水浇地的面积约为140.14万公顷，只占耕地面积总量的23.8%。加之，云南省经济发展相对落后，大型水利设施和农田灌溉工程投入不足，致使大部分耕地处于缺水或半缺水状态，土地缺乏良好的耕作环境而产出极低。

(三) 经济增长与土地利用情况分析

自2001年以来，云南省GDP增速保持在10%左右。在经济不断增长的同时，云南省的建设用地和耕地面积也发生了很大变化，建设用地从1996年的65.56万公顷增长到2008年的8159万公顷，耕地面积从1996年的64216万公顷下降到2008年的607.21万公顷，适宜耕种土地下降至510.36万公顷。

1. GDP与建设用地

1996—2008年，云南省GDP从1517.69亿元增加到5692.12亿元，增长了3.75倍，平均经济增长率达到9.45%，经济持续保持较快速度发展。与此同时，云南省建设用地也出现了持续增加的情况。1996—2008年，云南省建设用地从65.56万公顷增长到81.59万公顷，净增加量为16.03万公顷，增幅为24.45%。增长最多的是城镇建设用地面积，净增加量为3.83万公顷。从区域分布来看，城镇建设用地增长最多的地区也是省内经济最发达的地区。1996—2008年昆明市城乡建设用地面积净增加量为3.45万公顷，占云南省增加面积的44.06%。

随着道路和水利工程等基础设施投入力度的加大，交通水利用地也显著增加。1996—2008年，云南省交通水利及其他用地面积增加量为4.5万公顷，增幅为25.05%。其中，交通用地增加量为2.34万公顷，水利设施用地增加量为 2.16 万公顷。从地域分布来看，主要集中在经济发达的城市和城镇化程度较高的地区。水利设施用地增量中，建筑用地增加量为 1.38 万公顷，水库水面增加量为 0.68 万公顷，主要原因是政府对水利设施投入力度加大所致，其来源主要包括耕地、林地和未利用地。

通过分析看出：（1）1996—2008 年期间，云南省 GDP 增长的同时建设用地面积也随之增长，GDP 和建设用地保持着同向增长趋势。2001 年以来 GDP 增速加快，建设用地的增长速度也有所增强。主要原因是经济的发展和城镇化率的提高，对土地产生了新的需求，带动住房、基础设施、工业等用地面积的增加。（2）1996—2008 年期间，云南省建设用地主要来源于耕地、林地和未利用地。2005 年云南省建设用地占用耕地 12 万亩，2007 年建设用地占用农地 14.42 万亩（耕地占用 7.86 万亩），2008 年建设用地占用耕地面积为 13.35 万亩。随着经济社会的快速发展，对各类土地产生了不同的需求，势必引起土地利用结构产生变化，进一步造成各类型用地之间的矛盾。

2. GDP 与耕地

随着西部大开发的深入实施，云南省建设用地需求剧增，致使耕地面积逐年减少。

1996—2008 年期间，云南省耕地面积从 642.16 万公顷下降到 607.21 万公顷，耕地面积净减少 34.95 万公顷，降幅为 5.4%。从减少的方式来看，退耕还林占用耕地比例为 46%，农业结构调整占用耕地比例为 28%，这两类因素是导致耕地面积减少的主要原因，其余为建设用地占用和因灾害而减少的耕地。

可以看出，经济社会快速发展的同时，建设用地的需求量也在不断增加，而建设用地需求的增加在一定程度上挤占耕地面积，导致耕地面积不断减少，耕地与 GDP 呈现出不同的变化趋势。可以预测，随着经济社会的快速发展，云南省耕地数量将呈逐年减少的趋势。经济发展速度的加快和城镇化水平的提高，将导致土地结构的变化和调整，耕地红线将面临严峻的挑战。因此，如何处理好经济发展与耕地保护之间的关系已经成为当前重点考虑的问题。

三 云南省城镇化发展与土地变化关系的实证分析

(一) 指标选取

测算与土地资源综合开发利用关系,主要涉及两大类指标,即衡量城镇化发展的指标和衡量土地资源综合开发利用水平的指标,如表3-1所示。

表3-1　　　　　　　　　指标构成

指标名称	单位
UR_t	城市化率	%
LA_t	地区年末耕地面积	万公顷

1. 城市发展水平

对于城镇化发展的指标,国际公认的衡量指标是城镇化率。城镇化率是从人口城镇化的角度来衡量地区城镇化发展的程度,采用区域范围内城镇人口占总人口的比例来表征。其计算公式:

$$Y = \frac{P_C}{P_C + P_R} \times 100\%$$

其中,Y表示某一时间点上的城镇化率(一般采用百分比),P_C表示某一时间点上的城市人口数量,P_R表示某一时间点上农村人口的数量。

2. 土地资源综合开发利用水平

考虑到随着城镇化的推进,存在着耕地被占用的现象,这一现象在大城市尤为明显。因此,为了挖掘城镇化与土地资源开发利用的实质性问题,对于土地资源综合开发利用的指标,采用年末耕地面积来衡量。

(二) 数据来源与预处理

考虑到数据的连续性,采用2000年至2013年共14个年度的统计数据,如表3-2所示。

表3-2　　　2000—2013年云南省城市化率与地区年末耕地面积

年度	城市化率 UR_t	地区年末耕地面积 LA_t
2000	23.36	633.97
2001	24.86	632.99
2002	26.01	629.89

续表

年度	城市化率 UR_t	地区年末耕地面积 LA_t
2003	26.60	618.72
2004	28.10	611.96
2005	29.50	609.44
2006	30.50	609.44
2007	31.53	607.78
2008	33.00	607.78
2009	34.00	607.21
2010	34.81	611.80
2011	36.80	674.30
2012	39.31	698.52
2013	40.48	710.18

数据主要来源于《云南统计年鉴》(2001—2013)、《中国农村统计年鉴》(2001—2013)。

由于不同的量纲会引起个别变量取值形成较大的分散程度，导致总体方差受变量方差的影响。研究中采用的两组数据具有不同量纲、不同数量级，而不同量纲、不同数量级的数据放在一起直接进行分析会影响统计分析的结果。因此，通过对原始数据进行标准化处理，以消除其量纲、数量级上的差异，使其更真实地反映两者之间的关联性。

数据的标准化处理方法如下：

采集 P 维向量 $X = (x_1, x_2, \cdots, x_p)^T$ n 个样本 $X_i = (x_{i1}, x_{i2}, \cdots, x_{ip})^T$，$i = 1, 2, \cdots, p$，$n > p$，构造样本阵元进行如下标准化变化：

$$\begin{cases} Z_{ij} = \dfrac{X_{ij} - \overline{X_j}}{S_j}, i = 1, 2, \cdots, n, j = 1, 2, \cdots, p; \\ \overline{X_j} = \dfrac{\sum_{i=1}^{n} X_{ij}}{n} \\ S_j^2 = \dfrac{\sum_{i=1}^{n} (X_{ij} - \overline{X_j})}{n - 1} \end{cases}$$

于是，得到标准化矩阵 Z。

进一步得到经过标准化处理后的城镇化率与地区年末耕地面积，如表

3-3所示。

表 3-3　　2000—2013 年云南省城市化率与地区年末耕地面积

年度	城市化率 UR_t	地区年末耕地面积 LA_t
2000	-1.49731	0.02354
2001	-1.21611	-0.00430
2002	-1.00053	-0.09237
2003	-0.88992	-0.40968
2004	-0.60873	-0.60172
2005	-0.34627	-0.67330
2006	-0.15881	-0.67330
2007	0.03428	-0.72046
2008	0.30985	-0.72046
2009	0.49732	-0.73665
2010	0.64916	-0.60626
2011	1.02222	1.16922
2012	1.49276	1.85726
2013	1.71209	2.18849

（三）实证分析

为便于直观看出 2000—2013 年云南省城镇化率与耕地面积的变化趋势，将表 3-2 的数据绘制在一张图中，如图 3-1 所示。

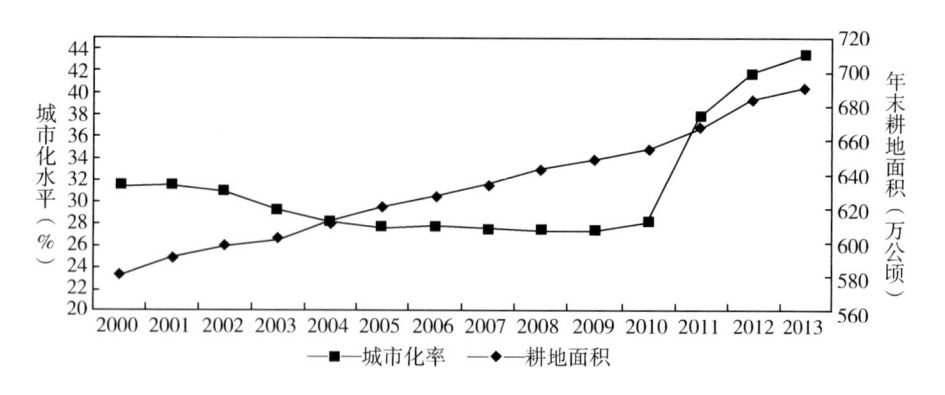

图 3-1　2000—2013 年云南省城市化率与年末耕地面积变化趋势

从图中我们可以看到一个特别的现象：从 2000 年到 2010 年这段时期内，随着城镇化率的提升年末耕地面积逐步减少，也就是说这段时间内城镇化率与耕地面积成反比例关系；从 2011 年到 2013 年这段时期内，随着城镇化率的提升年末耕地面积逐步增加，也就是说这段时间内城镇化率与耕地面积成正比例关系。通过研究，2011 年云南省开始推进"山地城镇建设"战略以来，80% 以上的优质耕地得到了保护。相关报道显示，"截止到 2013 年 6 月，云南省划定基本农田保护面积达 7894.04 万亩，坝区耕地中基本农田面积由调整完善前的 1354.84 万亩增加到 1664.43 万亩，保护率达 82%，调出坝区建设用地 26.56 万亩，山区新增加建设用地 71.35 万亩"[①]。

由此，就不难理解 2010 年后云南省城镇化率与耕地面积成正比例变化的趋势了。科学合理解释新型城镇化与土地资源综合开发利用关系，应该以 2010 年为分界点划分为两个阶段来分别考虑，如图 3-2 所示。

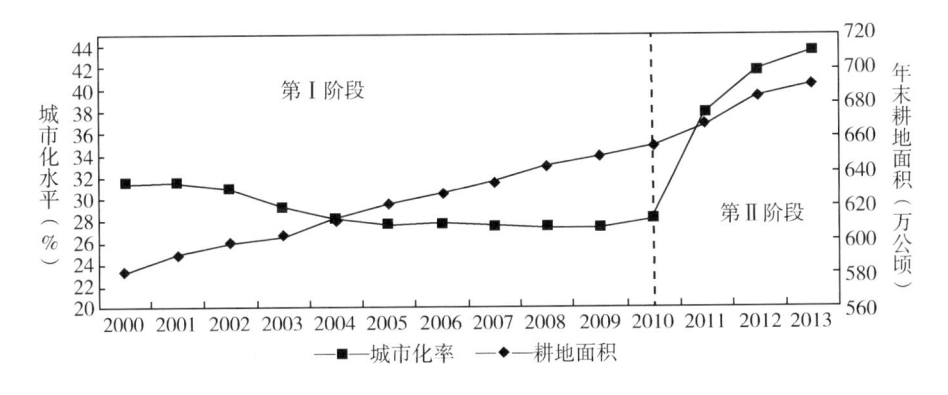

图 3-2　第Ⅰ阶段和第Ⅱ阶段

1. 相关性分析

相关性分析主要是研究变量之间是否存在某种相互依存的关系，通过相关分析来探讨具有依存关系的变量其相关方向和相关程度大小。一般采用相关系数来表征（用符号 r 表示相关系数），若变量之间的相关系数取

---

① 《云南八成坝区耕地得到永久保护》，2013 年 7 月 1 日，云南网，http://yn.yunnan.cn/html/2013-07/01/content_ 2786885.htm。

值大于0（r>0），则表现出变量之间呈正相关关系；若变量之间的相关系数取值小于0（r<0），则变量之间呈负相关关系；若变量之间的相关系数取值为0（r=0），则量之间不存在相关关系。相关系数r的绝对值越大，相关程度也就越高。

根据表3－3所列出经过标准化处理后的数据，利用统计软件Stata 10，分析ZUR_t与ZLA_t的相关关系，计算得出相关系数r。如表3－4所示。

表3－4 相关性分析结果

	第Ⅰ阶段			第Ⅱ阶段	
	ZUR_t	ZLA_t		ZUR_t	ZLA_t
ZUR_t	1.000	－0.860**	ZUR_t	1.000	1.000**
ZLA_t	－0.860**	1.000	ZLA_t	1.000**	1.000

注：**表示在0.01水平（双侧）上显著相关。

从表3－4中可以看出，反映云南省城镇化发展水平的城镇化率与反映土地资源综合利用水平的年末耕地面积在两个阶段均存在着很强的相关关系。第Ⅰ阶段相关系数为－0.860，说明在2000年至2010年期间，城镇化率与年末耕地面积存在显著的负相关关系；第Ⅱ阶段，由于数据样本太少（仅3年的年度数据），导致城镇化率与年末耕地面积的相关系数为1.000，虽然数据样本不够导致数量分析上有一定的偏差，但就当前的数据样本分析的结果，可以肯定地得出城镇化率与年末耕地面积呈正相关关系。

2. 协整检验与回归分析

协整理论是数量经济中一种常见的分析方法。协整理论主要是用于寻找两个（或两个以上）非平稳变量之间是否存在某种均衡关系，如果某两个（或两个以上）同阶时间序列向量的某种线性组合能够得到一个平稳的误差序列，则说明这些非平稳的时间序列之间存在长期均衡关系，也就是说这些非平稳的时间序列具有协整性。

由于第Ⅱ阶段（2011—2013）的样本量相对太少，数据分析没有很大的可比较性，暂对该阶段不做分析。因此，只对第Ⅰ阶段（2000—2010）的样本数据进行协整检验。

（1）单整检验。只有相同单整阶数的变量才可能存在协整关系，在协整分析之前检验变量的单整阶数。针对2000—2013年云南省城镇化率与年末耕地面积的协整分析，首先应该检验这两个变量时间序列是否平稳，对标准化处理后的序列 ZUR_t 与 ZLA_t 的平稳性进行单位根检验（即 ADF 检验），其检验结果如表 3-5 所示。

表 3-5　　　　　　　　　　ADF 检验结果

变量	检验形式 (C, T, L)	ADF 检验	临界值（1%）	临界值（5%）	结论
ZUR_t	(C, T, 1)	-0.471619	-2.847250	-2.988198	不平稳
ΔZUR_t	(C, 0, 1)	-2.357140	-2.2021193	-1.597291	平稳
ZLA_t	(C, 0, 1)	-2.762455	-4.420595	-3.259808	不平稳
ΔZLA_t	(C, 0, 1)	-3.905083	-3.297073	-2.212696	平稳

注：(1) 检验形式 (C, T, L) 中的 C、T、L 分别表示模型中的常数项、时间趋势项和滞后阶数。
　　(2) 滞后期的选择以施瓦茨信息准则（SC）为依据。

从所得到的检验结果（表 3-5）可以看出，ADF 检验值均大于 5% 的临界值，可以得出城镇化率和年末耕地面积这两个变量均为非平稳系列；然后，对两个序列做一阶差分之后再次进行 ADF 检验，ADF 检验结果显示两个变量序列一阶差分都表现为平稳系列。于是，可以进一步得到 ZUR_t 与 ZLA_t 都具有一阶单整性的结论，即 $ZUR_t \sim I(1)$，$ZLA_t \sim I(1)$。

（2）协整检验。单整检验之后继续检验变量间的协整关系，通常采用的是格兰杰因果检验（Engle-Granger Test）方法进行检验。利用格兰杰因果检验方法进行城镇化发展水平（城镇化率 ZUR_t）与土地资源变化情况（年末耕地面积 ZLA_t）的协整检验，首先构建变量 ZUR_t 对 ZLA_t 的回归方程：

$$ZUR_t = \alpha + \beta \times ZLA_t + \varepsilon_t$$

然后用最小二乘法（OLS）方法估计回归方程，估计结果如表 3-6 所示。

表 3-6　　　　　　　　　　OLS 估计结果

变量	估计值	t 统计量
α	-1.350553	-6.043948**
β	-2.038176	-5.066533

注：(1) R-squared = 0.740408，F-statistic = 25.66786，Durbin-Watson stat = 0.509232，Prob = 0.0002。
　　(2) ** 表明显著性水平为 0.05。

得到估计后的回归方程为：

$$ZUR_t = -1.350553 - 2.038176 \times ZLA_t$$

令 $\varepsilon_t = ZUR_t + 1.350553 + 2.038176 \times ZLA_t$；检验残差项 ε_t 是否平稳，即 ε_t 是否为 I（0）序列。检验结果显示 ADF 检验统计量明显小于显著性水平为 1%、5% 时的临界值，所得到残差序列 ε_t 为平稳序列，即 $\varepsilon_t \sim I(0)$。表明 ZUR_t 与 ZLA_t 之间存在协整关系，进一步说明城市发展与耕地面积之间存在长期动态均衡关系。这种动态均衡关系可以解释为，随着国家"一带一路"倡议、新一轮西部大开发、建设中国面向南亚东南亚辐射中心战略的深入推进，云南省经济城镇化发展将获得更大的空间，山地城镇建设效果的滞后效应将在未来五年逐步显现，城镇化与土地资源有效利用之间将会更合理。

（3）回归分析。根据 OLS 估计结果，可以看出变量 ZUR_t 与 ZLA_t 的系数估计值在统计学上都非常显著，表明城镇化发展对土地资源综合利用有着显著影响。R^2 为 74.04%，说明该模型能够在 74.04% 的程度上解释城镇化水平的变化。F 统计量为 25.669、p 值为 0.0002 说明回归模型整体显著、回归方程可信程度比较高。$DW = 0.509232$ 说明该回归模型在统计检验上不存在自相关。

3. Granger 因果检验

为了更深入地探究云南省城镇化发展水平与土地资源综合利用水平是否存在互为因果的关系，进一步对变量 ZUR_t 与 ZLA_t 进行 Granger 因果检验。建立城镇化水平 ZUR_t 与 ZLA_t 之间的 Granger 因果关系模型：

$$\begin{cases} ZUR_t = \alpha_{10} + \sum_{i=1}^{k} \alpha_{1i} ZUR_{t-i} + \sum_{i=1}^{k} \beta_{1i} ZLA_{t-i} + \varepsilon_{1t} \\ ZLA_t = \alpha_{20} + \sum_{i=1}^{k} \alpha_{2i} ZLA_{t-i} + \sum_{i=1}^{k} \beta_{2i} ZUR_{t-i} + \varepsilon_{2t} \end{cases}$$

上式中下标 t 表示时间（年度数据），k 表示最大滞后阶数（通过 OLS 估计结果，可以确定该模型最大滞后阶数为 3），ε_t 为误差项。利用普通最小二乘法（OLS）进行估计，得到检验结果如表 3-7 所示。

表 3-7　　　　　　　　　　Granger 因果检验结果

变量	F 统计量	p 值	Granger 因果关系
ZUR_t does not Granger Cause ZLA_t	14.0791	0.0192	存在
ZLA_t does not Granger Cause ZUR_t	0.78448	0.6590	不存在

通过表 3-7 的 Granger 因果检验结果可以看出，城镇化水平的变化不是耕地面积变化的 Granger 原因，耕地面积变化是城镇化水平变化的 Granger 原因。通过模型的反复调整，选定模型的最大滞后阶数为 3，可见云南省城镇化发展对土地的影响在滞后 3 年时最为明显。

四　云南省城镇化推进中土地需求与承载力测算

（一）云南省城镇化推进中土地需求测算

1. 云南省人口发展预测

人口问题是 21 世纪的一个世界性难题。根据 20 世纪 60 年代美国学者鲍尔丁（Boulding）提出的"宇宙飞船经济理论"所描述，地球只是茫茫太空中一艘小小的宇宙飞船，它所能承载的人口数量是有限度的，而地球上的人口又是不断增长的。因此，有限的承载力和不断增长的人口之间就形成无法避免的矛盾，人口和经济的无序增长迟早会使飞船内有限的资源耗尽，而生产和消费过程中排出的废料将使飞船污染，毒害船内的乘客，此时飞船会坠落，社会随之崩溃。无独有偶，以美国经济学家米多士（James Meadows）等为首的罗马俱乐部在 1972 年《增长的极限》一书中提出"只要人口增长和经济增长的正反馈回路继续产生更多的人和更高的人均资源需求，这个系统就会被推向它的极限——耗尽地球上不可再生的资源"。

虽然鲍尔丁提出的"宇宙飞船理论"和罗马俱乐部提出的"增长极限论"对于未来的发展描述过于悲观，如果全球的人口、资源与环境问题不能在当前和将来得到很好的解决，鲍尔丁和米多士的担忧迟早会变成现实。因此，为了解决人口和整个生态环境系统的发展平衡问题，就必须开展人口研究，进行人口预测和人口控制。

关于人口的预测研究有很多种方法，理论界采用比较多的方法是指数平滑法和灰色预测法，以及依据社会人口结构的凯菲茨（Keyfitz）矩阵方程模型和莱斯利（Lesile）矩阵方程模型等，除此之外还有指数方程模型、Logistic 模型、人口总量时间序列的 ARIMA 模型等研究方法。根据这些模型预测世界人口转变的结论显示，世界人口将在未来 150 年内继续增长，人口总量将由当前的 60.55 亿人增长到 97.46 亿人，而中国人口总量将由 2000 年的 12.78 亿人增加到 2025 年的 14.80 亿人，到 2150 年减少到 13.61 亿人。[1]

根据云南省 2010 年第六次全国人口普查数据显示，2010 年云南省总人口为 4596.6 万人，与 2000 年第五次全国人口普查的 4287.9 万人相比，十年时间里共增加了 308.7 万人，增长率为 7.20%，平均每年增加 30.9 万人，年平均增长率为 0.70%。云南省人口增长平稳地度过了生育高峰期，开始步入人口低增长阶段，逐步进入人口发展的良性循环，但是与全国人口增长率 5.84% 和年平均增长率 0.57% 相比，云南省总人口增长幅度明显高于全国平均水平。第六次全国人口普查实际登记人口中，居住在城镇的人口为 1618.0 万人，占总人口的 35.20%；居住在乡村的人口为 2978.6 万人，占总人口的 64.80%。

由于中国的人口增长和其他国家不同，表现为受国家人口政策的控制比较明显，云南省也不例外。云南大学发展研究院人口研究所所长吕昭河（2005）对云南省人口数量和人口结构在未来 50 年中的变化情况进行了预测研究。研究成果表明，未来的半个世纪，云南省人口数量将达到最大规模，在 2038—2045 年期间云南省人口峰值规模将在 5200 万—5650 万之间。根据吕昭河研究预测，21 世纪上半叶的前半期云南省人口出生率和自然增长率都将长期保持在全国水平之上，到 2045 年云南省人口将达到零增长；2046 年云南省人口死亡率将可能超过出生率，开始出现负增长。

云南省人口分布表现为东部地区的数量、规模和密度都远远超过西部，且各地区的人口数量和密度差异也很大。云南省东西部以哀牢山为界进行划分，在不打破行政区域建制的条件下，东部地区包括昆明市、昭

---

[1] 联合国经济和社会事务部人口司秘书处：《1995—2150 世界主要地区人口预测》，《世界人口长期预测》（1998 年修正版）。

通市、曲靖市、楚雄州、玉溪市、红河州、文山州共7个市（自治州），辖74个县（市、区）；西部地区包括普洱市、西双版纳州、大理州、保山市、德宏州、丽江市、怒江州、迪庆州、临沧市共9个市（自治州），辖55个县（市、区）。东部地区土地面积为18.4万平方千米，占云南省总面积的46.7%，人口则占云南省总人口数的65.55%。西部地区土地面积为21万平方千米，占云南省总面积的53.3%。东部地区的人口密度为142人/平方千米，西部地区的人口密度为66人/平方千米，东部人口密度为西部地区的2.2倍，人口分布"东密西疏"的特征非常明显。

2. 云南省城镇化发展土地需求预测

21世纪的中国将进入城镇化快速发展时期。1978—2002年，中国的城镇化率从17.9%提高到了39.1%，平均每年提高0.88个百分点。特别是1996—2002年，平均每年增长高达1.62个百分点。相比之下，到2002年末云南省城镇化率仅为26%，比同年全国平均水平低13.1个百分点，比全国平均水平低0.62个百分点。

根据王小鲁等（2000）预测，城镇化对经济发展的贡献率为5.0%，其中，劳动力转移的贡献率为2.0%、规模优化贡献率为2.4%。白南生（2003）统计，"十五"时期城镇化率每提高1个百分点，对经济增长的直接贡献和间接贡献约为3个百分点左右。[①] 云南省在城镇化水平上与全国平均水平差距越来越大，必然带来经济增长水平与全国差距的拉大。因此，加快城镇化进程，推动经济高质量发展，将是云南省在今后相当长一段时期内的必然选择。

按照国际经验，当一个国家或者地区人均GDP达到1000美元、城镇化水平达到30%时，将会进入城镇化加速发展的阶段。根据云南省统计局公布的数据，云南省2016年人均GDP为31265元，按照2016年人民币对美元的平均汇率折算，云南省2016年的人均GDP约合4708美元，而城镇化率为45.03%，已经进入国际公认的城镇化加速发展阶段。根据《云南省国民经济和社会发展第十三个五年规划纲要》，云南省常住人口城镇化

---

① 杨家增：《云南城市化问题的几点思考》，《云南社会主义学院学报》2005年第4期。

率在"十三五"末期的2020年将达到50%,平均每年增加1.1个百分点。按照城镇化加速发展趋势,云南省城镇化对土地的需求将是十分巨大的。而云南省是一个以山区为核心的高原省份,山地占云南省面积的63.5%,高原占30.5%,坝区(高原山区的盆地)面积大约为2.4万平方千米,仅占云南省国土面积的6%,土地资源短缺现象十分突出。

耕地资源变化与经济发展水平存在较强的相关关系。一般认为,城市人口每增加1%,建城区面积应增加1.12%(陈百明,1996)。城市是人口密集区,在相同的土地面积上,城市土地承载的人口数大大高于村庄土地承载的人口数,城镇化可以减少城乡人均建设用地占用的总量。根据测算,单位土地面积所容纳的人口,大城市优于中小城市,中小城市优于小城镇的规律(1995年,中国200万以上人口的大城市,人均建成区占地面积151.69平方米,小城市人均用地面积是大城市的一倍以上)。因此,积极发展大中城市,扩大城市规模,节约土地资源,对云南这样一个人口多、土地资源短缺的省份,具有十分重要的意义。

城市人口的增加意味着城市建设用地面积的增加。根据住房和城乡建设部门1990年颁布实施的《城市用地分类与规划建设用地标准》规定:城市人均建设用地指标依据城市规模大小不同,从特大城市到小城市控制在60—120平方米以内。按人均100平方米计算,则平均每年全国城镇需新增建设用地约1400平方千米,到2050年,合计需增加城市建设用地约7万平方千米(卢新海,2004)。因此,根据云南省人口每年平均增长30万人的预测,云南省每年还将耗用150平方千米的土地资源作为城镇化发展之用。按照传统云南省城镇化按照占用坝区耕地的方式来推算,云南省城镇化达到50%以上将还将要占用1500平方千米的坝区优质耕地资源。

(二)云南省城镇化推进中土地承载力分析

1. 云南省人口、耕地和粮食变动关系

根据国家自然资源部调查数据显示,全国耕地面积从1998年的19.45亿亩减少到2005年的18.31亿亩,年均减少1000多万亩。2006年,尽管国家采取了严格的土地管理措施,但耕地仍减少了459万亩。相关学者认为,耕地减少的原因主要是工业化、城镇化及非农业人口的增加。魏剑锋

（2009）的研究表明，工业化和城镇化平均每年占用耕地在500万亩左右。赵筱青、谈树成和易琦（2001）对1952—1997年云南省耕地数量和质量变化情况进行了深入研究。研究结论显示，1952—1997年共45年的时间里，云南省水田面积日益减少，在耕地中的所占比重越来越小由此看出，城镇化进程加快，使得城乡建设用地迅猛增加，而且占用的耕地大多是地势平坦、地质条件好、土壤肥力高的耕地。

受人口增长水平、经济发展水平、耕地后备资源分布不均衡性等因素的影响，云南省人均耕地资源拥有量和耕地后备资源开发程度也存在诸多地域差异。徐梦洁等（2003）采用灰色关联判别分析模型将云南省的耕地资源利用状况划分为四个等级：第一等级仅有昭通市，其特点是耕地资源占土地资源的比重大，人均耕地资源占有量居云南省全省第一，后备耕地资源充足；第二等级包括思茅市（今普洱市）、西双版纳州、保山市、德宏州、怒江州和临沧市，其特点是耕地资源占土地资源的比重较大，耕地面积和人均耕地资源占有量较稳定，后备耕地资源较充足；第三等级包括曲靖市、楚雄州、玉溪市、红河州、文山州、大理州和丽江市，其特点是耕地资源占土地资源的比重较小，耕地面积和人均耕地资源占有量有所下降，但下降幅度较小，后备耕地资源相对较少；第四等级只有昆明市，昆明市在云南省城镇化水平最高，耕地资源占土地资源的比重小，但耕地资源的生产率水平较高，由于城镇化进程加速，建设用地面积急剧增加，农地非农化速度快于其他地区，耕地面积和人均耕地资源占有量有不同幅度的下降。

从云南省耕地资源利用的总体情况看，云南省虽然具有较丰富的后备耕地资源，但是在实际的开发利用过程中，由于受到地形、坡度的限制，能够利用的后备资源十分有限，尤其是坡度达到25度以上时，细沟和浅沟侵蚀极强，导致严重的土壤侵蚀。

2. 云南省土地承载力分析

土地承载力是指未来不同时间尺度上，根据一定的技术、经济和社会发展水平评价一个国家或地区利用自身的土地资源所能持续供养的人口数量的指标。土地承载力与人口数量、营养水平、农业生产结构和非农部门的发展等几个方面息息相关。

(1) 土地承载力的几个相关因素

人口数量与土地承载力。2000年云南省的总人口数为4241万人，2010年底云南省的总人口数为4601.60万人，十年间每年约新增36万人。仅就增加的人口对土地承载力的影响而言，很容易造成生态环境日益恶化和耕地资源锐减。

营养水平与土地承载力。营养水平指人们对能量、蛋白质、脂肪的消耗水平，它反映一个国家或地区物质生活水平的高低。营养水平与土地承载力之间的关系表现为：营养水平提高，土地承载力减弱，反之营养水平降低，土地承载力增强。以蛋白质折算的人口承载量来测算，云南省在2000年时已超载685.12万人。

农业生产结构与土地承载力。农业是一个庞大的系统，农业生产结构不合理会极大地降低土地的承载力。为了满足人们对各种食品和原材料的需求，必须使农业生产结构保持一个相对合理的比例关系，从数量和质量上满足人们生产、生活的需要。

非农部门的发展与土地承载力。非农部门的发展情况和土地承载力关系极大，也比较复杂。工业化发展和城市建设直接耗用土地资源，降低土地承载力。如果增加科技投入和提升购买力水平，又会间接增加单位面积上的土地承载力。人类需求的多样性，要求国民经济各部门以及部门内部各行业要有适当的比例结构就要求处理好农业生产部门与非农业生产部门的关系。

(2) 以人均粮食消费计算的云南省土地承载力

在耕地面积不变的情况下，参照相关研究的分类体系，以2010年全国人均粮食消费420千克/年作为最高限量，以云南省人均粮食消费360千克/年作为平均量，以人均消费320千克/年作为最低限量，把最高限量作为全国标准，平均量作为省级标准，最低限量作为县级标准，那么云南省以人均粮食消费为依据的人口承载量计算如下：根据《云南省2016年国民经济和社会发展统计公报》，云南省2016年包括夏收粮和秋收粮在内的粮食总产量为1902.90万吨，相应地2016年云南省常住人口为4770.5万人。

若以全国标准来测算，云南省粮食总收入可承载人口不到云南省常住人口的80%；若以省级标准来测算，云南省粮食总收入可承载云南省常住人口的92.4%；若以县级标准来测算，稍微超过云南省当前人口总数。由此可以得出，当前云南省粮食产量仅能满足最低标准的人均粮食消费水平。如果计算云南省粮食缺口，以人均400千克/年粮食消费计算，2016年云南省共需1908.2万吨粮食，而云南省只能提供1902.9万吨粮食，至少缺口5.3万吨粮食。

由此可见，云南省的粮食产量还不能完全实现自给自足。从长远来看，云南应将大力发展粮食生产、实现粮食供需平衡作为云南省农业发展战略，推动种植业结构性改革，而不能通过外部力量来解决粮食问题，即所谓的"以钱换粮"。其原因主要有：第一，粮食作为一种特殊商品，在国际交往中常被当作战略物资，具有特殊的重要性；第二，云南省地处边疆、交通不便、经济不发达，随着人口的迅速增加和粮食供需缺口的逐年增加，调入粮食的难度和财政负担必将越来越大。

以上分析可以看出，云南省耕地资源的人口承载能力已处于超载状态，与预期全国人均消费水平相比，生活水平仍然较低。因此，推进经济结构战略性调整将成为提高土地承载力的不二选择。

五 结论与展望

正如马克思在论述资本主义剩余价值的产生时指出"劳动力和土地是形成财富的两个原始要素"，在国家、地区的发展中土地资源具有全局性、战略性和根本性特征。众所周知，耕地资源作为一种重要的生产要素，具有不可替代性。新时代的云南，应该更加合理地处理好经济社会发展与资源保护利用的关系，有效解决城镇化对优质耕地产生的"挤出效应"，以此推动云南高质量跨越发展。

参考文献：

戴均良、高晓路、杜守帅：《城镇化进程中的空间扩张和土地利用控制》，《地理研究》2010年第10期。

范晓莉、罗培升、黄凌翔：《京津冀都市圈新型城镇化与城市土地利用效益协调性研究》，《生态经济》2017年第1期。

方创琳、马海涛：《新型城镇化背景下中国的新区建设与土地集约利用》，《中国土地科学》2013年第7期。

傅超、刘彦随：《中国城镇化和土地利用非农化关系分析及协调发展策略》，《经济地理》2013年第3期。

金晶：《快速城镇化进程中的土地利用安全与政策调控的优化路径选择》，《城市发展研究》2015年第10期。

孔令仙：《中国新型城镇化建设中土地利用存在的问题及解决对策》，《渤海大学学报》（哲学社会科学版）2015年第1期。

赖光宝、赵勇：《新型城镇化背景下河北省土地利用的问题及对策》，《城市问题》2016年第4期。

李佳佳、罗能生：《城镇化进程对城市土地利用效率影响的双门槛效应分析》，《经济地理》2015年第7期。

李穗浓、白中科：《城镇化地区乡村土地利用效益评价研究》，《广东社会科学》2014年第6期。

刘宝涛、王冬艳、刘惠清：《城镇化发展与土地健康利用协同演化关系——以长春市为例》，《经济地理》2016年第10期。

刘新卫、张定祥、陈百明：《快速城镇化过程中的中国城镇土地利用特征》，《地理学报》2008年第3期。

马德君、王科涵、胡继亮：《西北民族地区城镇化与土地集约利用耦合度分析》，《财经科学》2014年第3期。

彭冲、陈乐一、韩峰：《新型城镇化与土地集约利用的时空演变及关系》，《地理研究》2014年第11期。

任丽娜、张歆越：《新型城镇化背景下河北省土地利用问题探究》，《环境与可持续发展》2016年第6期。

陶泽良：《中国新型城镇化与土地利用问题》，《黑龙江科技信息》2014年第24期。

杨帆：《城镇化进程中土地集约利用问题研究》，《企业经济》2013年第1期。

杨勇：《开放条件下重庆地区城镇化对土地利用效率的影响及区位差异》，《地域研究与开发》2011年第3期。

杨勇、郎永建：《开放条件下内陆地区城镇化对土地利用效率的影响及区位差异》，《中国土地科学》2011年第10期。

余方镇：《城镇化与土地资源集约利用研究》，《开发研究》2005年第2期。

张迪、郭文华：《城镇化对土地利用的影响浅析》，《国土资源情报》2010年第5期。

张清军、鲁俊娜：《新型城镇化视角下韶关市土地利用问题研究》，《特区经济》2014年第8期。

郑华伟、刘友兆、王希睿：《中国城镇化与土地集约利用关系的动态计量分析》，《长江流域资源与环境》2011年第9期。

郑伟元：《中国城镇化过程中的土地利用问题及政策走向》，《城市发展研究》2009年第3期。

周元媛、何腾兵：《喀斯特地区县域城镇化发展中的土地利用问题及对策》，《贵州农业科学》2012年第10期。

朱嘉晔、詹丽华：《新城镇化背景下对土地利用模式转变的探讨》，《中国市场》2013年第20期。

朱天舒、秦晓微：《城镇化路径：转变土地利用方式的根本问题》，《地理科学》2012年第11期。

专题研究报告五

云南山地城镇建设动力机制研究

城镇化是以传统农业为主的小聚集社会向以现代产业为主的城镇社会转变的历史过程。开放40多年来，中国城镇化快速推进，城镇化率以1%的年均增长速度增长，从1978年的17.92%增长到2018年的59.58%，增长了3.3倍。这一趋势也在地处西南边陲的云南省也得到充分体现，1990年云南省城镇化率仅为12.3%，到2018年已经达到了47.81%。可以看出，城镇化不仅是中国经济高速发展的重要引擎，也是欠发达地区经济发展的"助推器"。

然而，西部欠发达地区土地资源（特别是优质的坝区耕地）的稀缺性对传统城镇化发展路径构成了强约束，坝区优质耕地资源的保护与城镇建设之间的矛盾呈日益增强态势。在新型城镇化战略指导下，云南省提出"山地城镇建设"的战略思路，探索出西部欠发达地区城镇化发展的新路径。

一 山地城镇建设动力机制研究的理论基础

（一）城镇化发展动力机制理论

1. 主体行为动力机制

从推动主体的视角看，政府、企业、农村居民是城镇化的主要推动力量，可以将中国城镇化动力机制概括为"二元理论模式"（阎小培等，1998），划分为自上而下型和自下而上型两种类型。（1）自上而下型指政府（更侧重于中央政府）根据城镇整体发展总体战略和经济社会发展规划，通过计划手段和经济手段发展若干等级梯度的城市。政府在资源配置方面处于优势地位，政府主体决定了城镇化的方向、速度和形式（辜胜阻等，2000）。自上而下型城镇化推动模式主要表现为大中城市在国家大规模投资下，城市人口和产业集聚的扩展型发展，这种模式在京津冀长三角、珠三角等地区表现得非常明显。(2)自下而上型指农村社区、乡镇企业和农村居民家庭在市场机制的引导下，以产业结构转化与空间集聚为特征的农村小城镇聚集的过程（崔功豪等，1999）。自下而上型城镇化表现为富裕农村剩余劳动力向小城镇转移的过程，乡镇企业的发展、劳动力的转化和小城镇建设构成自下而上结构，江浙一带小城镇发展就是此类模式。

随着中国市场经济体制改革的不断深入，市场主体在城镇化进程中的作用表现越来越突出。宁越敏（1999）提出"三元"城镇化动因理论，认为中国的城镇化进程越来越表现为政府、企业、个人三者共同作用。陈扬乐（2000）通过对城镇化进程推动主体的研究，将城镇化动力划分为源于区域内部的"内生城镇化"和源于区域外部的"外生城镇化"两种形态，提出城镇化的动力可以概括为源于区域内部的内力作用和源于区域外部的外力作用。薛凤旋等（1997）选取珠三角31个县作为样本，运用主成分分析方法，选取特征值达到1.5以上的5个变量，分别建立"工业增长"、"外资导向的出口增长"、"农业发展"、"交通和通信发展"和"农村工业化"指标体系，以修正的城镇化水平为因变量进行多元回归分析，结果表明改革开放前珠三角的城镇化动力来自于外商投资带动出口增长。

2. 产业结构转换动力机制

克拉克定理认为，随着经济的快速发展和人们生活水平的提高，第一产业在国民经济中的比重不断降低，第二、三产业的比重逐渐升高。与此同时，三次产业的就业人口也存在同样的规律，即在经济快速发展的过程中，从事第一产业的劳动力在总就业人口中的比重不断降低，从事第二、三产业的人数比例不断上升。由于第二、三产业通常集中于城镇地区，于是推动就业人口也不断转移到城镇，从而推动城镇化发展。产业结构转换机制就是借鉴克拉克定理，从产业发展与转换的角度来分析城镇化的推动机理。

第一，农业发展为城镇化提供基础动力。农业只有发展到一定水平，农村才会出现剩余产品和剩余劳动力，进一步才有交易和分工的需求，从而推动城镇的雏形——集镇的产生。农业对城镇化的促进主要来自农业剩余，无论在工业化前期还是在工业化中后期，农业的发展始终是推动城镇化的重要力量。陈柳钦（2005）从农业发展对城镇化的促进和农业为城镇提供剩余的方式两个角度总结了农业对城镇化的支持作用。农业发展对城镇化的促进作用主要包括农业发展对城镇化的食物贡献、原料贡献、市场贡献、人力资源贡献和资金贡献；农业为城镇提供剩余的方式主要包括赋税方式、价格方式、储蓄方式和财产剥夺方式。

第二，工业化是城镇化进程的核心动力。中国著名经济学家张培刚指出，工业化是城镇化的内生动力，农业是城镇化的外在条件，没有工业化的城镇化是难以想象的，而缺乏农业支撑的城镇化也是难以为继的（张培刚，2001）。在市场机制作用下，人口受工业发展的规模经济效应与集聚经济效应的驱使不断向城镇集聚，城镇规模与数量的不断扩张，第二产业逐步取代第一产业，并成为城镇化进程的主导力量，在没有制度的强力约束下，工业化必然带来城镇化（顾朝林，1999）。立足于城镇化与工业化的互动关系，国务院发展研究中心"工业化与城镇化协调发展研究"课题组（2002）对中国城镇化与工业化关系做了比较深入的研究，认为城镇化并没有滞后于工业化。(1) 工业化与城镇化的互动关系在工业化发展的不同阶段存在一定的差别。工业化的初期，由于集聚效应，工业化对城镇化具有较大的直接带动作用；工业化中后期，由于产业结构与消费结构的升级作用超过了集聚经济，城镇化的演进不再表现为工业比重的上升，而是表现为非农产业比重上升的拉动。(2) 工业化过程中，城镇化的演进速度同产业结构与就业结构的变动趋势有一定关系，产业结构通过影响就业结构作用于城镇化进程。(3) 工业化对城镇化的带动作用主要取决于工业化对非农产业的带动效应。在工业化后期，这一趋势表现得十分明显。(4) 第三产业是城镇化的后续动力。在城镇化初期，第一产业对城镇化推动作用最大，随后城镇化动力逐步转移到第二产业，当进入城镇化的中期之后，第三产业成为推动城镇化的主要推动力量（杨治，2000）。发达国家的实践表明，经济发展到一定水平后，第三产业发展同城镇化水平呈高度正相关，主要涉及生产服务业和消费服务业。工业化的初期，经济发展同城镇化相互促进；经济发展进入工业化中期以后，产业分工更加细化，许多原本存在于企业内部服务于企业本身的生产服务业被分离出来，如物流、科技、研发等。同时，企业的进一步发展又要求城镇提供更完善的生产服务配套设施，如咨询、会计、网络等服务。同时，随着人们生活水平的提高和闲暇时间的增多，对更加便利的生活环境和更为丰富的文化产品的需求增加，如住房购物、文化教育、体育娱乐设施、旅游度假等，这些第三产业的快速发展增加了城镇的就业机会，也进一步拓展了城镇化的广度和深度。

3. 制度动力机制

中国经济体制改革的过程本身就是一个不断进行制度创新的过程，这种制度创新同样影响着中国城镇化进程。随着学术界对城镇理论研究的不断深入，对城镇动力机制的研究开始进入制度层面的分析，主要涉及土地制度、户籍制度等。刘传江（1999）认为制度对城镇化的进程有着十分重要影响，与城镇化相关的制度通过影响城乡要素流动进而影响城镇化进程。制度与城镇化之间的互动关系可划分为三种情况：（1）当制度安排有利于非农化发展，且能够促进城乡要素自由流动时，制度安排同步于城镇化发展。（2）当制度安排有利于非农化发展，但阻碍城乡要素自由流动时，制度安排滞后于城镇化发展。（3）当制度安排不利于非农化发展，但有利于城乡经济要素自由流动尤其是人口转移时，制度安排超越城镇化发展。在土地制度方面，刘传江（2004）认为家庭联产承包责任制改革尽管具有不彻底性，但是相比人民公社制度而言，大大提高了农业生产效率，推动了农村非农产业的发展，对中国农村城镇化进程发挥了重要作用。尽管如此，大多数学者还是比较认同土地制度对城镇化的阻碍力大于推动力，土地改革的不彻底性导致了农地产权的不稳定性，制约了农业的规模经营和农业现代化发展，阻碍了农村剩余劳动力向城镇转移。为此，许多学者进行了多种形式的土地制度创新。在明晰土地产权关系的制度创新方面，高佩义（2004）建议在中国不能恢复土地农村居民私有制的前提下，将农村土地集体所有制转变为土地国家所有制；在完善土地流转市场的制度创新方面，周振华（2005）认为应该通过建立农地价值评估制度来促进土地流转。中国现行的户籍制度造成的城乡分割，也使得大量的农村剩余劳动力被束缚在农村，在一定程度上导致了城镇化之后出现"工业国家、农业社会"的局面（成德宁，2004）。户籍制度改革是当代中国发展的大势所趋，大部分学者赞同将户籍制度逐步与各种福利制度相脱离的渐进式改革思路，提出建立有助于实现城乡一体化的人口迁移政策（刘传江、郑凌云，2004）。

4. 比较利益动力机制

基于宏观视角，国内学术界主要从产业间的比较收益和城乡之间的比较利益两方面来展开研究。中国人均耕地面积少，农业人均劳动生产率相对较低，农业产业与非农产业之间存在非常大的收益势差，导致劳动力从农村向城镇转移（傅崇兰，2003）。从城乡差距的视角看，由于城乡之间存在着包括收入水平、受教育机会、文化休闲、信息化程度以及个人价值实现等方面的差距，对城乡居民在发展空间定位上造成了强烈的影响，尤其是农村人口在规划未来发展时通常会理性地选择进入城镇发展（曹宗平，2009）。

（二）国外关于城镇化动力机制的研究

通过对国外关于城镇化动力问题研究成果的梳理，发现城镇化动力机制并未形成一个独立的研究体系，学者们对城镇化动力机制的研究包含在区位理论、非均衡增长理论、二元结构理论、新经济地理理论、集聚经济理论等理论范畴内。区位理论学者认为，在理性经济人的假设下，人们经济行为的空间区位选择及空间区位经济活动的组合最终会导致城镇的出现和成长[1]（Johann Heinrich von Thunen，1826；Alfred Marshall，1920；Alfred Weher，1929；Christaller Walter，1933；August Losch，1939；K. J. Buton，1981）。非均衡增长理论学者指出，区域经济的增长不可能同时在区域内所有板块同时进行，城镇作为区域的"增长极"一般会率先发

---

[1] 张文忠：《经济区位论》，经济科学出版社2000年版，第78页。

展，通过极化效应和扩散效应带动整个区域经济增长①（Francois Perroux，1955；Gunnar Myrdal，1957；Albert Dtto Hirschman，1958；Walt Whitman Rostow，1960；Milton Friedman，1964）。二元经济结构理论学者认为，发展中国家的经济体系主要由落后的农业部门和发达的工业部门组成，城镇化就是农业劳动力不断转移到非农业部门的过程，城市部门的非农产业发展推动城镇化进程②（William Arthur Lewis，1954；Gustav Ranis，1961；John C. H. Fei，1963；D. W. Jogenson，1970；Nicholas Kaldor，1970；Michal P. Todaro，1971）。20世纪70年代以后，新经济地理学者③（Fvjila Masahisa，1988；Paul R. Krugman，1991；Anthony J. Venables，1996）以新贸易理论为基础，从报酬递增、规模经济、运输成本和路径依赖的视角出发，分析了城镇形成和发展的动力机制。杨小凯（2003）把交易的分层金字塔结构理论、分工理论等用于城镇化问题的研究，并建立新兴古典城镇化理论④，运用这一理论解释城市的起源、城乡的分离、城市的发展和城市分层。

随着经济全球化的不断加深，理论界对城镇化动力机制的研究也愈加丰富。美国城市经济学家 J. 弗农·亨德森（J. Vernon Henderson）提出制度对城镇化的推动作用，民主化程度和技术进步对城镇化发展有着直接的影响⑤。美国经济学家丝雅奇·沙森（Saskia Sassen，1991）系统研究了全球化对城镇化的动力机制作用，表现为全球城市的大量涌现。⑥ 美国经济学家道格拉斯（Douglass，2000）认为，贸易、生产和金融的全球化正在成为亚太地区城市发展的核心推动力量。⑦ 同时，外资投入、国际资本流

---

① 郭熙保：《发展经济学经典论著选》，中国经济出版社1998年版，第210页。
② 张培刚：《发展经济学教程》，经济科学出版社2001年版，第87页。
③ [英] 高登·克拉克：《牛津经济地理学手册》，商务印书馆2005年版，第88页。
④ 杨小凯：《经济学——新兴古典与新古典框架》，社会科学文献出版社2003年版，第142页。
⑤ J. Vernon Henderson, *Urbanization and City Growth*: *The Role of Institutions*, Regional Science and Urban Economics, Vol. 37, 2007.
⑥ Saskia Sassen, *The Global City*: *New York*, *London*, *Tokyo*, Oxford: Princeton University Press, 1991, p.157.
⑦ Douglass, *Mega-urban Regions and World City Formation*: *Globalisation the Economic Crisis and Urban Policy Issues in Pacific Asia*, Urban Studies, Vol. 37, 2000.

动、生产的国际化都对发展中国家城镇化进程产生了影响。美国阿克隆大学经济系宋顺峰博士（2002）指出，促进中国城镇化的主要驱动力是城市政策、经济增长、结构调整。[①]

（三）国内关于城镇化动力机制的研究

中国学者对城镇化动力机制的研究主要集中在内涵、分类、作用机理等方面。许抄军、罗能生、王家清（2007）从中国城镇化动力机制的推动主体、内因与外因、产业结构、要素聚集、制度建设等方面系统分析了中国城镇化的动力机制，指出城镇化的动力机制是推动城镇化发展所必需的动力产生机理，以及改善这种作用机理的各种经济关系和组织制度所构成的综合系统的总和，中国城镇化的动力机制在空间上表现为多层次复合性、在时间上表现为动态演进性的特征。[②] 范存举（2003）指出，城镇化发展的动力机制是指对城镇化发生和发展起到推动和拉动作用的力量，由此所形成的以既定资源为约束、资源配置方式为条件的综合系统。[③] 高佩义（2009）强调，动力机制指的是那些促使城镇化发展的动力源泉，保障城镇化发展的推动力持续运行的方式、关系和过程，并按一定规律有机地结合在一起，构成一整套推动城镇化发展的"机械装置"。[④]

20世纪以来，随着经济全球化进程的加快，东部沿海地区的经济和城镇化在全国率先发展，理论界也注意到外资对城镇化的助推力。薛凤旋、杨春（1997）研究了跨国公司对外直接投资对于珠三角地区城镇化的影响，提出外资是发展中国家城镇化的新动力。[⑤] 叶裕民（2001）强调城镇化的发展必须有制度支持系统，这实际上就是城镇化的制度动力。[⑥] 目前，

[①] Song ShunFeng, *Urbanization and City Size Distribution in China*, Urban Studies, Vol. 39, 2002.

[②] 许抄军、罗能生、王家清：《中国城市化动力机制研究进展》，《城市问题》2007年第8期。

[③] 范存举：《中国城市化进程中若干问题思考》，《城市发展思考》2003年第22期。

[④] 高佩义：《城市化发展学原理》，中国财政经济出版社2009年版，第34—37页。

[⑤] 薛凤旋、杨春：《珠江三角洲的"外向型城市化"》，《中国乡村—城市转型的动力和类型研究》，科学出版社1999年版，第281—293页。

[⑥] 叶裕民：《中国城镇化之路——经济支持与制度创新》，商务印书馆2001年版，第151—157页。

学术界普遍认为以户籍制度和土地制度为核心的制度问题是导致城镇化滞后的主要根源。可以看出，随着经济的快速发展中国城镇化的动力也越来越多元化。

除上述研究以外，理论界还从不同视角对城镇化动力机制进行了研究。蔡建明（1997）指出，中国城镇化发展的四大基本动力是产业的空间集聚、产业的结构转换、城乡间和城市间的相互作用以及技术进步。[①] 赵新平、周一星（2002）认为，城镇化的动力在初期主要来自工业化，在中后期则主要来自城市服务业与新兴产业。[②] 仇保兴（2003）认为，中国城镇化是城乡的生产效率和劳动力差距、生活和服务差距、就业和教育差距、投资和消费差距、社会资本差距的 5 种拉力和农村土地"产权化"、农村居民收入水平提高能够支付进城的成本、农业和农村产业发展需求的 3 种推力共同作用的结果。[③] 汪冬梅等（2003）指出，经济增长和产业结构转换分别从宏观与中观的层次为城镇化提供了动力，生产要素的流动使城镇化成为现实，称之为城镇化的微观动力。由于"市场"和"制度"在要素流动及空间分布过程中的重要作用，以及"区位资源禀赋"对要素集聚地的指向作用，因而在分析中应将市场、制度和区位资源禀赋作为系统分析的因子。[④] 刘耀彬等（2003）指出，中国转型时期的城镇化动力机制是复杂的，它既包括产业结构的转换能力、国家政策的调控能力、城乡间推拉力，还包括科技进步能力和外向经济发展能力。[⑤] 陈柳钦（2005）指出，在诸多影响城镇化发展的因素中，产业结构的非农化转换、经济要素在不同产业及地域间的流动、制度变迁与创新是影响城镇化发展的关键要素。[⑥] 朱磊（2006）提出了"城市行为者"的概念，认为城镇化是城市行

[①] 蔡建明：《中国城市化发展动力及发展战略研究》，《地理科学进展》1997 年第 16 期。

[②] 赵新平、周一星：《改革以来中国城市化道路及城市化理论研究述评》，《中国社会科学》2002 年第 2 期。

[③] 仇保兴：《集群结构与中国城镇化的协调发展》，《城市规划》2003 年第 6 期。

[④] 汪冬梅等：《产业转移与发展农村城市化的中观动力》，《农业现代化研究》2003 年第 1 期。

[⑤] 刘耀彬、李仁东：《转型时期中国城市化水平变动及动力分析》，《长江流域资源与环境》2003 年第 1 期。

[⑥] 陈柳钦：《产业发展：城市化的动力》，《重庆工商大学学报》2005 年第 2 期。

为者（居民、企业和政府）空间行为的结果。而企业是中国现阶段城镇化的行为主体，但政府对企业行为和城镇化进程的影响很大。[①] 李永乐（2006）认为，城镇化除了受人口因素、制度因素、自然因素等影响外，城镇化与产业也有着十分密切的关系。[②] 赵勇（2007）以新兴古典分工理论为基础，将城镇化纳入一个完整的动态演变体系中进行分析，揭示全球化下的中国城镇化动力机制。[③]

（四）学术界对于城镇化发展动力因素的理论述评

近十年来，城镇化一直是学术界关注的热点问题。关于城镇化发展动力机制的研究主要涉及三个方面：（1）工业化与城镇化双向驱动。通过探讨城镇化与GDP（国民生产总值）关系的规律性，提出工业化是城镇化的主要动力的结论（周一星，1982）。（2）制度的建构被列入城镇化动力机制研究范畴。户籍制度、土地制度、社会保障制度三层叠加构成推动城镇化的制度支撑（叶裕民，2001）。（3）城镇化进程体现出政府、企业、个人的合力作用。"三元"城镇化动因理论，主张摒弃过去单一和二元的城镇化动力机制，采用多元机制进行研究（宁越敏，1998）。

对于全国而言，新型城镇化发展战略因区域环境、开放程度的影响而有所不同，东部沿海地区、中部平原地区、西部多山地区的城镇化动力机制差异十分显著。

对于云南省而言，地处边疆、民族众多、经济欠发达等特殊的省情，导致其城镇化发展路径与其他地区也不一样。中共云南省委、云南省人民政府提出"城镇上山、农民进城"的城镇化路径符合云南省城镇化发展的客观现实，从而也就有了云南省山地城镇建设的理论研究。进一步梳理出关于云南省山地城镇建设动力因素的相关理论文献，可以总结出云南省山地城镇建设动力因素来自三个方面：（1）经济的快速发展、城镇化的推进、产业结构调整、城镇交通模式的改变四重力量推动云南省山地城镇建设。多山地区城镇化发展应以规划为引领、因地制宜进行交通路网布局、

---

① 朱磊：《基于主体意识的城市化动力机制的研究》，《开放导报》2006年第2期。
② 李永乐：《城市化与产业发展的关系》，《安徽农业科学》2006年第6期。
③ 赵勇：《经济全球化下中国城市化动力机制》，《中南财经政法大学学报》2007年第4期。

科学合理布局城镇空间、塑造良好的城镇景观、重视地质灾害防治（刘绍吉，2014）。（2）特色产业、体制机制、规划布局是云南省山地城镇建设的核心动力，产业驱动、制度保障、土地配置是城镇化的不竭动力，"城镇上山、农民进城"的山地城镇化路径是云南省城镇化进程的又一助力（潘启云，2014）。（3）土地、人口、空间三维视角系统是云南省山地城镇化主要动力机制与支撑路径，云南省山地城镇化是一种顺应资源、顺应环境、顺应自然的有效尝试机制（郭凯峰、杨渝、吴先勇、胡海鹏，2013）。

二 云南省山地城镇建设的宏观动力

城镇化推进是工业化发展到一定阶段的产物，工业化带来的产业集聚导致人口高度聚集，助推了城镇化的快速提升。就宏观层面而言，工业化在先、城镇化在后。中国在经历了工业革命的大发展之后，才提出城镇化与工业化齐头并进的整体思路，党的十八大进一步提出"四化同步"发展战略。云南省也不例外，同样是在经历了工业的提速升级后，城镇化发展才步入正轨，山地城镇建设就是云南省基于这一时代背景而提出的新型城镇化战略。

（一）宏观动力之一：工业化进程进入提速升级阶段

一直以来，云南省由于地缘因素工业处于弱势地位，工业化发展远远落后于东部沿海地区，工业化程度在全国也排在靠后位置。2015年1月19日至21日，习近平总书记考察云南时提出"云南建设面向南亚东南亚辐射中心"战略，云南区位由中国发展的末梢变成了前沿，工业发展也迎来了前所未有的发展机遇。国家"一带一路"战略的提出，云南省的区位优势得到了进一步提升，国家发展和改革委员会、外交部、商务部联合发布的《推动共建丝绸之路经济带和21世纪海上丝绸之路的愿景与行动》中指出"发挥云南区位优势，建设成为面向南亚东南亚的辐射中心"[1]。可以看出，云南省的发展不仅仅要立足国内，更要面向南亚东南亚地区。

---

[1] 《推动共建丝绸之路经济带和21世纪海上丝绸之路的愿景与行动》，2015年3月28日，新华社（http://news.xinhuanet.com/world/2015-03/28/c_1114793986.htm）。

在工业提速升级的同时，云南省也面临土地资源有效利用的问题。根据 2012 年云南省国土部门公布的数据显示，云南省已经利用的国土面积约 7339.6 平方千米，占全省可利用的平坝地区总面积的 30%。然而，对于当前云南省工业产业布局而言，工业化加速势必对当前相对稀缺的平坝地区土地产生巨大压力。

于是，"工业向山坡地带布局"的思路也就顺势而生。在保护现有耕地的同时，工业布局向着低丘缓坡地带延伸，这样不仅有效解决了由土地瓶颈带来的发展矛盾，而且进一步利用了低丘缓坡土地使人口集聚不再过度集中于已经饱和的平坝地区，促进工业发展向山坡转移，以此带动山地城镇建设。因此，工业的提速升级是山地城镇建设的动力源泉之一，没有工业化产业的支撑，很难在低丘缓坡地区进行城镇建设。

（二）宏观动力之二："以人为本"的新型城镇化战略

随着城镇外延式扩张，城镇人口规模逐步扩大，生产生活在城镇高度集中，使得建设用地日益紧张。国家提出新型城镇化战略，其内涵主要包括土地城镇化和人口城镇化。2013 年 3 月 17 日，李克强总理在两会中回答中外记者提问时指出，中国的新型城镇化是以人为本的城镇化，要使中国 2.6 亿农民工慢慢融入到城市中来，这不是一蹴而就的，需要强有力的岗位与服务支撑。2014 年 3 月 5 日，李克强总理在政府工作报告中，明确提出"推进以人为核心的新型城镇化"，中国的城镇化进程正逐步由"土地城镇化"过渡到"人的城镇化"。由此可见，在当前宏观形势下，传统单一的城镇化模式已难以为继，下一阶段的城镇化发展模式应以以人为本的新型城镇化战略。

新时代的云南，2018 年城镇化率达到了 47.81%，滇中城市群、滇东北城市群、滇东南城市群、滇西城市群、滇西南城市群和滇西北城市群六大城市群协调发展的格局初步形成。从城镇数量上看，城市规模的扩容导致城镇人口集聚增加；从经济结构来看，非农经济逐步替代农业经济的局面凸显；从城镇发展质量上看，无论是城镇居民还是农村居民生活方式正在逐步走向现代化。"以人为核心"的新型城镇化战略，将成为云南省山地城镇的核心动力。

（三）宏观动力之三："四化同步"协调发展

党的十八大报告指出，中国要坚持走有中国特色的新型工业化、新型信息化、新型城镇化、新型农业现代化的道路，积极促进信息化以及工业化深度融合、工业化和城镇化良性互动、城镇化和农业现代化彼此辅助，推动"四化"同步发展。中共云南省委、云南省人民政府继中央颁布《国家新型城镇化规划》之后也出台了《云南省新型城镇化规划》，进一步把统筹城乡发展、推进"四化同步"作为云南省跨越发展的方向，建立以工促农、以城带乡的良性机制，坚持走出一条具有云南省特色的城镇化之路。

发达国家工业化进程与城镇化发展规律显示，在工业化早期，工业化是城镇化发展的核心动力；在工业化中期，城镇化与工业化的互动性会加强。随着工业化的发展（尤其是产业分工的深化），对生产的社会化程度要求逐步提高，以及对专业化服务经济的需求增强，从而对城镇化提出更高的需求。城镇规模的扩展、土地利用的集约、空间形态呈带状结构，最终显示为集聚效益的提高。

当前，云南省正处于工业化中期，城镇化与工业化互动正在逐步深入，"四化同步"要求工业化与城镇化协同发展，实现两者相互促进。

（四）宏观动力之四："有形的手"与"无形的手"配合

基于"有形的手"和"无形的手"的关系视角看，云南省城镇化内生力量尚处于萌芽阶段，自发力量较为薄弱，城镇化发展需要依靠一定的外部力量，最重要的外部力量也就是国家政策支持和外部要素的流入。基于经济学的视角，市场经济下政府能调动资源的作用相对有限，政府主要通过培育市场、推动市场、完善市场，让市场健康发展。政府这一职能主要通过制度建设对市场主体进行激励和保障，从而减少交易费用，提升交易效率。市场这只"无形的手"相对于政府"有形的手"而言，主要通过吸收外部力量来打破区域内部低水平的均衡。

三 云南省山地城镇建设的微观动力

从山地城镇建设的实现机制来看，政府、企业和居民为实施主体，城镇布局、企业布局、居住空间的选择为作用客体。基于微观层面，优质耕地资源稀缺性与保持民族地区民俗生活习惯延续性，共同构筑了云南省山地城镇建设的微观动力驱动机制。

（一）微观动力之一：优质耕地资源的稀缺性

正如"政治经济学之父"威廉·配第（William Petty）曾说的"劳动是财富之父，土地是财富之母"。人类早就意识到土地的重要性，无论是人类的日常生活，还是国家的发展，都离不开土地。这一点在欠发达地区有着深刻的认识，高山峻岭、峰险壁峭是中国西部地区的整体概括，尤其是在陡山较多、平坝较少的云贵高原极为突出。

云南省作为高原地貌的典型代表，平坝地区承载着更多的生产生活职能，山地承载更多的是生态屏障的构建、珍贵稀缺植物的保护、林下作物的种植等功能。传统以占用优质耕地为动力的城镇化推进模式对云南省构成了强约束，云南省的"米袋子、菜篮子"将面临生存危机。基于坝区优质耕地保护与城镇化推进两者"社会困境"的选择，山地城镇建设的城镇化模式应运而生。将城镇建设由平坝地区引导到低丘缓坡地带，不仅可以腾出更多的优质耕地为城镇居民提供充足的后勤保障，更能缓解城镇化提速升级带来土地资源利用的压力，土地瓶颈的矛盾也将得到一定程度的缓解。

（二）微观动力之二：传统民族民俗文化的延续性

新型城镇化与传统城镇化最大的区别在于人的城镇化，人的城镇化并非仅仅以传统的居住空间得到满足为目标，更是一种让居民心灵安放于城市的情怀，即所谓的"心有所居，才是真正的安居"。城镇化的主体是农村地区，改变的是广大农村整体面貌，城镇化的推进与农村民族民俗文化的发展形成了相对矛盾的格局，必须寻找合适有效的路径，兼顾城镇化推进与民族民俗文化的保护，云南省山地城镇建设正是基于这一背景提出来的新型城镇化思路。

众所周知，云南是一个多民族集聚的省份，省域范围内分布着25个世居少数民族，众多民族的世居渊源流传下来的传统习惯构成了特色民族文化。尽管传统的民族民俗文化与传统"摊大饼"模式的城镇化存在矛盾，正是这种传统的文化推动了云南山地城镇建设，在云南省特色城镇化道路上起着不可忽视的作用。

从"大杂居、小聚集"的少数民族地区生活习惯来看，云南省大部分少数民族习惯于山上居住而非平原地区定居，诸如彝族习惯庭院式的建筑结构、傈僳族习惯半山居住、壮族习惯"干栏式"结构、独龙族习惯竹篾的住房结构。这种长期保持的生活习惯短期内很难被打破，云南省新型城镇化战略，应该统筹考虑少数民族的生活习惯，在最大的范围内保持原有的民族文化。因此，云南省民族地区居民生活的特性决定了山地城镇建设的可持续性与可推广性。

参考文献：

邓红林：《云南省山地城镇化耕地保护机制研究》，硕士学位论文，南京农业大学，2013年。

傅鸿源、谢琳琳、刘晨阳：《西部山地小城镇建设与产业发展协调机制研究》，《重庆大学学报》（社会科学版）2005年第1期。

黄亚平、林小如：《欠发达山区县域新型城镇化动力机制探讨——以湖北省为例》，《城市规划学刊》2012年第4期。

蒋贵凰、钟少颖、刘亚清：《谈中国城镇化动力机制的演变及新型城镇化对策》，《商业经济研究》2015年第5期。

李萌：《中国新型城镇建设的文化动力机制研究》，《改革与战略》2014年第11期。

李晓梅、赵文彦：《中国城镇化演进的动力机制研究》，《经济体制改革》2013年第3期。

李扬扬：《关于推进中国农村城镇化发展动力机制的研究》，《黑龙江对外经贸》2011年第4期。

刘晨阳、雷劲松、傅鸿源：《西部山地城镇建设与产业动力构筑——基于集群化模式的思索》，《经济体制改革》2006年第4期。

刘宏芳、明庆忠：《旅游与城镇建设融合的动力机制研究》，《旅游研究》2016年第3期。

刘振宇、魏旭红：《中国城镇化动力机制研究进展：基于结构视角的文献综述》，《区域经济评论》2013年第3期。

明庆忠、刘宏芳、段晨：《旅游与城镇建设融合的核心动力机制解析》，《旅游研究》2016年第2期。

潘启云：《云南山地城镇化动力机制研究》，《云南农业大学学报》（社会科学版）2014

年第 5 期。

佟伟铭、张平宇:《乡村城镇化新模式:基于陈家店新型农村社区建设过程与动力机制的分析》,《农业现代化研究》2016 年第 6 期。

汪娇柳、黄河:《贵州少数民族地区城镇化建设的动力机制分析》,《贵阳学院学报》(社会科学版)2014 年第 6 期。

王云飞、胡业方、王效柳:《论中国城镇化动力机制存在的问题》,《怀化学院学报》2014 年第 4 期。

王泽:《新疆生产建设兵团城镇化动力机制研究》,《中外企业家》2013 年第 27 期。

王兆峰、龙丽羽:《民族地区旅游业发展驱动城镇化建设的动力机制研究——以湖南凤凰县为例》,《中央民族大学学报》(哲学社会科学版)2016 年第 5 期。

魏冶、修春亮、孙平军:《21 世纪以来中国城镇化动力机制分析》,《地理研究》2013 年第 9 期。

吴胜隆:《加快小城镇建设的动力机制探讨》,《国土资源》2006 年第 3 期。

徐峻:《完善江西新型城镇化建设的金融动力机制》,《中国国情国力》2014 年第 7 期。

杨发祥、茹婧:《新型城镇化的动力机制及其协同策略》,《山东社会科学》2014 年第 1 期。

杨万江、蔡红辉:《近十年来国内城镇化动力机制研究述评》,《经济论坛》2010 年第 6 期。

专题研究报告六

山地城镇建设中农村居民市民化研究

随着城镇化的快速推进,农村人口不断向城市转移,其身份从农村居民转变为城市居民,农民市民化也是中国现代化发展的客观要求和必然趋势。农民市民化的出现,加快了中国工业化和城镇化的进程,促进中国从农业大国到工业大国乃至世界经济强国的转变。城镇化的核心是人的城镇化,农村居民进城工作并不等于实现了城镇化,还需进一步市民化,即与城市居民享受同等的权利。云南省以山地城镇建设为核心推动城镇化发展,大量农村居民将转变为城市居民,在这一转变过程中既有积极向上的因素,也存在一些问题与矛盾。因此,深入系统研究山地城镇建设中农村居民转变为城市居民这一专题,对于云南省科学推动山地城镇建设意义十分重大。

一 国内外关于农村居民市民化研究的理论综述

(一) 国外研究情况

国外绝大多数国家不采用人口登记管理办法来限制人口迁移,因此对改变或消除户口限制的研究相对较少,相关文献主要是从人口流动的角度展开研究。

1. 基于农村居民向城市迁移动力机制的视角

美国发展经济学家托达罗(Michael P. Todro)于1970年提出了著名的哈里斯—托达罗人口城乡迁移模型。他认为,一个农业劳动者决定他是否迁入城市的原因不仅取决于城乡实际收入差距，还取决于城市的失业状况。如果在城市工作的农村居民收入不能达到一个相对稳定的水平，城市充分就业的平衡就会被打破，所创造额外的就业机会将导致更多的农村居民流入城市。该模型还表明，强行阻碍和限制劳动力的转移可能会减少农业部门的净福利。美国经济学家雅观各布·明赛尔（Jacob Mincer, 2009）认为，家庭在劳动力迁移上起到关键作用，参加迁移的不是一个人，而是一个家庭。① 美国经济学家加德纳（Motthew Gordner, 2014）指出，劳动力的流动调节是农业劳动者收入与非农业劳动者收入趋同的根本原因，尽管美国农业技术进步速度加快，农产品价格也在下降，但农村居民人均收入与非农村居民收入基本持平，且有农村居民人均收入超过非农村居民收入的趋势。②

2. 基于工业化和城镇化进程的视角

诺贝尔经济学奖得主威廉·阿瑟·刘易斯（William Arthur Lewis, 1989）指出，发展中国家农业缺乏资本投入，农村剩余劳动力规模巨大，工业部门扩张可按现行工资标准雇佣到任何数量的劳动力，可获得较高的利润，扩大生产规模，对劳动力的需求又会促使农业部门的人口向城市流动。③ 美国城市地理学家诺瑟姆（Roy. M. Northam, 2014）通过分析世界各国的城镇化过程，提出城镇化发展的一般规律。（1）初始阶段，城镇化比重低于25%，城市发展相对缓慢，处于传统农业社会状态；（2）加速阶段，农村人口开始大量进入城市，直至城市人口占区域总人口的比重达到60%—70%，工业在经济和社会生活中占主导地位；（3）稳定阶段，城市人口占区域总人口的60%以上，城市人口增长速度开始下降，城市人口增长相对稳定。当城镇化发展到高级阶段时，大量农村剩余劳动力基本被城市吸收。④ 诺瑟姆发现的城镇化发展进程"S"形曲线实质上分析的是农村

---

① Jacob Mincer, *Family Migration Decision*, Journal of Political Economy, Vol. 112, 2009, p. 103.
② Gardner, Bruce, *Economic Growth and Low Incomes in Agriculture*, American Journal of Agricultural Economics, Vol. 72, 2014, p. 98.
③ 刘易斯：《二元经济论》，北京经济学院出版社1989年版，第51—67页。
④ Northam, *Urban Geography Workshop/Seminar Support Award: Request for Proposals*, Urban Geography, Vol. 38, No. 7, 2014, p. 117.

居民市民化的进程,农村居民市民化的演进过程也表现为"S"形曲线的进程。当城市人口占区域内总人口的比重达到70%后,城镇化进程和农村居民市民化进程将呈现停滞甚至是下降的趋势。

3. 基于社会冲突的视角

国际移民理论认为,由于迁入地与迁出地的文化差异,移民往往会出现一种"非整合"现象,移民在迁入后一般表现为马赛克般的群体分割、文化多元主义和远离主体社会三种生存状态。美国经济学家加里·斯坦利·贝克尔（Gary Stanley Becker, 2014）认为,歧视可用货币来衡量,并提出"歧视系数"的概念,为经济学对歧视的量化分析提供工具。他将市场歧视系数定义为劳动力市场上两群体间有歧视时的工资之比与两群体间没有歧视时工资之比的差额。① 美国经济学家迈克尔·皮奥里（Michael Piore, 2010）对波士顿的低工资群体进行了研究,提出了双元结构劳动力市场模型。② 英国经济学家查尔斯·狄更斯（Charles Dicken, 2014）认为,存在两个独立的劳动力市场,存在非经济壁垒阻碍劳动力从次要劳动力市场到主要劳动力市场的流动。③

4. 基于农村居民向市民转化模式的视角

从整体角度考察一个地区或国家的农村居民市民化问题,就需要考虑农村居民市民化的模式。发达国家城镇化起步较早,主要有以英国为代表的强制性非农化模式、以美国为代表的自由迁移的非农化转移模式,以及以日本为代表的"跳跃式转移"和"农村非农化转移"相结合的非农化模式。(1) 英国是发达国家中最早完成农村劳动力转移的国家。在11—13世纪、16—17世纪和工业革命时期,英国经历了农村劳动力向城市的三次迁移浪潮。英国的农村居民市民化模式被认为是一种以圈地运动为代表的强制性转移模式。(2) 美国人口非农化以自由迁移为主,在经历了19世纪工业革命和20世纪后工业时代,乡村社会迅速向城市社会转变。美国

---

① Gary Stanley Becker, *The Economics of Discrimination*, 2014, p. 113.
② Piore, *Dualism and Discontinuity in Industrial Societies*, 2010, p. 91.
③ Dicken, *The Re-emergence of Segmented Labor Market Theory*, American Economic Review, Vol. 14, 2014.

的农村居民市民化完全是市场化的结果,没有政府的干预,是一种自由发展的模式。(3)第二次世界大战后,日本大量复员军人、海外撤离及城市疏散人员的返乡,致使农村人口快速膨胀。日本通过大力发展就业容量较大的非农产业和政府积极引导,在较短时间内完成了农村剩余劳动力的转移,这种人口非农化发展模式是发达国家农村居民市民化的重要成功模式。

(二) 国内研究情况

中国农村劳动力大规模转移显著滞后于工业化发展,农村居民市民化与工业化并不同步。李培林(2003)指出,农村居民流动不仅是劳动力流动、人口流动,同时是一种社会流动,包含地域流动、职业流动和阶层流动三个方面。[①] 刘怀廉(2004)用著名的"推拉理论"进行解释,由于农村土地边际生产效益递减对剩余劳动力产生"推力",工业化和城镇化进程加快对城镇经济发展产生"拉力",在这两种力量作用下农村剩余劳动力涌向城市。[②] 姜作培(2002)认为,农村居民市民化是指借助于工业化让广大农村居民进入城市从事非农产业,其身份、地位及工作方式和生活方式向城市市民转化的经济社会过程。[③] 中国社会科学院"中国农村劳动力转移与农村居民市民化研究"(2003)课题组认为,农村居民市民化指农村居民向城市转移并逐渐变为城市居民的过程,其间伴随思想意识、行为方式和生活方式的变化。[④] 廖红丰(2005)从农村经济发展和农村居民收入增长的角度阐述了农村居民市民化的重要意义。[⑤] 通过对现有研究成果的总结,可以看出国内对农村居民市民化研究主要集中在四个方面。

1. 从代际特征差异角度研究农村居民市民化

王春光(2001)认为,农村流动人口已出现代际间的变化,他们不仅

[①] 李培林:《农民工——中国进城农民工的经济社会分析》,社会科学文献出版社2003年版,第87页。
[②] 刘怀廉:《农村剩余劳动力转移新论》,中国经济出版社2004年版,第124—128页。
[③] 姜作培:《从战略高度认识农民市民化》,《现代经济探讨》2002年第12期。
[④] 中国农村劳动力转移与农民市民化研究课题组:《农民市民化的趋势与国内相关理论学派的主张》,《经济研究参考》2003年第5期。
[⑤] 廖红丰:《农民市民化与农民收入的增加》,《决策咨询通讯》2005年第1期。

在流动动机上存在很大差别,在许多社会特征上差别也十分明显,并由此提出"新生代农村流动人口"的概念。[1] 刘传江、徐建玲(2007)指出,改革开放以后出生的农村居民与计划经济时代成长起来的农村居民相比,不仅在社会经济特征和个人特征方面与第一代农村居民有诸多不同,而且在市民化意愿上也有很大差别。第二代农村居民市民化进程的推进应从农村退出、城市进入和城市融合三个环节进行。[2] 王艳华(2007)指出,新生代农村居民在角色认同、闲暇时间、消费方式等方面有着极强的城市性,新生代农村居民市民化不仅在于个人努力,而且在深层次的市民化进程中存在一定的障碍,如经济因素、社会因素、制度因素及文化因素等,这需要政府和其他社会团体共同克服。[3]

2. 从心理特征角度研究农村居民市民化

李强(1995)通过对城市农村居民的个案研究发现,农村居民对城市居民群体有很大的不满情绪,心理上有受歧视的感觉,并认为城乡居民之间的矛盾起因在于城市居民对农村居民的歧视。[4] 朱考金(2003)指出,农村居民的过客心理使其对城市缺少归属感和责任感,不愿意积极主动融入城市社会,不愿意主动吸纳城市文明,加剧了短期行为和越轨行为的发生。这种过客心理阻碍了进城农村居民的现代化和城镇化。[5] 郑月琴(2005)从农村居民市民化的心理状态和现实困境两个方面分析了农村居民市民化的障碍,指出虽然制度是根本性问题,但农村居民市民化进程中的社会文化因素和农村居民自身存在的矛盾心态也是一个关键性问题。[6]

3. 从社会资本角度研究农村居民市民化

社会资本是指个体从社会网络和其自身所处社会制度中所能获得的资

---

[1] 王春光:《新生代农村流动人口的社会认同与城乡融合的关系》,《社会学研究》2001年第3期。
[2] 刘传江、徐建玲:《第二代农民及其市民化研究》,《中国人口·资源与环境》2007年第1期。
[3] 王艳华:《新生代农民市民化的社会学分析》,《中国青年研究》2007年第5期。
[4] 李强:《关于城市农民的情绪倾向及社会冲突问题》,《社会学研究》1995年第4期。
[5] 朱考金:《城市农民心理研究——对南京市610名农民的调查与分析》,《青年研究》2003年第6期。
[6] 郑月琴:《农民工市民化进程中的心理形态和社会文化环境分析》,《经济与管理》2005年第9期。

源。李汉林、王琦（2001）通过对进城农村居民社会交往、组织参与、消费水平等方面的考察，认为其社会资本局限于血缘、亲缘和地缘关系，这极大降低了农村居民对城市的适应和认同。[1] 李树茁等（2006）以社会网络为视角，分别从二人层次、三人层次及整体网络层次，分析不同类型农村居民群体的社会支持网和社会讨论网的特征。结果表明，农村居民社会支持网的二方关系、三方关系及整体网络特征指标均明显高于社会讨论网。[2] 刘传江等（2004）指出，农村居民并没有从根本上改变以血缘关系为基础的网络纽带。农村居民在城镇所建构的关系首先以初级关系网络为主，再以初级关系网络为基础不断建构次级关系网络。凭借初级关系网络（特别是家庭网络）农村居民能够较好地"进入"城市，但却很难"融入"城市。局限于初级关系网络不能自拔是农村居民融入城市主流社会的最大制约。改善农村居民社会资本匮乏和质量低下的问题，就需要构建农村居民社会资本的积累和形成机制。[3]

4. 从制度障碍特征角度研究农村居民市民化

卢海元（2004）从建立适合农村居民特点的社会养老保险制度出发，研究农村居民市民化的制度创新路径。农村居民应拥有与城市人口平等的发展机会和享受同等的公共服务，平等接受基础教育和职业培训，平等的就业竞争机会和享有劳动保护权利。建立适合农村居民特点的社会养老保险制度，才是农村居民彻底完成城镇化最重要的制度保障和政策选择。[4] 樊小刚（2004）指出，将农村居民纳入城镇社会保障体系，有助于在城乡社会保障制度体系中建立起一个连通通道，对最终实现城乡一体化有重要意义。[5] 王满四、熊巍俊（2005）认为，农村居民市民化进程缓慢的原因是"由于户籍制度所导致的社会对农村居民歧视，这种歧视将在长时间内

---

[1] 李汉林、王琦：《都市里的村民——中国大城市的流动人口》，中央编译出版社2001年版，第78页。

[2] 李树茁、任义科、[美] 费尔德曼：《中国农民工的整体社会网络特征分析》，《中国人口科学》2006年第3期。

[3] 刘传江、周玲：《社会资本与农民的城市融合》，《人口研究》2004年第5期。

[4] 卢海元：《走进城市：农民工的社会保障》，经济管理出版社2004年版，第115—117页。

[5] 樊小刚：《城市化进程中的社会保障制度创新》，《经济学动态》2004年第3期。

一直存在，基于制度变迁成本及未来风险层面来考虑，作为制度供给者的政府对相关制度供给存在严重的滞后和不足"[1]。傅琼（2005）认为，政府应创新户籍管理制度、就业制度、社会保障制度、住房保障制度和教育制度，让城市能够全方位接纳农村居民。[2] 朱信凯（2005）认为，确立以土地制度改革、户籍制度改革和社会保障制度改革为核心的制度体系，大力发展劳动密集型产业和第三产业，才能积极稳妥实现农村居民市民化。[3]

当前，理论界对中国的农村居民市民化问题有了总体的认识和定位。以往很多研究都从农村居民流动和流向展开，从城市接纳角度研究将是未来的方向。农村居民融入城市导致其社会身份改变，蕴含着向市民角色转换的丰富内涵。农村居民在生活方式、行为方式、价值观念向市民转变的同时，也必然经历文化冲突、文化适应及文化创新的过程。在经济整体进入以工补农、以城带乡和城乡一体发展的新阶段，推进农村居民市民化，不仅有助于实现公共服务均等化，更有利于促使城乡经济持续健康发展。

二 农村居民市民化的内涵及其主要矛盾

（一）农村居民市民化的内涵

"城镇化"概念侧重于国家、区域、社会结构、物质层面的变化，"市民化"概念则主要是指社会成员角色的转型。从我国农村居民市民化的现状看，大致可以划分为三类群体：（1）已经获得非农化职业，虽然不再从事农业生产，但在户籍还是农村居民的群体；（2）完全从事传统农业生产的全职农村居民；（3）介于这两者之间，在从事非农职业的同时也从事农业生产的农村居民。如果从农村居民最为重要的生产资料（土地）存在状况来看：第一类群体往往是土地完全被征用的农村居民，他们一般居住在离城市较近的城郊，身份正在被改变或即将被改变，户籍意义上的准市民；第二类群体土地还没有被征用，仍然在传统的农村、农业框架中生产

---

[1] 王满四、熊巍俊：《制度变迁与农民身份的变迁——城市农民工及其市民化问题的制度分析》，《农业经济导刊》2005年第8期。
[2] 傅琼：《加速农民市民化的制度创新》，《农村经济》2005年第2期。
[3] 朱信凯：《农民市民化的国际经验及对中国农民问题的启示》，《农业经济导刊》2005年第5期。

生活,他们一般居住在远离城市的村庄;第三类群体是正在发生变化的农村居民,他们的土地往往被部分征用,既难以在传统的农业生产中生存,也难以在城市发展中生活,处在"夹缝"中生存的群体。农村居民市民化不仅要考虑第一类群体,也要考虑到第二类群体和第三类群体的发展。因此,农村居民市民化是一个非常复杂的过程,"农村居民"不再是一个同质性的群体,农村居民内部的不同群体之间,其市民化的难易程度也不一样,比如已经非农化的农村居民在市民化上可能要比另外两类群体的农村居民(指上述第二、三类群体)容易,最起码他们已经有了稳定的非农经济来源与基本的生活保障,在物质基础上脱离了与传统农业、农村的直接联系。

根据中国农村的具体情况,可以从狭义与广义两个角度来理解"农民市民化":(1)从狭义的角度来看,"农民市民化"主要是指农村居民、城市农村居民等在身份上获得作为城市居民相同的合法身份和社会权利的过程,如居留权、选举权、受教育权、劳动与社会保障权等。在中国,最明显的标志就是获得所在地的城市户口及其相应的社会保障。这个角度,可以被认为与国家、政府相关联的技术层面上的农村居民市民化过程。(2)从广义的角度来看,"农民市民化"是指在中国现代化建设过程中,借助于工业化和城镇化使现有的传统农村居民在身份、地位、价值观、社会权利、生产生活方式等方面向城市居民的转化,以实现城市文明的社会变迁。这个角度,可以被认为是与国家、政府相对应的社会文化层面上的农村居民市民化过程。

当然,要全面地把握农村居民市民化的内涵,还必须先对"农村居民"与"市民"的角色属性差异进行比较。在传统农业社会,农业为单一产业,"农村居民"(farmer)作为一种社会角色随职业的稳定而相对固定不变。而"市民"的概念却要复杂得多。在西方国家的文字中,"市民"(citizen)一词不光是指在城市居住的居民,而且特指具有市民权利的群体,必须是身份自由、享有充分权利、城市共同体的正式成员。根据国内外对"农村居民"和"市民"特质的比较,社会学中的社会角色理论认为,"农村居民"与"市民"在描述性层面上至少应包括六方面的内容。

1. 人口素质

人口素质是衡量农村居民和市民群体质量的集中体现，包括身体素质、思想道德素质和科学文化素质三个方面。在农村居民与市民两个群体的属性差异上，科学文化素质的差异表现最为强烈，也是农村居民市民化首先面临的挑战。因为，表现在"农村居民"与"市民"两个群体上的诸多差异，许多都与人口素质有关。只有当农村居民的综合素质提高以后，才会逐步带来思想观念和行为方式的改变，并不断适应市民化的内在要求。

2. 思想观念

城市社会具有多元特征，城市是不同思想观念的交融点。城市也是个开放系统，市民的观念也更具有弹性和适应性。同时，城市市场经济发达，各个领域充满竞争，优胜劣汰、适者生存。这些对长期居住在农村的居民来说，都是必须面对的现实问题。农村居民要在城市的激烈竞争中获得良好的生存条件，就必须对传统的人生观、价值观做出改变。

3. 行为方式

农村居民市民化在生活方式与行为方式上的适应性调整，主要体现在五个方面：（1）生活方式由散漫性和无序性转变为有节奏性和条理性；（2）生产方式的季节观念转变为严格的工作时间观念；（3）以血缘、地缘为主的人际交往转变为以业缘为主的人际交往；（4）以面对面的直接交往为主转变为以间接的通信传媒信息沟通为主；（5）农业生产的固定性转变为职业角色的易变性。

4. 社会权利

长期以来，中国实行"城乡分治"政策，由此造成了"农村居民"与"城市居民"两个完全不同的权利群体。农村居民市民化的核心就是要在社会权利上实现平等。市民化的农村居民一方面要熟悉并严格遵守各种规范；另一方面要能够运用法律武器来维护自己的权利，争取与城市居民同等的社会权利。

5. 生活质量

提高农村居民生活质量是农村居民市民化的重要内容，也是农村居民市民化的根本目的。农村居民市民化的最终目标是打破农村与城市、农村居民与城市居民的差异,让农村居民真正享受城镇化、现代化所带来的幸福生活。因此,生活质量的提高不仅是农村居民市民化追求的根本目标,也是衡量农村居民市民化实现程度的重要标准。

6. 社会参与

社会参与度不仅能够反映出一个群体的关注点,在某种程度上也反映出社会群体所处的社会阶层。长期以来,农村居民一直被限制在有限的社会参与空间,缺乏一种有效的利益表达途径,反映出农村居民的社会地位没有得到应有的重视。农民市民化的另一项作用就是提升农村居民的社会地位。

总之,农村居民市民化是一项复杂的系统工程,既要解决思想观念、行为方式的问题,又要解决提高素质、保障社会权利的问题,还要解决提高生产生活质量和社会普遍参与的问题。如何根据城市发展的实际情况,将"农村居民"和"市民"类型化,并置于一个"传统—现代—后现代(traditional-modern-post modern continuum)"和"农村—城市(rural-urban continuum)"的连续体之中,这是今后社会发展工作中必须解决的关键问题和难点问题。

(二)主要矛盾

2018年,中国城镇化率达到了59.58%,过去十多年来一直按照年均1个百分点的速度推进。然而,如果按照世界通用的以福利水平为标准的考察结果,中国的城镇化率仅为34%,即中国十多年的城镇化率每年仅有0.3个百分点,有15个百分点是因为统计方式的改变而被动提高。[①] 由此,可测算出中国城镇化率实际上是被高估了,至少有2亿—3亿农村居民"被城镇化"了,这些"被城镇化"群体隐藏着一定的潜在矛盾。

1. 医疗保障的矛盾

按照中国现行的医疗保障体系,农村居民享受的是新型农村合作医疗保险制度,城镇居民享受的是城镇居民基本医疗保险制度。在农村居

[①] 孙自铎:《新型城镇化关键是农民市民化》,《安徽日报》2013年4月15日。

民转变为城镇居民之后，由于新型农村合作医疗保险的报销限制、农村居民参加职工基本医疗保险的比例不高，以及农村居民经济状况等原因，广大农村居民难以获得城市医院的医疗服务，患病后自费医疗的比例较高。农村居民进入城镇之后，大部分从事低薪高危的行业，职业安全防护差，患职业病的概率大和风险高，职业病防治形势十分严峻。近年来，农村居民职业病发病人数高达总发病人数的80%，农村居民群体性职业病事件不断出现。

2. 住房落户的矛盾

很多地区未将农村居民作为住房保障对象，公租房、廉租房、经济适用房等保障性住房基本不对外来农村居民开放，同时也缺乏针对农村居民特点的租房补贴和实物配租政策，导致农村居民住房保障水平较低，公积金缴存率也很低。农村居民住房支付能力弱，在城镇居住条件相对较差，很大一部分农村居民仍居住在陋屋（地下室、棚户区、工棚等），严重影响生活质量。同时，一些地方的户籍改革政策主要是针对本辖区的非农户口，但对跨行政区域的流动人口户籍还没有放开。还有一些地方的户籍制度改革没有触及福利制度，或者设置的门槛过高致使农村居民难以跨越。

3. 土地城镇化超越人口城镇化

城镇化中大量占用土地却没有促进人口城镇化，使得中国农村人多地少的矛盾更加突出。很多居住在城市的农村居民虽然已脱离农村的生产生活，却有一部分城市居民在农村建造住宅，这样形成了农村土地资源的浪费。这种不彻底的流动还留下一些特殊的社会问题，如中国农村数千万留守儿童问题、留守妇女问题、留守老人问题，还有大量的农村富余劳动力闲置问题，这些都是当前农村社会焦点问题。

三 农村居民市民化进程的制约因素

20世纪90年代以来，随着工业化和市场化的发展，大批农村劳动力向城市流动和转移，形成了蔚为壮观的"农民进城务工"的时代浪潮。目前，城市农民工已成为一个浩大的社会群体。根据国家统计局发布的

《2016年农民工监测调查报告》显示，2016年全国农民工总量达到28171万人[①]，已超过了传统的国有、集体产业工人8700万人的数量。但目前农村剩余劳动力仍有2亿多人。从实现中国工业化、现代化的目标看，加快农村剩余劳动力向城市转移，实现城镇人口比重大幅度提高，让更多的农村居民转变为城市居民，仍然是一个亟待研究解决的重大课题。

（一）思想观念的制约

长期以来，受"城乡对立、城乡分治"观念的影响，导致社会对农村居民进城就业、同城就医、城乡公共服务均等化的认识产生偏差，没有从战略高度认清农村居民市民化是城镇化发展的必然趋势。目前，对农村居民进城存在两方面的认识误区：（1）担心"城市病"问题。一旦农村居民进入城市生活，将会带来城市住房紧张，交通拥挤，社会治安恶化等问题；（2）担心挤占城市居民就业岗位问题。一旦农村居民进入城市生活，将会打破城市劳动力供求平衡，影响城市居民就业。城市居民对农村居民进城表现出矛盾心态：一方面是接纳的心态，因为进城农村居民是很好的廉价劳动力，可以分担城市居民不愿做而又离不开的工种；另一方面是拒绝的心态，进城农村居民加剧了城市劳动力市场的竞争，对城镇居民的工作和就业机会产生了一定程度的威胁。受上述观念的影响和制约，造成了城市居民对农村居民产生排斥感，城市居民对农村居民认同上的歧视表现在不能平等对待进城的农村居民，以及对进城的农村居民普遍缺少包容和尊重。

（二）城市发展水平的制约

农村居民市民化的进程与城市经济发展的速度、规模有着密切的内在联系，两者呈正相关关系。一般情况下，一个地区城市经济发展速度快、规模大，对劳动力的需求量就会大，该区域农村居民市民化的进程就相对较快。近年来，虽然中国城市经济发展的成就有目共睹，但相对于广大农村居民进城就业的需要来说，中国城市经济发展状况还远不能满足劳动力就业的需求。加上中国的就业问题具有经济增长和经济体制转轨时期的特

---

① 《2016年农民工监测调查报告》，2017年4月28日，中国政府网（http://www.gov.cn/xinwen/2017-04/28/content_5189509.htm#allContent）。

殊性，使经济增长与扩大就业的关系呈现出复杂的态势，经济增长难以适应就业的需求。

（三）政策制度的制约

城乡分治的户籍制度是影响农村居民市民化的一个核心问题。众所周知，户籍管理制度在控制城市人口过度膨胀，防止农村居民大规模涌入城市等方面发挥了积极的作用，但又极大地阻碍了农村居民市民化的进程。户籍制度人为地把城乡人口划为彼此分割且很难逾越的两大社会群体，把农村居民拒之于城市大门。即使是进城多年已改变了户籍身份的农村居民，仍然享受不到城市居民的社会保障，使其与生活在同一空间、工作在同一单位的城市居民存在着身份、地位、待遇上的差别。现行的农村土地制度对农村居民市民化也是一种明显的限制，为了确保农村社会的稳定，中国实行土地30年不变的承包政策，不允许土地买卖、转移，以土地套住农村居民，进城就业又得不到平等待遇，城市社会保障又很难全面覆盖进城工作和生活的农村居民，农村居民进城不得不"三思而后行"。

（四）信息闭塞的制约

提供及时有效的城市劳动力市场供求信息是确保农村居民向城市合理流动的基础要件。但由于农村信息相对闭塞，加之个体农村居民所处地位的局限性，很难得到及时可靠的城市劳动力市场供求信息，于是就出现盲目性流动的现象。从目前农村居民流向和流动的地区分布看，大部分是在本省范围内的城市流动，原因就在于农村居民得不到跨省流动的有效信息。跨省市流动群体，其信息的获取几乎都来自于亲戚、朋友和同乡等社会网络。根据广东省对农村居民求职途径的调查结果显示，通过老乡和亲戚朋友介绍求职的比例高达71%。这一比值在北京市的调查结果中为90%。由于信息的非充分性，致使农村居民难以获得城市劳动力供求情况，更难获得城市就业机会，特别是跨省就业的机会。

（五）综合素质的制约

农村居民的整体素质是农民市民化的重要条件，决定着由农村居民向市民转化的可能性。整体素质较高的农村居民，进入城市后容易获得较为充分的就业机会，拥有相对固定的职业和稳定的收入，更容易融入市民社会，短时间里能够得到市民认同。相关调查显示，目前进入城市工作和生活的农村居民，年龄一般低于劳动人口的平均水平，绝大部分集中在20—35岁之间，受教育的程度也高于农村平均水平。家庭经济状况一般在农村处于中上等水平，这一点也充分说明了农民的整体素质对进城就业乃至最终实现市民化的重要性。农村居民市民化进程相对较缓的主要障碍就在于中国农村居民的整体文化知识和能力素质水平不高、转移能力弱、进城后就业竞争力弱。农村居民的整体素质是确保其在城市安身立业的基础，这一点已被大量事实所证明。

四 云南省山地城镇建设中农村居民市民化成本测算

（一）关于农村居民市民化成本测算方法

目前，关于农村居民市民化成本测算的研究相对较少。现有文献资料主要侧重于定性研究，定量研究的成果相对不足。学术界关于这一问题的研究可以划分为三大类型：（1）个人发展成本。潘思吉（2011）对天津市新生代农村居民进行调查研究后，认为个人发展成本包括个人生活成本、住房成本、就业成本、社会保障成本及心理成本。（2）公共成本。申兵（2012）从政府和企业的角度对"十二五"期间宁波市农村居民市民化的成本进行了测算，采用子女义务教育、公共卫生和计划生育、就业扶持、权益维护、社会保障、住房条件改善共六项测算指标。测算得出宁波市农村居民市民化成本为年均1.35万元/人至2.55万元/人。甄延临等（2005）以甘肃天水为例对城镇化的经济成本均进行了测算，研究结果得出天水市城镇化的经济成本为年均4.27万元/人。（3）综合成本。张国胜（2009）把市民化的社会成本分为私人发展成本和公共发展成本，按区域划分为东部沿海地区和内陆地区，并把农村居民区分为第一代和第二代。在私人生活成本方面，选取人均用水量和人均用电量作为指标；在住房成本方面，采用更加接近于城市经济适用房平均成本的人均居住成本。研究结果显示，东部沿海地区第一代和第二代农村居民市民化的成本分别是年均9.78万元/人和年均8.63万元/人，内陆地区第一代和第二代农村居民市民化的成本分别为年均5.71万元/人和年均4.97万元/人。国务院发展研究中心课题组（2011）对重庆、武汉、合肥、郑州、东莞和嘉兴6个城市进行了调研，测算得出2010年农村居民市民化的政府公共支出成本为8万元/人。

（二）云南省农民市民化公共成本测算

1. 城市基础设施建设成本

城市基础设施（urban infrastructure）是城市生存和发展所必须具备的工程性基础设施和社会性基础设施的总称，也是城市为顺利进行各种经济活动和其他社会活动而建设各类设施的总称。具体包括四类：（1）能源设施，即电力、煤气、太阳能等设施；（2）供排水设施，即水源地、自来水厂、排水系统和污水处理等设施；（3）交通设施，即航空、铁路、公路等设施；（4）邮电通信设施，即固定电话、移动电话、互联网、广播电视等设施。鉴于数据收集的困难，本研究参考张国胜（2009）、周小刚（2010）、周向东（2009）等计算方法，将2007—2010年（2006年之前及2011年之后云南省城镇固定资产投资的统计口径发生了变化，下同）云南省固定资产投资的平均数、城镇人口固定资产投资的人均量作为农村居民市民化的人均城市基础设施投入成本，详见表4-1。

表4-1　　　云南省农村居民市民化城市基础设施建设成本

	2007	2008	2009	2010
云南省城镇固定资产投资 T_n（万元）	20209318	25486422	33800758	50526134
云南省城镇人口 P_n（万人）	1426.40	1499.20	1554.10	1601.80
云南省人均固定资产投资（元）	14168.06	17000.01	21749.41	31543.35
城镇人均固定资产投资（元/人）	21115.21			

数据来源：根据2008—2011年各年度《云南统计年鉴》整理计算得到。

根据表4-1数据可得：

$$C_1 = \frac{1}{4} \sum_{n=2007}^{2010} \left(\frac{T_n}{P_n} \right)$$

其中，T_n 为云南省城镇固定资产投资，P_n 为云南省城镇人口数，C_1 为云南省城市基础设施建设成本。计算得到 $C_1 = 21115.21$ 元，也就是说，云南省每转移一个农村居民进入到城市所需要投入的城镇固定资产投资为21115.21元。

2. 社会保障成本

社会保险是通过筹集各方资金或通过财政预算，对劳动者在面临风险时的社会保障。现行的社会保险主要包括社会养老保险、社会医疗保险、失业保险、工伤保险、生育保险五种。从实际情况出发，由政府承担的险种有社会养老保险、社会医疗保险和失业保险。其中，根据《云南省深化医药卫生体制改革工作报告》，城镇居民医保和新农合政府补助标准为每人每年280元，政府对城镇居民与农村居民的补助相同。

（1）基本养老保险

根据赵宝华（2012）的研究成果，2000年到2010年云南省在岗职工平均工资增长率为12.62%。测算过程中，将城镇企业在岗职工平均工资增长率固定为12%。假定云南省外出工作的某一名农村居民年龄为32岁（2010年），从2010年开始参加养老保险，每年按上一年度城镇在岗职工平均工资的8%缴纳养老保险，退休年龄为55岁，则在2032年退休。根据云南省人口2010年的平均寿命为69.5岁（从2011年统计年鉴中获得）来计算，该农村居民领取养老保险的年限是15年。假定一年期定期存款利率为$i=4\%$，对于当年缴纳的养老金均按一年期利率计算，个人账户总额计算按照《云南省企业职工基本养老保险条例实施办法》中的规定，即本年底个人账户累计储存额 = 上年底个人账户累计储存额 × (1+3.25%) + 个人账户本年记账金额 × (1+3.05% × 1.083 × 1/2)。

表4-2　云南省农村居民市民化个人缴纳的养老保险支出总额　　　单位：元

年份	城镇在岗职工月平均工资	每月缴纳养老金	年缴纳养老金总额	个人账户累计储存总额
2010	2514.75	201.18	2414.16	2454.03
2011	2816.52	225.32	2703.86	5282.31
2012	3154.50	252.36	3028.32	8532.32
2013	3533.04	282.64	3391.72	12257.36
2014	3957.01	316.56	3798.73	16517.19
2015	4431.85	354.55	4254.58	21378.85
2016	4963.67	397.09	4765.12	26917.48
2017	5559.31	444.74	5336.94	33217.38

续表

年份	城镇在岗职工月平均工资	每月缴纳养老金	年缴纳养老金总额	个人账户累计储存总额
2018	6226.43	498.11	5977.37	40373.03
2019	6973.60	557.89	6694.66	48490.39
2020	7810.43	624.83	7498.01	57688.17
2021	8747.68	699.81	8397.77	68099.51
2022	9797.41	783.79	9405.51	79873.59
2023	10973.09	877.85	10534.17	93177.64
2024	12289.87	983.19	11798.28	108199.05
2025	13764.65	1101.17	13214.06	125147.82
2026	15416.41	1233.31	14799.75	144259.30
2027	17266.38	1381.31	16575.72	165797.21
2028	19338.34	1547.07	18564.81	190057.04
2029	21658.94	1732.72	20792.58	217369.88
2030	24258.02	1940.64	23287.70	248106.71
2031	27168.97	2173.52	26082.21	282683.16
2032	30429.25	2434.34	29212.08	321564.90

个人账户缴纳总额 = 321564.90 元

根据表4-2可以得出，个人账户缴纳总额为 G = 321564.90 元；

个人账户总额折现为2010年的现值 $G_{2010} = G/(1+i)^{23} = 130467.35$ 元；

于是，测算出社会保障个人平均年支出额为 $C_{avg} = G_{2010}/23 = 5672.49$ 元；

到2032年该农村居民退休，2033年开始领取养老保险，直到2048年。根据《云南省企业职工基本养老保险条例实施办法》，月基本养老金 = 月基础养老金（从业人员退休的上年度云南省职工月平均工资×20%）+ 月个人账户养老金（个人账户储存额÷120），该农村居民领取养老保险的金额及折现值见表4-3。2033年个人收益总额为：

$$Y_{2033} = 1216111.56 - 321564.90 = 894546.66 \text{ 元}$$

2010年个人收益总额（现值）为：

$$Y_{2010} = Y_{2033}/(1+i)^{23} = 362941.14 \text{ 元}$$

平均每年养老保险公共支出成本为：

$$C_{eld} = Y_{2010}/23 = 15780.05 \text{ 元}$$

即每转移一个农村居民进入城市，政府需要支出的养老保险额为15780.05元/人（按2010年的金额计算）。

表4-3　　　　农村居民养老保险金领取额和折现值　　　　单位：元

年份	城镇在岗职工月平均工资	每月领取养老金	每年领取养老金	养老金收益折现（以2033年为基准）
2033	34080.76	8765.56	105186.72	105186.72
2034	38170.45	8765.56	105186.72	101141.08
2035	42750.91	8765.56	105186.72	97251.04
2036	47881.01	8765.56	105186.72	93515.93
2037	53626.74	8765.56	105186.72	89910.86
2038	60061.94	8765.56	105186.72	86456.02
2039	67269.38	8765.56	105186.72	83128.29
2040	75341.70	8765.56	105186.72	79935.19
2041	84382.71	8765.56	105186.72	76858.91
2042	94508.63	8765.56	105186.72	73902.89
2043	105849.67	8765.56	105186.72	71062.51
2044	118551.63	8765.56	105186.72	68325.25
2045	132777.82	8765.56	105186.72	65699.41
2046	148711.16	8765.56	105186.72	63172.55
2047	166556.50	8765.56	105186.72	60564.91
养老金收益总和			1577800.80	
养老金收益总和（折成2033年现值）				1216111.56

（2）失业保险

云南省农村居民在融入城市后，一旦失业，则应领取与城镇居民同等待遇的失业保险金。由表4-4可以看出，云南省失业保险支出在2007—2010年间增长了约3倍，失业金领取人数则相差不大，城镇登记的失业率基本维持在4%左右。将四年间的城镇登记失业率平均值来作为农村居民在城镇工作的失业率，以此计算云南省农村居民市民化的失业保险支出额为（C_{une}）501.64元。

表 4-4 云南省农村居民市民化的失业保险金支出成本

年份	失业金领取人数（万人）	失业金总支出（亿元）	城镇登记失业率（%）	人均失业保险支出额（元）
2007	4.28	2.08	4.18	4859.81
2008	3.70	2.54	4.20	6864.86
2009	3.48	5.42	4.30	15574.71
2010	3.21	6.50	4.20	20249.20
城镇登记失业的平均比率			4.22	
人均失业保险支出额（元）				11887.15
云南省农村居民市民化的人均失业保险支出额（元）				501.64

数据来源：2008—2011 年《云南省人力资源和社会保障事业发展统计公报》。

综合以上在社会保障方面对养老保险成本和失业保险成本的分析，云南省农村居民市民化的社会保障成本为：

$$C_2 = C_{eld} + C_{une} = 15780.05 + 501.64 = 16281.69 \text{ 元/人}$$

3. 随迁子女教育成本

随着云南省城镇化进程的加快，农村居民进入城市工作和生活的人数快速增加，其随迁子女也呈快速增长的趋势，在一定程度上增加了义务教育的经费支出，也增加了城区学校的基础教育投资（包含新建校舍经费、新增校舍的设备购置经费等）。在模型研究中，假定流入城市的农村居民子女在未来都能接受 9 年义务教育。

由于数据获取的困难，测算义务教育经费支出，采用加权平均值探讨义务教育人均经费支出城乡差距。1999 年，云南省城乡中小学人均经费之比为 3.1∶1，城乡中学和小学人均经费的绝对差额分别为 1809.6 元和 1016.1 元。按照可比价格折算成 2010 年的数额则为 1882.20 元和 1056.87 元（1999 年云南省的物价指数为 99.7，2010 年云南省的物价指数为 103.7），取其平均值为 1469.53 元/人。

在学校基础设施建设投入方面，单菁菁（2011）对全国及东、中、西部地区的建校规模及投入进行了深入研究，测算得出西部地区人均学校建设成本为 5014 元（2011 年价格），按照可比价格折合为 2010 年的价格（2011 年物价指数为 105.4）则为 4933.13 元。由以上两项合计即得出云南省农村居民随迁子女教育成本为：

$$C_3 = 1469.53 + 4933.13 = 6402.66 \text{ 元/人}$$

4. 保障性住房成本

按照 2012 年 3 月开始实施的《云南省公共租赁住房管理暂行办法》，将符合条件的在城镇有稳定职业 1 年以上的云南省籍农业转移人口纳入住房保障范围。假设在未来的农村居民市民化进程中，云南省启动的城镇保障性安居工程建设（主要包括廉租住房、经济适用住房、公共租赁住房等）把农村居民纳入其保障范围。根据国家和云南省的相关规定，政府的保障性住房成本主要有两部分构成：保障性住房的建设及改造成本、廉租房的租赁补贴成本。

（1）保障性住房建设成本

根据国家和云南省的有关政策规定，云南省的廉租住房、公共租赁住房建设资金由三部分组成：中央补助资金（其中廉租住房中央补助 500 元/平方米、迪庆藏区中央补助 800 元/平方米；公共租赁住房中央补助标准未明确）、省级配套补助资金（廉租住房、公共租赁住房补助 100 元/平方米）、州（市）、县（市、区）配套剩余部分。按照确定的人均住房建筑面积 13 平方米的基本保障线，以廉租住房为研究对象，可以推算出，政府在保障性住房建设方面所应承担的建设成本为：

$$C_{con} = (500 + 100) \times 13 = 7800 \text{ 元/人}$$

（2）廉租房租赁补贴成本

《云南省人民政府关于进一步加快保障性安居工程建设的实施意见》（云政发〔2009〕145 号）中规定"住房租赁月补贴标准参照当地平均市场租金以及城镇最低收入家庭住房支付能力确定"。按照这一规定，可以将云南省补贴标准划分为三个等级，即昆明市主城区的发放标准为 10—15 元/平方米，除昆明以外的各州（市）人民政府所在地及市场租金较高的县城按 7—12 元/平方米标准发放，其他县（市、区）按照 5—10 元/平方米标准发放。为了计算方便，取三个等级的平均值 11 元/平方米的标准来测算。因此，政府的廉租房补贴人均成本即为 $C_{sub} = 13 \times 11 \times 12 = 1716$ 元/人。

综合以上两个方面，云南省农村居民市民化政府应承担的保障性住房成本为：
$$C_4 = C_{con} + C_{sub} = 7800 + 1716 = 9516 元$$

5. 公共管理成本

公共管理成本是政府实施公共管理所支付的经济成本。在云南省推进城镇化进程中，农村居民融入企业、子女融入学校、家庭融入社区，增加了城市的公共管理投入。公共管理项目包含一般公共服务、公共安全、文化体育传媒、医疗卫生四个方面。冯铸（2011）研究得出，云南省的人均公共安全财政支出一直处于稳步上升的阶段，人均公共安全财政支出均高于西部地区的平均水平。由于城乡统计数据的不完全，以云南省的财政支出在农业农村发展支出比重作为云南省公共管理支出在农村的投入比，剩余部分则为城市公共管理的成本。通过计算，得出云南省农村居民市民化的公共管理成本（C_5）为2856.97元/人。

表4-5　　2007—2010年云南省农村居民市民化公共管理成本

	2007	2008	2009	2010
一般公共服务（万元）	1870110	2171232	2372188	2464983
公共安全	846056	1065126	1345625	1454196
文化体育与传媒（万元）	198391	279819	323772	355304
医疗卫生（万元）	771123	1045872	1512854	1837015
公共服务总成本（元）	3685680	4562049	5554439	6111498
城镇户籍人口（万人）	1426.4	1499.2	1554.1	1601.8
财政支农支出比重	0.11	0.12	0.14	0.14
公共服务年人均成本（元）	2856.97			

数据来源：2008—2011年各年度《云南统计年鉴》整理计算得到。其中财政支农支出比重参考徐侠《财政支出对城乡居民收入分配的影响研究——以云南省为例》，2009年。

综合上述分析，云南省农民市民化转型的经济成本模型为：
$$C_{pub} = C_1 + C_2 + C_3 + C_4 + C_5$$

测算得到云南省农民市民化人均经济成本为：
$$C_{pub} = 21115.21 + 16281.69 + 6402.66 + 9516 + 2856.97 = 56172.53 元$$

(三)云南省农村居民市民化个人成本测算

1. 城市生活成本

假设云南省农村居民在进城之前的消费水平为农村平均消费水平,进城后消费水平与市民的消费水平同等(事实上,农村居民由于消费倾向、消费的价值观等方面的原因与城市居民有着一定程度的差异,因此农村居民在城市生活的真实消费水平可能要低于城市居民的消费水平)。由表 4-6 计算可得,云南省农村居民在城市生活后应承担的个人生活成本(C_6)为每年6580.84 元。

表 4-6　　　　2007—2010 年云南省城乡居民人均消费支出差距　　　　单位:元

年份	城镇居民人均生活消费支出	农村居民人均生活消费支出	城乡居民人均消费支出差距
2007	7921.83	2637.18	5284.65
2008	9076.61	2990.61	6086.00
2009	10201.81	2924.85	7276.96
2010	11074.08	3398.33	7675.75
农村居民市民化后增加的年人均消费支出			6580.84

数据来源:根据 2008—2011 年各年度《云南统计年鉴》计算整理而得。

2. 社会保障个人支出成本

根据云南省出台的《关于调整城镇居民基本医疗保险个人缴费的通知》,从 2013 年 7 月 1 日起,云南省城镇居民基本医疗保险学生儿童(含大学生)和成年人个人承担部分统一为每人每年 70 元。2014 年新型农村合作医疗缴费按照每人 60 元的标准收取参加新型农村合作医疗,在农村居民转入城市后可自愿选择参加城镇居民医疗保险或新农合,但不能同时选择两种保险,假设农村居民进入城市后全部参加城镇居民医疗保险,则医疗保险成本增加为 10 元/人。养老保险个人支出成本参照表 4-2,则年均为 5672.49 元/人,故社会保障个人支出成本 C_7 为年均 5682.49 元/人。

3. 城市住房个人成本

2010 年底,云南省城镇居民人均住房建筑面积为 34.1 平方米。在计算住房成本时,使用面积=建筑面积/1.333,因此云南省城镇居民人均住房使用面积为 25.58 平方米。通过查阅《云南省统计年鉴 2011》得到云南省 2010 年商品住房现房的平均销售价格,以此代表云南省城镇居民购买商品住房的平均房价。2010年云南省住房的平均价格为商品房现房销售额除以商品房现房销售面积，得到云南省住房平均价格为2858.02元/平方米。因此，人均住房成本 $C_8 = 25.58 \times 2858.02 = 73108.15$ 元。

个人成本方面，占据大部分的是个人住房成本，除了少部分农村居民被纳入云南省城市保障性住房范围内，大部分的农村居民需要购房或租房，除去个人购房成本外，云南省农村居民市民化的个人成本为：

$$C_{pri} = C_6 + C_7 = 6580.84 + 5682.49 = 12263.33 \text{ 元/人}$$

（四）云南省农村居民市民化总成本测算

综合以上对云南省农村居民市民化的公共成本与个人成本的测算（见表4-7），若政府为所有市民化的农村居民提供保障性住房，那么每转移一个农村居民进入到城市，其短期所支出的公共成本为年均56172.53元/人（社会保障成本中的养老保险支出为长期）。个人如果不买房，则其变成市民后需要承担的成本为每年12263.33元/人。如果买房，则市民化的每个家庭需要支出的购房成本为20.9万元/户（按2010年云南省的城镇居民平均每户家庭人口为2.86人计算）。

表4-7　　　　　　　　云南省农村居民市民化总成本　　　　　　　　单位：元

公共成本					个人成本		
城市基础设施建设成本 C_1	社会保障成本 C_2	随迁子女教育成本 C_3	保障性住房成本 C_4	公共管理成本 C_5	城市生活成本 C_6	社会保障个人支出成本 C_7	城市住房个人成本 C_8
21115.21	16281.69	6402.66	9516	2856.97	6580.84	5682.49	73108.15

参考文献：

廖红丰：《农村居民市民化与农村居民收入的增加》，《安徽电气工程职业技术学院学报》2004年第12期。

刘易斯：《二元经济论》，北京经济学院出版社1989年版。

潘思吉：《基于社会成本视角的新生代农村居民市民化研究》，硕士学位论文，天津理工大学，2011年。

申兵：《"十二五"时期农村居民市民化成本测算及其分担机制构建——以跨省农村居民集中流入地区宁波市为案例》，《城市发展研究》2012年第1期。

张国胜：《基于社会成本考虑的农村居民市民化：一个转轨中发展大国的视角与政策选择》，《中国软科学》2009年第4期。

Becker G. S. , *The Economics of Discrimination*, Chicago: Chikago University of Press, 1957.

Gardner Bruce L. , *Economic Growth and Low Incomes in Agriculture*, American Journal of Agricultural Economics, Vol. 31, No. 5, 2012.

Mincer J. , *Family Migration Decision*, Journal of Political Economy, Vol. 33, 1986.

Northam R. M. , *Urban Geography*, New York: John Wiely & Sons Press, 1975.

Piore M. , *Dualism and Discontinuity in Industrial Societies*, Cambridge: Cambridge University Press, 1982.

Solinger D. , *Contesting Citizenship in Urban China Peasant Migrant: The State and theLogic of the Market*, California: University of California Press, 1999.

T. Dicken, *The Re-emergence of Segmented Labor Market Theory*, American Economic Review, Vol. 78, No. 11, 1988.

专题研究报告七

云南山地城镇建设中的综合灾害防治研究

众所周知,云南省域范围内地质环境十分脆弱,地震、泥石流、滑坡等自然灾害易发多发,严重影响着人们的生产生活。中共云南省委、云南省人民政府提出以山地城镇建设推动云南新型城镇化发展的思路,固然是一条符合云南省情的城镇化发展道路,然而面对云南省相对脆弱的地质环境,倘若处理不好山地城镇建设中综合灾害防治问题,山地城镇建设这一看似符合云南省情的城镇化战略将会面临巨大的潜在风险。

一 山地城镇建设面临复杂的地理环境

(一)云南省域范围内灾多面广的基本状况

从全国地质灾害分布来看,云南省是中国地质灾害危害最严重的省份之一。根据国家自然资源部(原国家国土资源部)发布的相关信息显示,云南省地质灾害频发地区主要分布在滇西横断山地带,该区域以高山、中山为主,涵盖澜沧江、怒江、金沙江等河流,地形切割强烈、活动断裂密集、常年降雨充沛,这些因素导致滇西横断山地带是泥石流、滑坡的高发区。最近几年,云南省内域范围内地震也十分频繁。根据云南省地震局相关数据显示,仅 2014 年云南省及周边地区共发生可定位 ML1.0 级以上的地震 20385 次,5.0—5.9 级地震 7 次,6.0—6.9 级地震 3 次。

1991 年至 2007 年,云南省崩塌、滑坡、泥石流共造成 2913 人死亡和失踪,平均每年有 146 人死于(或失踪于)地质灾害;17 年的时间里,平均每年因地质灾害造成直接经济损失高达5.09亿元；17年的时间里，云南因地质灾害死亡和失踪人数占全国因地质灾害死亡和失踪总人数的比例为13%，云南因地质灾害造成的直接经济损失占全国因地质灾害造成的直接经济损失的比例为4%。[1] 2010年至2014年，云南省平均每年因地质灾害死亡人数为93人，平均每年因地质灾害的直接经济损失达4.7亿元。

根据县域地质灾害调查资料显示，云南省129个县级行政单位都有地质灾害记录，在灾情严重的年份每年发生地质灾害3000余次，云南省因灾死亡人数和直接经济损失多年居全国第一。截至2016年，云南省有人居住区域已排查出来的安全隐患点高达2.56万处，约占全国安全隐患点总量的9%，云南省受地质安全隐患威胁的人口有241.94万人。[2]

随着经济社会快速发展，地质灾害也呈现高发、高位态势。根据地面调查和遥感解译资料显示，云南省记录在案的滑坡点有6012个、泥石流隐患点3349处、地面塌陷点245处、其他地质灾害点26处，已纳入实时监测的地质灾害隐患点共16171处，约占全国地质灾害隐患点总数的10%。[3]

（二）综合灾害的主要类型

从云南省地质灾害的类型来看，常见灾害类型主要是泥石流、滑坡、崩塌、地面沉降、地面塌陷、地裂缝、石漠化，滑坡和泥石流是云南地质灾害的主要灾种。

滑坡和泥石流成为云南省的主要灾害类型与云南省特殊的自然条件、地形地貌、气候因素息息相关。从地形地貌来看，云南省地处印度洋板块与亚欧板块碰撞带附近，地壳抬升幅度比较大、活动断裂也相对密集，不稳定岩土体分布广泛，导致区域内破坏性灾害频繁，脆弱的地质环境为滑坡和泥石流提供了条件。从气候条件来看，云南省的气候类型兼具季风气候、立体气候、低纬气候三重叠加的特点，旱雨两季分明。受地貌多样性

---

[1] 《资金困扰云南地质灾害防治——委员建议设立特大型地质灾害防治专项资金》，《云南政协报》2008年7月9日。

[2] 此部分数据根据《云南省地质灾害综合防治体系建设实施方案（2013—2020年）》整理得到。

[3] 此部分数据根据云南省人民政府颁布的《云南省综合防灾减灾规划（2016—2020年）》整理得到。

影响，雨季时节部分地区（诸如怒江州）暴雨频繁发生，地段性高强度降雨是激发滑坡和泥石流的主要自然因素。较高的人口密度加重了环境负荷，不合理的灌溉与排水对地形地貌的强烈扰动，这些社会因素在一定程度上也加剧了滑坡、泥石流发生的概率。

（三）云南省地质灾害的特点

1. 地质环境复杂脆弱，灾害防治压力大

云南地处六大水系[①]的上游，地质灾害点隐蔽性强、破坏性大。近三年来，云南省因地质灾害造成151人死亡失踪，造成直接经济损失近11亿元。由于地质环境的复杂性，给灾害防止带来一定的难度。

2. 地震频发，灾害隐患增多

云南省地处亚欧板块和印度洋板块的碰撞接合带，七级以上裂度区占云南省国土面积的84%，破坏性地震频发。根据地震部门预测，中国已进入新的地震活跃期，彝良、巧家、迪庆、永善、盈江等县份先后发生较强或较大地震，区域内山坡岩土结构不同程度受到扰动，地质完整性、稳定性受到了很大的影响。

3. 气候异常多变，灾害发生概率增大

2017年以来，云南省大部分地区累计降水量都超过100毫米，滇西、滇南边缘和滇中的局部地区均超过200毫米，较历史同期偏多40%—170%。预测后期出现连续降水、单点暴雨的可能性较大，滇东北、滇南和滇西部分地区地质灾害防范形势严峻。

二 山地城镇建设与综合灾害的矛盾所在

（一）山地城镇与综合灾害的关系

1. 由于历史因素，部分城镇驻地选址位于灾害易发区范围内，对城镇安全构成较大威胁

云南省域范围内山区居多，尤其是滇西北地区高山峡谷、地势陡峭，很难找到相对平坦的地区来建设城镇。位于山谷主河道两侧的平地因地势

---

① 云南地跨长江水系、珠江水系、元江水系、澜沧江水系、怒江水系和伊洛瓦底江水系等六大水系。

较为平坦，成为城镇驻地的首选用地，从而导致部分城镇在选址建设初期便位于灾害危险区范围内，遗留下严重的安全隐患。

针对云南省129个县级政府驻地统计分析显示，129个县级政府驻地中受到不同程度地质灾害的城镇有41个，占全省县级行政单元总量的1/3。1986年，碧江县城因滑坡难以治理而被撤销，耿马、元阳、镇康、西盟4个县城也都因为地质灾害而不得不搬迁。就现阶段县级行政机构驻地而言，德钦、绿春、维西、宁蒗、红河、梁河、东川、漾濞等县（区）受灾害威胁也十分严重，初步估算静态治理费用为10亿元以上。云南省1419个乡（镇）政府驻地中，有160多个乡（镇）政府驻地直接受到滑坡、泥石流的威胁或危害（其中危害较严重的乡镇高达79个）。另外，还有近5000个自然村（约30万农村人口）均受到不同程度的地质灾害的威胁。1965年，昆明市禄劝县发生的特大型滑坡（普福河烂泥沟特大崩塌型滑坡事件）掩埋5个村庄、造成444人死亡；1991年，昭通市盘河乡头寨沟村特大滑坡造成216人死亡，这是云南省两个非常典型的地质灾害案例。[①]

2. 随着城镇化提速，部分山地城镇由于拓展空间不足，城市建设向灾害危险地段延伸

就山地城镇建设而言，在建设初期因人口较少城市建设规模并不会太大，距灾害风险频发区也比较远，一般情况下不易受到灾害的侵袭（即使发生灾害，该地区一般都设置了安全区域）。随着城镇化进程的提速，各类涉及城市改造升级的工程活动（诸如市政工程建设、水利水电开发和矿产资源的勘测）日益强烈，早先城市的环境容量已很难满足人口、资源的聚集，城市逐渐向外部（即周边）寻求更广的拓展空间。由于城市扩容工程、工业矿产开发工程对地质环境带来一定的破坏，加重了地质灾害的频发。

对于云南省而言，由于地形、地质因素的限制，导致了区域内可建设利用的空间相对不足，部分城镇（尤其是滇西北地区）在城市拓展中不得

[①] 此部分引用了云南省人民政府办公厅颁布的《云南省地质灾害防治规划（2003—2020年）》的相关资料。

不向灾害相对危险的区域延伸。诸如，向陡坡地段后靠占用泥石流堆积扇和滑坡堆积体，向河边前靠占用河道两侧防护用地。此类超出环境自身承载力的城镇扩张对地质环境的强烈扰动，势必诱发出新一轮的灾害，从而对山地城镇建设造成较大影响。

3. 相对于城镇化发展而言，山地城镇建设的技术标准和规范体系建立相对滞后

山地城镇建设是一项系统、复杂的工程，建设过程中将要面临诸多不确定性因素（尤其是地质灾害类的不确定性），从而使得山地城镇建设需要专业的地质勘探、城市规划、建设单位联合推进，更需要建立一套山地城镇建设的技术标准和规范体系。一方面，中国对于山地城乡规划的标准体系尚未建立，当前的山地城镇概念、山地城镇界定、山地城镇建设标准均处于前期探索和理论研究层面，国家相关部门也并未出台有关山地城镇建设的标准和规范，这在一定程度上制约了山地城镇的发展。另一方面，从中国现行地质灾害防治标准规范来看，现行标准和规范是在平坝（平原）地区城市发展基础上制定出来的，对山地城镇地质灾害这一特殊类型缺乏指导性。

从学术研究层面来分析，现有的研究文献资料集中出现在2008—2017年期间，且研究成果对山地规划和地质灾害防治的论述相对较少，专业型研究机构也相对不足（诸如研究院、研究所、研究中心等），导致关于山地城镇研究资料获取比较困难，研究成果缺乏权威性。因此，相关技术标准规范和研究机构的缺失，加上前期研究资料和研究成果的不足，致使当前中国在山地城镇规划建设中缺乏科学合理的理论支撑和系统高效的技术指导。

（二）山地城镇建设与综合灾害防治存在的问题

1. 对灾害防治的整体认识不够深入

部分地方政府在山地城镇建设中对当地的灾害防治工作不够重视，灾害防治目标也不明确。地方政府对辖区内地质灾害情况缺乏全面了解，工作中缺乏预见性和主动性，被动处置灾情，防治任务和措施难以落到实处，严重影响了山地城镇建设的效果。

2. 抵御灾害的基础和能力十分薄弱

山地城镇建设过程中，防灾能力建设存在短板，防灾减灾基础性工程和非工程性措施建设依然滞后，抵御灾害能力十分薄弱。乡村建筑标准普遍偏低，因灾致贫、因灾返贫、小震大灾等问题十分突出；城镇建筑、基础设施抗震级别与面临的潜在灾害风险等级不相适应，应急避难场所不足。受地理环境条件限制，居住在地质灾害易发点的群众避让搬迁工作量大，地质灾害治理工程任务繁重。救灾物资投送、伤员转运能力建设亟待提升，专业人才队伍建设有待加强。"重救灾，轻减灾"思想较为普遍，群众防灾减灾意识、自救互救能力十分薄弱。

3. 科技水平和能力支撑不足

当前云南省灾害防治过程中，灾害风险评估、投入绩效评价、全过程灾害风险管理能力建设滞后。监测预警技术亟待加强，地震台网密度和监测能力偏低，大震危险源识别与探测能力不足。地质灾害专业监测预警科技水平相对滞后，专业监测与群测群防融合不够。

4. 统筹整合资源亟待加强

总体来看，云南省防灾减灾救灾体制机制与经济社会发展不相适应，应对自然灾害的综合性立法工作滞后。信息共享能力弱，互联互通、资源统筹与配置效率不高。政府、社会、公众协力参与的灾害现代治理机制和体系有待健全完善，引导社会力量参与防灾减灾救灾意识不足。

5. 缺乏多元化、多渠道的体制机制

目前，云南省地质灾害防治资金筹措渠道较为单一，多元化、多渠道的地质灾害防治投入机制尚未建立。资金问题已成为制约云南省地质灾害防治的首要因素，虽然云南省县、乡、村、组四级地质灾害群测群防网络基本建成，但在财政十分困难的情况下，运行效率并未达到预期。虽然省级政府要求将地质灾害的防治纳入各级政府的年初财政预算，但是真正能够将这一政策落到实处的地方政府却相对较少。根据2017年的调查显示，云南省只有红河、曲靖、昆明、玉溪几个经济条件稍好的地方将地质灾害防治资金纳入财政预算，投入的资金也只有100万元至300万元。而大多数地质灾害危害严重的地区，由于自身财力有限，导致地质灾害防止资金投入有限，使得其防治地质灾害的综合能力极弱。

6. 山地城镇建设前缺乏系统性前期研究

开展重大项目建设之前，应该开展地质灾害的勘测研究工作，掌握其现状和发展趋势，对灾害种类进行分类，系统研究防治措施，建立科学合理的防灾决策系统，降低地质灾害发生的可能性。山地城镇建设推进过程中，这一环节却受到忽视。

三　云南省山地城镇建设过程中综合防灾减灾面临形势

（一）山地城镇建设将面临严峻的灾情形势

未来一段时间，将是云南省城镇化的高速推进时期，伴随着山地城镇的建设，将面临严峻的灾情形势。按照《云南省综合防灾减灾规划（2016—2020年）》中的数据显示，新一轮强震活跃期还将持续5—10年，云南省发生强震乃至大震的可能性非常大。地质环境复杂脆弱，地质灾害隐患隐蔽性强，受自然因素变化与工程活动激发，地质灾害隐患点还将不断增加。总体而言，云南省自然灾害的突发性、异常性和复杂性有所增加。

（二）山地城镇建设对防灾减灾救灾提出了更高要求

随着云南省深度融入国家"一带一路"、长江经济带等重大发展战略，新的发展形势对防灾减灾救灾工作也提出了新要求。如期实现经济社会发展总体目标，迫切需要推进防灾减灾救灾体制机制改革，强化公共安全预警监管，健全公共安全体系，为人民群众编织全方位的公共安全网。

（三）防灾减灾救灾发展面临的重大机遇

国家高度重视防灾减灾救灾工作，对推进防灾减灾救灾体制机制改革工作进行了全面部署，在实施精准扶贫精准脱贫战略和新一轮西部大开发战略中，均对自然灾害严重的地区加大支持力度。中共云南省委第十次党员代表大会强调，要完善防灾减灾救灾体系，努力让各族群众享有更安全和谐的生活环境。同时，社会各界参与防灾减灾救灾的氛围日趋浓厚，云南省防灾减灾救灾事业将迎来历史性的发展机遇。

四　山地城镇建设过程中灾害防治的政策建议

建设山地城镇是云南省城镇化推进必须长期坚持的发展战略，也是一项宏伟的系统工程。山地城镇建设过程中各项工程的建设，必然会对地质环境造成一定的影响。尤其是对于地质情况复杂、灾害频发的地区，灾害防治显得尤为重要。尽管当前的防治措施已经有了很大的改善，防治效果也有了很大的成效。但应清楚地认识到，山地城镇建设不是一朝一夕的工作，而是长期推进的工程，针对山地城镇建设过程中的灾害防治不能只顾当前，而要注重长远。

(一) 更加注重生态环境的保护

山地城镇本身具有复杂的地形地貌和水体植被，这一条件决定了其生态环境的敏感性和不稳定性，倘若建设过程中不考虑生态环境的保护，就会使本来完好无损的自然生态系统遭到严重破坏。

坚持"在开发中保护，在保护中开发"的原则，通过对山地合理选址与科学规划，形成适应当地发展的产业结构和生产力布局，全面推行清洁生产和高原生态农业，缓解经济社会发展对生态环境带来的压力。按照"多规合一"的总体思路，山地城镇在前期规划时应协同住建、林业、国土、环保等部门明确基本农田范围、林业保护区划和城市建设用地范围。

云南省是公认的"植物王国"，山地城镇建设中应更加注意森林植被的保护。由传统的平地扩城转变为山地建城，不可避免会对建设区域内的森林植被造成一定程度的破坏，在山地城镇建设选址和规划编制时开展对森林植被破坏的第三方评估工作，对生态恢复提出详细的防范和补救方案，协调好人与人、人与自然、自然与自然的关系，最大限度的减轻城市建设对森林植被带来的伤害。

(二) 减轻不良地质灾害的影响

国家对城市建筑物都有严格的选址标准、使用期限和抗震等级，在地质灾害多发地带建设城镇，选址标准、使用期限和抗震等级应该更加严格，这样才能确保山地城镇建设的可靠性与可持续性。云南省大部分地区都属于自然生态条件脆弱的区域，随着山地城镇建设密度和开发强度的日益增大，自然植被和空旷地区逐渐减少，导致水土流失加剧，在地震、泥石流等外界因素的作用下，更容易诱发地质灾害。诸如，2012年9月7日在昭通市彝良县发生的5.7级地震，虽然震级并不大，然而由地震引发的山体滑坡和巨石滚落是此次人身安全和财产遭受严重损失的核心因素。因此，在山地城镇建设之前，应对所涉及区域做出详细的工程地质和水文地质评价，尽量避免选择对建筑物有潜在威胁的区域作为山地城镇用地。

(三) 重视防洪排洪基础设施工程

受地形地貌的限制，云南山地城镇建设很大一部分地区采用削峰填谷的策略。填平原有的沟壑将会改变原有的水系流向，在山地城镇建设中应特别注重削峰填谷对附近地区的影响。同时，山地城镇应该按照国家相关标准（或者高于国家规定的标准）进行建设，尤其是防洪设备、管线预埋、地下管道等基础工程。

(四) 预留应急避难场地和救灾通道

泥石流、滑坡、崩塌等灾害成灾突然，防灾避灾工作常常处于被动的局面。山地城镇建设中必须考虑山地的特殊性，预留应急避难场地和救灾通道显得尤为重要。云南省在山地城镇建设前期规划中，应按照一定比例预留广场、绿地、公园、空地作为应急避难场地，同时预留道路、便道作为救灾紧急通道，合理规划城市的广场、公园、空地、应急通道等避难场地和救灾通道。这些预留的应急避难场地和救灾通道在平时可作为城市公共空间，为人们提供健身、游玩、休闲、娱乐的场所，一旦遭受自然灾害时，这些预留空间能够转换为应急避难场地和救灾通道，为救助提供极大的便捷。

(五) 加强对山地城镇的灾害监测

山地城镇建设中由于对原有山地的改造（诸如削峰填谷、地下管网预埋、道路修建等工程），极有可能加速山地不良地质的作用，从而诱发泥石流、塌陷等地质灾害发生，对周围生态环境产生严重的影响。因此，在山地城镇建设过程中，应该根据地质条件与工程实际需要开展地质灾害动态监测，编制灾害预警方案，提前对山地城镇灾害的发生提出预警，面对灾情时能够从容有序应对。目前，云南省已经建立了地质环境监测总站，昆明、大理、曲靖、玉溪、楚雄、开远、景洪等7个地区也分别建立了二级地质环境监测站。下一阶段，应完善县、乡、村、监测人的四级群测群防网络。

参考文献：

曹春霞、杨乐：《重庆山地城镇规划建设中地质灾害防治的经验梳理》，《第二届山地城镇可持续发展专家论坛论文集》，重庆，2013年。

陈冬柏：《陕西城镇化建设与地质环境安全保障》，《陕西新型城镇化与可持续发展研究——2013年优秀论文集》，西安，2013年。

韩笑：《城镇化与地质灾害耦合关系研究》，博士学位论文，中国地质大学，2016年。

姜德文：《城镇化进程中的水土流失与生态环境新问题》，《中国水土保持》2014年第1期。

罗林勇、伦丽：《黔南城镇化建设中的气象灾害预警系统研制》，《云南地理环境研究》2012年第6期。

彭瑶玲、曹春霞：《中国山地城镇建设中地质灾害防治的规划对策与建议》，《山地城镇可持续发展专家论坛论文集》，中国建筑工业出版社2012年版。

孙瑾、缪旭明、薛建军：《新型城镇化进程中需加强气象灾害防御能力建设》，《中国应急管理》2014年第5期。

唐波：《城市化进程中的城市灾害分析及对策》，《城市与减灾》2014年第5期。

王付永、邓也：《城镇化建设须补齐"气象灾害防御"短板》，《四川日报》2013年12月4日第6版。

王继海：《城镇化建设灾害防治原则及技术》，硕士学位论文，长安大学，2014年。

徐嵩、曾坚、王鹤：《快速城镇化背景下山地城镇防灾规划研究》，《城市发展研究》2016年第5期。

闫水玉、孙梦琪、刘鸣：《基于灾害风险管理的山地城镇规划防灾方法研究》，《2016年中国城市规划年会论文集》，2016年。

杨大勇：《提升城镇抵御洪涝灾害能力的思考》，《中国防汛抗旱》2013年第2期。

杨向敏：《广西城镇化建设的自然灾害危险性研究》，《北方环境》2011年第9期。

殷跃平：《加强城镇化进程中地质灾害防治工作的思考》，《中国地质灾害与防治学报》2013年第4期。

张沅：《城镇化建设注意气象灾害防御》，《防灾博览》2014年第2期。

专题研究报告八

云南山地城镇建设中的特色文化城镇建设

中国社会结构转型主要体现在城市现代化发展方面，而城市的现代化发展又集中体现在城镇化动力结构转型，山地城镇建设作为云南省城镇化发展的一种全新模式，追求城镇建设的文化特色，探究"文化动力因"[①]，具体将在城镇软实力上展现。

一 特色文化城镇建设的背景和意义

文化是城镇发展的核心，也是一座城市生命和灵魂的象征。城镇是独特文化的凝结和积淀，也是文化的载体、容器和展示舞台。云南省是一个多民族的边疆省份，文化资源丰富、文化特色鲜明，中共云南省委、云南省人民政府早在1996年就提出"民族文化大省"发展战略，2008年进一步提出"民族文化强省"发展战略，云南省的文化资源已逐步由资源优势转变为品牌优势，文化的竞争力、影响力正在快速提升。打破传统城市建设与文化元素分离的格局，充分利用丰富的文化元素，不仅在塑造城市形

---

① 关于"文化动力因"之说，本研究借鉴张鸿雁老师所著的《城市形象与城市文化资本论——中外城市形象比较的社会学研究》一书中的论断，该书中指出"从现实的城市发展中可以看到，城市可持续发展的'动力因'既包括政治因素，也包括经济、社会和自然环境因素，同时还包括文化因素。与其他城市要素构成的'动力因素'相比较，'城市文化资本'所构成的城市发展的'文化动力因'，是城市人能动性的集中体现，在其特有的意义上，具有取之不尽、用之不竭的资源与'动力因'特色。这种'城市文化资本'随着市场经济关系的深化其意义越来越重要，其自身同时产生着无限的、与时俱增的价值与人文意义"。

象、提升城镇品位方面有着显著作用,对文化产业培育和发展也有更为深远的意义。

(一) 基于新型城镇化战略背景下城镇发展态势的研判

党的十八大提出"积极稳妥推进城镇化,走集约、智能、绿色和低碳的新型城镇化道路",国务院发布的《国家新型城镇化规划(2014—2020年)》更加具体地指明"以人为本"的城镇化发展思路。单纯就城市功能来看,首要目的是解决城镇区域内经济和物质的需求。从实际情况来看,传统城市建设却难以满足人们的精神需求。基于长远发展的考虑,如果不能协调好城市功能和现实需求的关系,功能城市的发展就会出现"畸形",产生城市文化的缺失感。

"没有文化的城市充其量是混凝土森林",这一说法形象地阐述了文化对于一个城市的重要性,一座城市的灵魂就是文化的蕴涵。对于城市规划而言,城市的基本功能是必不可少,对于更高一级的城市建设,文化与功能可以相提并论。因此,山地城镇建设过程中,应该将文化元素和城市建设深度融合,以此彰显城市的人文灵魂。

(二) 基于云南山地城镇建设的必然选择

1. 特色文化城镇是山地城镇发展的必然阶段

在城镇发展历程中,特色文化城镇在经济社会的历史演变中逐渐形成,城镇建筑与自然、社会、民俗、经济有机地融合到一起,熔铸出风格多样的城镇典范。诸如享誉中外"建筑之都"罗马的雄奇和"艺术之都"佛罗伦萨的华美,均体现了在不同社会、经济、文化背景下城市建设的差异与特色。

城市文化特色来源于城市的基础元素和历史底蕴,来源于城市的地理环境与人文环境,来源于城市居民的精神风貌和道德风尚。无论是基于城市物质层面的社区环境、公共设施、各类建筑,还是基于城市文化层面的价值标准、思想意识、风俗习惯,均对当地居民产生一定的影响。对于云南省而言,25个世居少数民族长达上百年的生活习性,在民族民俗文化的熏陶之下,经过代际相传、耳濡目染,逐渐形成了特有的情感模式、思维习惯、行为规范、价值观念。围绕"以人为本"的城镇化总体要求,云南省山地城镇建设应该考虑民族民俗文化这一特殊性，将城镇建设与地方特色文化有机结合起来推动城镇化健康发展。

2. 特色文化城镇是功能城市的升级

功能城市作为城市最基本形态，在城镇化进程中必然存在。并且在城镇化进程中发挥着重要作用。城市的兴起、发展、演进和繁荣的各个阶段，功能城市都发挥着巨大推动作用。

单纯的功能城市可以解决城市的经济和物质需求，却无法满足精神需求。文化的存在显得尤为重要，文化可以在不同时间、不同空间和不同群体之间产生影响，正是由于文化元素的存在才使得城市之间存在着很大的差别。诸如西安的历史文化、拉萨的宗教文化、延安的红色文化。就云南省来看，民族文化是特色。25个世居少数民族均有自己的民族文化，山地城镇不能按照传统的功能城市来建设，应该由功能城市向特色文化城市转变，以传统民族建筑风格为核心，融合地方文化元素，形成"各具特色"的城市发展风貌。

3. 特色文化城镇建设是"美丽云南"的内在要求

国内外实践表明，城镇化是经济社会发展走向更高阶层现代化的必由之路。地域文化和民族文化在塑造城市形象过程中效果十分显著。党的十八大报告提出"要建设传统文化传承体系，弘扬中华优秀传统农耕文化，繁荣发展少数民族文化事业"，进一步强调了文化在经济、社会发展中的作用。

云南是中国少数民族种类最多的省份，同时它也是中国国境线较长的省份之一。在云南构建特色文化城镇体系，应该充分挖掘、保护、抢救、传承、创新绚烂多彩的文化资源，大力弘扬优秀传统民族文化，使之成为建设生态良好、环境友好、景观优美的"美丽云南"的基础。

二 云南省城镇化发展对文化的强约束

丰富多彩的文化形成各具特色的城市个性，城市发展的理想状况是每座城市都拥有与众不同的景观、形象、气质、灵魂。从文化的角度来看，一座城市的魅力和底蕴离不开丰富的文化内涵，历史长河展现出来的是一座城市历经沧桑事变后所积淀的深厚气质。纵观云南省16个市（州）129个县（县级市、区），核心城市概貌都千篇一律，高楼、大厦、公园、广场的相似度都很高，8个民族自治州和29个民族自治县的城市建设也在逐步被现代建筑所取代，究竟是哪些因素对当前云南城镇建设中文化元素的消退造成了强约束？

（一）城市发展的历史文脉被割裂

城市的根基和魂魄离不开文脉的发展传承。文脉是城市潜在竞争力和文化软实力的核心，也是一座城市深层价值、气质和魅力的源泉。走进历史名城，瞬间受到冲击的是城市的气息，即使这座城市只有残垣断壁，它也会在残存的碎片中刻下城市发展的记忆，折射出城市在历史变迁中的风云际会。诸如，北京城的古城墙、西安的大雁塔，当走进这些城市，就像是在历史的长河中荡漾，那段刻骨铭心的历史将历历在目。这些古建筑见证了历史的发展，它们就是历史存在的证据。

云南省在近十年的城市建设中，不仅没有加大对历史文脉和特色文化的保护，反而在城市建设中采用了大拆大建的开发方式推进城市建设，这种粗放的城市规模扩张方式对云南省的历史文化造成了毁灭性打击。尤其是在20世纪中叶昆明市拆除城墙、填平护城河等举动，80年代昆明拆除金碧路、五成路等原有建筑，这些措施使得昆明市古城的韵味和风貌消失。许多具有地域文化特色的传统民居也在城镇化进程中被摧毁，城市空间的破坏、历史文脉的割裂、文化传承的断层，最终导致城市记忆的消失。

（二）城市原有的依山傍水的空间格局被破坏

在中国传统文化中曾有"天人合一"的说法，用现在的思维方式可以理解为人与自然的和谐相融。自古以来，中国传统文化将山水相连的地区称之为风水宝地，并伴有大江河、大湖泊、大平原或大坝子，古建筑都是傍山而建、临水而居。一直以来，云南省给全世界的印象都是"青山绿水、城在山水中、山水在城中"的空间结构。伴随着经济社会的快速发展，城市发展逐渐与山水环境割裂。在城市建设规划设计方案中，以经济利益为导向的推动下，强硬地将城市核心地带与周边地区组合在一起，严重地破坏了自然生态。尤其是 1950 年至 1980 年，云南省大规模地利用围湖造田、埋河建路、破山毁林等方式来拓展城市空间，使得依山傍水的自然风景不复存在。

（三）城市自然生态遭受严重的破坏

改革开放 40 多年来，云南省经济社会发生了翻天覆地的变化，经济总量由 1978 年的 69.05 亿元提高到 2018 年的 17881.12 亿元，40 多年来增长了 259 倍。然而，经济高速发展的同时，云南省的生态环境也承受着巨大的压力，九大高原湖泊不同程度地遭受着污染排放的侵蚀、泥石流和石漠化在云南省山区愈演愈烈、乱砍滥伐现象时时发生，经济快速发展给云南省的生态环境带来了威胁。在昆明本地居民眼中，形成于 7000 多万年前的滇池不仅仅是一个湖泊、一道自然风景，更是昆明市的人文之湖，承载着滇池流域人类发展的历史文化。长期以来，滇池并没有受到它应有的尊重，在昆明城镇化推进过程中，曾多次对滇池进行围湖造田、泄水得田，致使著名的水乡泽国一去不复返。特别是 20 世纪中期，因大修水利而挖掘西山石料导致滇池湖面和水体迅速变小，大面积森林乱砍滥伐而引起滇池水系干涸，流域内生产生活污水排放量超标导致滇池水质越来越差，这些不合理的开发方式对滇池流域生态系统造成了严重的伤害。

（四）城市街区和建筑风格的个性逐步消失

如果把城市比喻为有血有肉的个体生物，那么空间形态就可以形象地比喻为城市的骨架，街区和建筑就是城市的血肉。云南省各个地方的建筑都具有地方独特的文化内涵和底蕴，例如大理崇圣寺三塔、昆明金马碧鸡坊、巍山古城等一些古老且具有地方特色的建筑，都已经成为城市历史文化的灵魂。根据历史的记载，云南省各个城市在一百多年以前都拥有非常完整的中式古典建筑、俄式建筑、法式建筑、越式建筑，现在却看不到一个拥有完整古代建筑的城市，矗立的都是与全国其他城市一样的高楼大厦，原本独具特色的建筑风格消声匿迹，城镇化的推进正面临严重的城市特色化与个性化消失的危机，"千城一面"问题非常突出。

三 云南特色文化城镇建设的基本思路

国内外经验表明，城市发展与文化底蕴有着紧密的联系，城市的特色因文化而灵动、城市的精神因文化而彰显、城市的形象因文化而展现、城市的风气因文化而形成、城市的实力因文化而倍增。尤其是在当代经济全球化和区域一体化战略背景下，一座城市要彰显竞争优势，不仅仅要在经济建设上下功夫，更重要的是在思想文化方面有所突破。

(一) 深化特色文化城镇建设的四大理念

特色文化城镇对于文化城市来说是一个比较大的飞跃，特色文化城镇的建设不仅仅是从功能城市向文化城市的转变，更是思想意识、品质追求的具体体现。因此，云南省城市建设应该体现丰富的文化元素，通过科学定位、健全规划、合理拓展、打造特质四大理念，构筑"山水田园一幅画，城镇村落一体化"的美丽云南。

1. 科学定位是前提

城市定位是城市发展的坐标，决定着城市发展的方向。2018年，云南省常住人口城镇化率（47.81%）低于全国平均水平（59.58%）11.77个百分点。城镇化发展的缓慢在一定程度上构成了阻碍云南省经济社会快速发展的因素。基于这一事实，中共云南省委、云南省人民政府提出"做强城市群、做优中小城市、做特小镇、做美乡村"的战略，对新时期云南省城镇发展提出了新要求，也在宏观层面要求云南省城镇化必须走科学发展的道路。

2. 健全规划是龙头

规划是城市发展的前提，现代城市发展不仅体现在规模扩张方面，更体现在功能提升方面。特色城市在规划编制和修编过程中，应该注重统筹当前建设与长远发展、整体开发与区域发展、基础设施与生态环保、产业集聚与园区拓展，确保规划的高起点、高水平、高质量。对于云南省特色文化城镇的建设，应该按照特色城镇化的总体要求启动省、市（州）、县、乡、村五级特色城镇规划的编制，建立城乡规划一套图的审批制度，实现城乡规划、主体功能区规划、土地利用规划、产业发展规划、生态保护规划的有机衔接。

3. 合理拓展是基础

如何加快城镇化建设，推进农业人口城镇化转移是云南省城镇化发展面临的主要难题。相关研究显示，通过城区扩展的方式吸纳和转移农村人口，在今后相当长的时间里将是加快农村人口向城镇转移最直接和最有效的方式。就云南省特色文化城镇建设空间拓展而言，重点是把历史、文化资源遗留城中，对城镇人口流量详细测算，对商业投资进行科学评估，确保城镇拓展循序渐进地推进，尽量避免"空城""鬼城"现象发生。

4. 打造特质是核心

城市发展是空间扩张的过程，这个过程不仅是城镇人口的高度集聚，同时也包括城市品质打造和精神文明提升。围绕特色新型城镇化道路，推进山地城镇建设，必然带来基础设施投入成本的增加，通过调整耕地占补平衡政策、减免山地使用费用等措施，提高山地利用的比重。同时，注重山地城镇的安全性能和人居环境，充分利用自然山势和水系，形成高效的城市供排水系统，避免山地城镇建设过程中的大规模开挖。

（二）借鉴五大特色文化城镇建设模式

1. 彝人古镇：特色城镇的文化活力

（1）发展背景

楚雄彝族自治州地处"彝族文化大走廊"的中心，是滇西旅游黄金线上的核心门户，具有一州连三市的区位优势，也是中国两个彝族自治州之一。楚雄彝族自治州拥有50多个彝族支系，彝族文化风采绚烂。区域内山川秀美、物产丰盈、旅游资源丰富多彩。然而，迄今为止，在楚雄彝族自治州内尚未形成一个规模化、有影响力的彝族文化载体。这一缺憾不仅造成了民族文化资源的浪费，在一定程度上也制约了区域内社会经济的健康发展。

基于上述认识，中共楚雄州委、州人民政府以开发彝族文化产业作为发展切入点，把民族文化、建筑文化、旅游文化相结合，开发建设集民族性、地域性、时代性为一体的地方文化精品项目——彝人古镇。

（2）文化元素

彝族具有自己的文字、历法和独特传统文化，文化资源十分丰富。彝族的语言和文字种类有十余种之多，用彝族文字写下的文献涉及政治、经济、宗教、天文、历法、历史、地理、医学、艺术等学科。彝文化中的十月太阳历、虎宇宙观、万物雌雄观、尊左尚黑、火崇拜、毕摩画、毕摩经、史诗《梅葛》等元素对人类科学史、思维史产生过重大影响。

彝族的50多个支系中，每个支系的建筑、宗教、服饰、歌舞、风俗文化均十分独特，为了让滇西黄金旅游线上的游客领略到彝族文化的精粹魅力，打造一个展示彝文化的平台极其重要。楚雄州委、州人民政府策划，在楚雄经济技术开发区永安大道以北、龙川江以东、太阳历公园以西、楚大高速公路以南的"德江城"旧址上建设彝人古镇。

（3）特色城镇

彝人古镇坐北朝南，不远处是青山叠翠，临近便是滚滚东去的龙川江，小镇的水系贯通循环，通达到区域内每条小街小道。小镇的建筑一律为彝族风格，不同样式的围合都是白墙青瓦。加之古镇以创新的思维进行开发，设计了"一颗印"式的四合院彝族古典民居。彝人古镇的区位优势以及古典建筑和浓郁的彝族风情优势，使之成为适宜人居的地方。

彝人古镇的特色文化主要包含六方面：①水源广场，美好的景观布局也是生动的水文化展示平台；②梅葛广场，通过雕刻汉砖再现创世史诗《梅葛》的精要；③桃花溪，古镇的主水体与本土历史人物雕塑形成人文与自然景观的有机结合；④火塘会，传承彝族火文化，彝族群众歌咏跳舞的场所；⑤望江楼，宋代德江城及今之古镇的标志性建筑，古镇建筑文化的代表；⑥古戏台、德运广场、咪依噜广场，集萃了楚雄彝族的民俗、歌舞古乐、动人传说，以及彝人的历史变迁、世事沧桑。

2. 大理古城：寻求历史的溯源

（1）历史溯源

在漫长的历史岁月中，大理曾有着显赫的地位和作用。秦、汉之际，大理曾是"蜀身毒道"（从四川成都，经云南大理、保山进入缅甸，再通往印度）的必经之地，这条通道对中国与南亚东南亚经济文化交流有着重要的作用。

大理地区是云南省最早的文化发祥地之一。据考古发掘，新石器时代遗址广泛分布在以洱海为中心的高原湖泊群周围。白族、彝族等少数民族的早期居民在大理区域内种植水稻、驯养家畜和从事采集渔猎等活动，创造了大理地区的远古文明。汉元封年间（公元前110—公元前105），汉王朝在大理地区设置了叶榆、云南、邪龙、比苏4县，属益州郡管辖，从此大理地区正式纳入汉王朝版图。东汉时期，大理地区属永昌郡；蜀汉时期，大理分属永昌、云南两郡；晋朝时期，大理分属宁州的永昌、云南两郡；宋王朝时期，大理分属宁州的云南郡、东河阳郡、西河阳郡；南齐时期，大理分属宁州的云南郡、东河阳郡、西河阳郡、永昌郡；唐武德四年（公元621），洱海地区置有"八州十七县"；麟德元年（公元664），洱海地区改属姚州都督府。8世纪30年代，洱海地区"六诏"中的南诏，在唐朝的支持下，合六诏为一体，统一了洱海地区，建立了南诏国。唐昭宗天复二年（公元902），南诏权臣郑买嗣发动宫廷政变，建立了大长和国，南诏亡。后唐天成二年（公元927），又先后建立了大天兴国和大义宁国。后晋天福二年（公元937），通海节度使段思平联合滇东三十七部，进军大理，推翻了大义宁国，建立了大理国。南宋宝祐元年（公元1253），元世祖忽必烈率大军灭大理国，建立云南行省。南诏、大理国在唐宋时期存达500余年，使云南省形成了一个稳定的政治统一体。元朝时期，云南省政治中心东移昆明，并在大理地区设立了上下二万户府。至元十一年（1274），改设路、府、州、县，大理地区分属大理路、鹤庆路、威楚路和云龙甸军民府。明朝时期，大理地区分属大理府、鹤庆府、蒙化府、永昌府、楚雄府。清朝时期，大理地区分属大理府、丽江府、永昌府、蒙化直隶厅。

（2）文化元素

文物古迹。大理历史悠久，文物古迹众多，大理市现已确定不同级别的重点文物保护单位50处。明洪武十五年（1382年）修建并完整保留至今的大理古城，成为当地历史文化的主要载体。国家级重点文物保护单位崇圣寺三塔、太和城遗址（含南诏德化碑）、元世祖平云南碑、苍山神祠、佛图寺塔、喜洲白族民居建筑群等文物古迹，纵贯了唐（南诏）、宋（大理国）、元、明、清及民国等各个历史时期。

民族文化。大理白族自治州是一个以白族为主的多民族聚集地区，区域内居住有彝、回、傈僳、苗、汉等民族。各个民族都有自己独特的风俗民情，多姿多彩的民族婚礼、一驮谷子换一驮梨的古朴交易、简朴的回族葬礼共同组成了特有的民族风俗"大观园"。

(3) 文化名城

大理文化是中原文化、藏传文化、东南亚文化及当地民族民俗文化融合的产物，也是中华文化链中一个重要的组成部分。白族居民从服饰、住居、婚嫁、信仰、习俗以及庆典节日都充满着独特的民族情趣，这些浓郁的民族风情，增添了古城的历史文化氛围。

3. 沙甸寺庙：宗教文化的聚集区

(1) 基本情况

沙甸是滇南著名的回族聚居区，位于红河哈尼族彝族自治州个旧、开远、蒙自三市（县）的交界处。沙甸地理环境优越，交通便利。昆（明）—河（口）二级公路、蒙（自）—宝（秀）铁路穿境而过，距鸡（街）—石（屏）高速公路、泛亚铁路仅1000米。沙甸总面积27.5平方千米，2018年共有家庭4280户和1.35万人口，区域内回族居民占区域内总人口的90%。

(2) 文化元素

沙甸是一个历史文化悠久、宗教信仰虔诚的回族聚居地。沙甸自元朝形成至今已有700多年历史，居住在这里的回族先民来自元末咸阳王赛典赤·赡思丁家族及明初征滇大将沐英、常遇春部属，多数出身伊斯兰世家。沙甸的宗教文化特别浓厚，区域内有沙甸区大清真寺、沙甸区金鸡寨清真寺、沙甸区凤尾村清真寺、沙甸区白房子清真寺、沙甸区川方寨清真寺、沙甸区莲花塘清真寺、沙甸区水碾修清真寺、沙甸区老鸡街清真寺等十多座清真寺供当地回民做礼拜。其中，最大的清真寺为沙甸区大清真寺，不仅是中国西南最大的清真寺，也是全国百座著名清真寺之一。沙甸大清真寺占地面积约为90亩，总建筑面积17708平方米，其中大殿建筑面积14251平方米，工程主体采用框架结构，屋面为网架结构，7度抗震设防，具有伊斯兰特色的4个宣礼塔建筑面积为2496平方米，宣礼塔为筒体结构，塔顶总高为93米。沙甸大清真寺建筑典雅气派，当地回民生活丰富,对伊斯兰教教义虔诚恪守,宗教礼仪氛围浓郁,民风民俗独具伊斯兰特色。沙甸大清真寺的礼拜殿建筑面积17700平方米,可容纳10000人同时做礼拜。

(3) 文化名镇

"中国·沙甸回族文化旅游名镇"的建设进一步提高了沙甸文化在全国的影响。结合沙甸实际,依托优越的区位和独特的民族文化等资源优势,打造"中国·沙甸回族文化旅游名镇"。

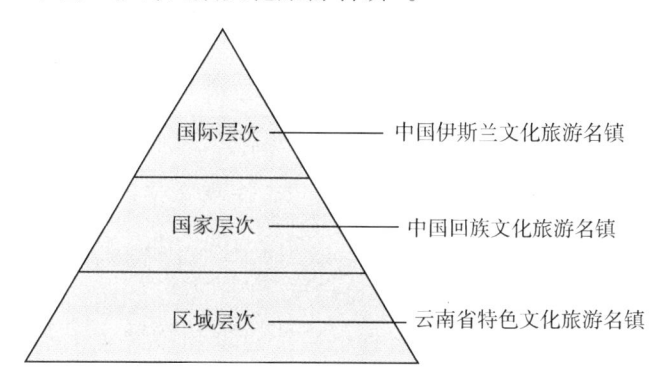

国际层次 —— 中国伊斯兰文化旅游名镇
国家层次 —— 中国回族文化旅游名镇
区域层次 —— 云南省特色文化旅游名镇

图8-1 沙甸旅游文化三大层级

目前,沙甸创建"中国·沙甸回族文化旅游名镇"的发展战略正在全面推进实施,一个知名度和影响力都在不断提升的回族文化旅游名镇正在中国西南崛起。在创建"中国·沙甸回族文化旅游名镇"的实践中,沙甸的城镇建设飞速发展,特别是城镇基础设施得到升级。

4. 和顺小镇:旅游文化城镇

(1) 基本情况

和顺镇位于腾冲市西南4千米处,全镇国土面积17.4平方千米。明代洪武年间,和顺的先民从四川、南京、湖广等地奉命至此屯垦戍边,世代生息繁衍,距今已有600年的历史。古名"阳温墩",有不冷不热之意。由于小河绕村而过,故改名"河顺",清雅化为"和顺"。和顺交通便利,东与腾越镇相邻,南与荷花乡接壤,西接中和乡,北和腾越镇、中和乡毗连。四周群山环抱,中部为马蹄形盆地,境内最高海拔老龟坡1847米,最低海拔吸水洞1563米,地势东高西低,属北亚热带气候。

(2) 文化元素

和顺镇是一座有着600年历史的古镇。这座始建于明朝的汉族古镇，传统民居多达1000多座，其中清代民居有100多座，被誉为中国古代建筑的活化石。和顺镇内建筑风格有"三坊一照壁"、"四合院"、"四合五天井"等，在小镇的既可以领略到徽派建筑粉墙黛瓦的神韵，也可以见到西方建筑的元素。同时，和顺镇还是中国汉文化与东南亚文化交融的窗口、西南丝绸古道上最大的侨乡，小镇内拥有中国最大的乡村图书馆。

(3) 和顺模式

和顺镇是一个有着辉煌历史的小镇，曾获得"中国十大魅力名镇"称号，入选中国十大最美丽村镇和国家4A级景区、国家文化产业示范基地。"和顺模式"是社会对和顺镇"保护风貌，浮现文化，适度配套，和谐发展"的开发思路的简称。"和顺模式"的特点是尊重、保护原有遗存，最大限度地把文化品位和文化价值凸显出来。

和顺小镇为什么会成为云南省小城镇建设和旅游文化产业发展的典范？首先，和顺小镇自身具备七大优势，地理位置优势（面向东南亚的第一镇），自然环境优势（火山环抱的休闲胜地），生存多样性优势（亦商亦侨亦农亦儒的生存方式），多元文化并存优势（汉文化与东南亚文化交融的窗口），历史底蕴优势（西南丝绸古道上最大的侨乡），自然和谐优势（6000多村民和谐生活的古镇景区），人文素质优势（和顺人具有勇敢无畏的精神、敢于开拓挑战的气质、包容开放的意识、吐故纳新的观念和变通灵活的立身处世原则）。其次，和谐是"和顺模式"的主旋律。小镇在整个开发过程中，通过挖掘、整理、发扬和顺文化，做到了历史与现代的和谐、自然与艺术的和谐、保护风貌与浮现文化的和谐、村民与企业的和谐。

5. 丽江酒吧：绽放时尚的活力

(1) 产生背景

改革开放以来，伴随着经济快速发展和人民生活水平的提高，中国景区的外国游客数量大幅增长，都市的休闲活动中又出现了新的元素，即酒吧。酒吧作为一种西方人喜爱的交流场所，成为中外文化交流最适合的地方。从 20 世纪 80 年代酒吧进入中国，人们对酒吧的接触增多，越来越多的中国人喜欢上了酒吧这种交流场所，酒吧文化也随之诞生。

与此同时，人们对旅游的追求已由观光型向休闲度假型转变。云南作为中国旅游资源富集的省份之一，酒吧文化很快被当地旅游所吸收，尤其是在丽江古城。

（2）文化元素

1997 年，丽江古城被列入世界文化遗产名录，旅游吸引力日渐增强。不少外来游客来到丽江后，喜欢上了丽江幽静、慵懒的生活，于是就在丽江古城开起了小茶吧。之后，小茶吧演变成了小酒吧。随着丽江知名度和美誉度不断提高，到丽江旅游的游客逐年攀升，丽江酒吧也逐渐发展为一大特色产业。

2002 年后，丽江古城内酒吧业不断扩张，特别是在环境清幽的新华街，临河而筑、傍水而开的酒吧逐渐形成了规模，发展为今天的酒吧一条街。除酒吧一条街上的大酒吧①以外，还有很多小酒吧②散落在丽江古城各处。酒吧规模化发展体现了"虚无"的扩张，在扩张的过程中又不断增添本地元素。目前，丽江酒吧一条街已经成为古城内的一大特色，诠释着丽江古城时尚的现代旅游文化。

四 云南省特色文化城镇建设的思考

用特有的文化意识来指导城市发展，不仅是用一种尊重历史的态度来发展城市，更是以一种历史的责任来维护城市的发展。因此，山地城镇建设过程中，应该深入挖掘文化优势、培育文化气质、突出文化特色、打造文化品牌、充实城市文化灵魂、提升城市文化品质，进一步增强城市综合竞争力。

（一）研究历史传统，挖掘民族底蕴

文化作为一座城市的内核，不仅是城市的象征，也是一座城市有别于其他城市的亮点。不同城市由于地域风情、民俗文化和文明程度的不

---

① 所谓的"大酒吧"，就是指丽江古城酒吧一条街上的酒吧。
② 所谓的"小酒吧"，就是指丽江古城内不在酒吧一条街上的酒吧。

同存在着很大的差异，看似相同的城市由于长期以来生产生活的差异导致城市文化内涵也有着较大的不同。建设特色文化城镇，就是在城镇化发展中去同求异，发掘城镇文化中的独特因素，彰显本土城市文化的个性。

云南省域范围内，有众多历史文化名城、名街、名村，也有丰富的历史名人、历史古迹、文化遗产，还有许多的民俗文化、民族文化，这些历史文化、传统文化、民俗文化和民族文化都能够增添云南城镇建设的魅力。因此，在云南特色文化城镇建设中，既要保护好历史文化遗产，又要结合城镇的人文风情特征，从城市社会、经济、文化、生态等各方面统筹考虑，培育和打造城市特有的人文风貌和城市精神。

（二）改善发展环境，提升文化品位

城镇建设不是简单的钢筋水泥建筑体的组合，应该属于人类文明历史轨迹的一部分，具有继承文化历史、体现自身特色的文化内涵。文化品位是打造城市品牌的重要指标，城市品位高，则城市魅力足、潜力大、竞争力强；反之，城市品位低，则城市的吸引力低、发展后劲不足。

特色文化是城镇发展的重要支撑，建设特色文化城镇应该从城镇建设规划中设计好软硬件的支撑条件。一方面，注重文化基础设施建设。城市中的图书馆、学校、影剧院、艺术馆、科技馆、体育馆、会展中心等文化设施应该与城市的整体文化相匹配，体现城镇特色文化风韵。另一方面，加强城市软环境建设，倡导先进的文化观念，营造公平、公开、公正、竞争的发展环境。通过举办特色节庆、习俗、民俗等文化活动，提高市民参与文化活动的积极性，形成城市特色文化建设的凝聚力和影响力。

（三）理顺体制机制，发挥主观能动性

特色文化城镇建设过程中，应该正确地认识政府在主导城市发展过程中的角色和职能，围绕市场在资源配置中起决定性作用这一思路，坚持以市场调节为主、政府宏观调控为辅的原则，实现文化资源在城市发展中的最优配置。建立各个部门协调推进机制，实现文化发展与城市建设同步推进、城市更新与文化融入同步实施。

(四) 突出特色，铸造城市文化品牌

富有个性的城市标识是城市文化的主要标志，不仅能够直观反映城市的价值内涵与文化品位，更能让人们瞬间记住该城市。云南省山地城镇建设中特色文化城镇打造，应该着力从城市品牌入手，突出"一城一特"的风情风貌，注重差异性、突出不可替代性、确保可延展性，培育城市品牌文化软实力。首先，注重差异性就是与其他地区相比城市拥有"与众不同"的文化，差异性越大越好，如腾冲市的和顺镇至今保留着完好无损的历史生产生活方式；其次，突出不可替代性就是与其他地区相比"人无我有"的文化特色，其他地区即使有模仿的意图也很难原汁原味地模仿出来，如丽江市拥有世界独一无二的东巴文字和纳西古乐；第三，确保可延展性就是与其他地区相比具有"潜力无穷"的文化内涵，如大理古城吸收了中外文化、传统文化与现代文化的精神，拥有广阔的旅游发展空间。

参考文献：

曹钢、曹大勇、何磊：《论马克思的城市发展思想与国际城镇化百年革命——兼论中国特色城镇化道路的创新问题》，《陕西师范大学学报》（哲学社会科学版）2013年第1期。

陈宇飞：《特色城镇建设中的"热"与"冷"——城市文化产业发展的动力源泉问题》，《人民论坛》2017年第12期。

方宇婷：《广西小城镇规划建设中民族文化特色的塑造》，《广西城镇建设》2012年第11期。

房冠辛、张鸿雁：《新型城镇化的核心价值与民族地区新型城镇化发展路径》，《民族研究》2015年第1期。

郭凯峰：《云南省新型特色城镇化建设探讨》，《云南地理环境研究》2013年第4期。

何周富、赵汝周：《新型城镇化建设如何彰显特色——成都龙泉驿区洛带古镇发展文化旅游产业的实践探索与启示》，《四川行政学院学报》2015年第4期。

纪芬叶：《特色文化资源保护利用与新型城镇化》，《开放导报》2015年第2期。

蒋灵德、张振龙：《地域文化优势下的苏南小城镇特色研究——基于甪直镇总体规划实践》，《人民论坛》2011年第32期。

景普秋：《省域特色城镇化统计监测评价指标体系研究——以山西省为例》，《城市发展研究》2011年第11期。

李鹭：《推动特色城镇发展的文化路径探析》，《四川行政学院学报》2016年第3期。

刘大邦：《新型城镇化下的城市历史文化特色保护与传承——以西盟县勐卡镇特色规划为例》，《城乡治理与规划改革——2014中国城市规划年会论文集》，2014年。

刘金石、黄城、刘方健：《中国特色城镇化道路研究述评》，《改革与战略》2013年第8期。

马凯：《转变城镇化发展方式，提高城镇化发展质量，走出一条中国特色城镇化道路》，《国家行政学院学报》2012年第5期。

钱振明：《中国特色城镇化道路研究：现状及发展方向》，《苏州大学学报》（哲学社会科学版）2008年第3期。

申立冰、查慧敏、陈薪羽：《城镇化进程中农村特色文化遗产保护与传承研究——以蔚县暖泉镇为例》，《科技经济导刊》2016年第18期。

石淑华、吕阳：《中国特色城镇化：学术内涵、实践探索和理论认识》，《江苏社会科学》2015年第4期。

史育龙：《中国特色城镇化道路的内涵和发展模式》，《贵州社会科学》2008年第10期。

孙凤毅：《特色文化资源视阈下的新型城镇化发展策略研究》，《广西社会科学》2014年第3期。

孙柳柳、唐送平：《中国特色城镇化道路中有关环境问题的研究》，《中国科技投资》2013年第9期。

唐鑫：《我市新型城镇化应注重发展特色文化城镇》，《中国古村落保护与利用研讨会论文集》，中国建筑工业出版社2015年版。

王国灿：《浙江省特色小城镇乡村文化元素探究》，《中国农业信息》2016年第19期。

吴宾、史素珍：《对西部城镇特色文化建设的思考——以杨凌示范区文化建设为例》，《甘肃农业》2005年第11期。

吴晓敏、车震宇：《云南新城镇景观的文化特色创造》，《华中建筑》2010年第2期。

夏敏：《探索浙江省特色文化城镇培育路径》，《艺术科技》2015年第12期。

徐云辉：《湘西南苗族城镇文化特色保护及发展研究》，《南方建筑》2005年第3期。

杨大禹：《云南特色城镇的保护策略》，《昆明理工大学学报》（理工版）2008年第6期。

张鸿雁、房冠辛：《新型城镇化视野下的少数民族特色文化城市建设》，《民族研究》2014年第1期。

张瑞:《中国特色城镇化的发展方向和路径》,《当代世界与社会主义》2016年第5期。

张孝德:《中国特色城镇化模式:城乡两元文明共生模式——基于新能源革命、民族文化与"三高技术"的三维度分析》,《经济研究参考》2013年第1期。

赵光远、李平:《特色城镇的发展路径探析——基于东北地区某省80余个城镇的调研报告》,《上海城市管理》2017年第1期。

钟学思:《桂滇黔民族特色小城镇文化保护与传承策略研究》,《旅游纵览》(下半月)2015年第4期。

专题研究报告九

云南山地城镇建设案例研究

纵观国内外土地综合开发利用的实践与探索,许多地区山地城镇建设取得了成功,诸如瑞士阿尔卑斯则马特镇的山地旅游开发、湖北省十堰市的山地汽车城建设,深入研究剖析这些成效显著的案例,能够为云南省山地城镇建设提供经验借鉴。

一 国外山地综合开发利用典型案例

(一) 瑞士阿尔卑斯则马特镇

瑞士阿尔卑斯山位于欧洲中南部,覆盖了德国、法国、摩纳哥、瑞士、意大利、列支敦士登、奥地利和斯洛文尼亚 8 个国家和地区。瑞士阿尔卑斯部分山区在城镇建设的过程中,注重依托当地的山地资源优势,突出山地城镇建设与产业开发相协调,使得山地资源与山地产业相互促进,共同发展。诸如,利用适合的土壤与气候发展葡萄酒产业,依托山地冰川资源发展矿泉水产业,利用高山积雪发展滑雪旅游产业。此外,随着旅游人数的增多,旅游购物所衍生的小商品产业也日益蓬勃。

则马特 (Zemartt) 是瑞士著名的山地旅游小镇,也是阿尔卑斯地区高山滑雪胜地和度假旅游区。则马特山地旅游小镇位于少女峰 (Matterhorn,4478 米) 和玫瑰峰 (Mt. Rose, 4632 米) 的北坡,距日内瓦仅 2.5 小时车程,通过高速公路与瑞士各大城市连接,对外交通极为便捷。则马特山地旅游小镇完全建立在坡地,房屋高度均未超过四层,建筑风格有严格规定，即便是窗户的位置、大小和数量也要与马特宏峰及其景观协调。

则马特镇的旅游接待设施非常完备，小镇到各滑雪场的交通十分多样，有轨道小火车、缆车、索道车、山地自行车、徒步山道等交通设施，停车场建立在距离城市的4千米处。公交、大巴和游人在停车场停下来，换乘轨道车或环保型电瓶车进入小镇。山地徒步旅游线路的设计也多元化，有半日、一日、二日或5—8日等不同游程。则马特镇设有五星级宾馆3家，四星级酒店21家，其他星级酒店70多家，以及数量众多的家庭旅店（别墅）能满足众多度假者的需求。据统计，则马特镇每年接待世界各地的游客在120万人以上，主要是滑雪爱好者、山地徒步旅游者、退休银发族和度假旅游者。

在则马特镇的旅游产业开发中，特别重视不同国家游客的旅游需求，根据需求提供个性化的山地城镇综合服务。诸如，瑞士通过问卷调查了解到中国游客喜欢购物、印度游客对住宿条件要求比较高、日本游客对卫生条件要求高、美国游客喜欢宽大房间、欧洲游客喜欢住乡间民居，在旅游产品设计时根据这些信息提供不同需求的服务。瑞士的旅游信息服务非常周到，在航空、港口、车站、码头以及景区、景点用多种媒界多种语言传播当地旅游交通信息、租赁信息、餐饮食宿、文化艺术活动、名牌商品以及救助服务等信息。

（二）新西兰奥塔哥区皇后镇

皇后镇，又被译为"昆士敦"或"昆斯敦"，位于新西兰的瓦卡蒂普湖（Lake Wakatipu）北岸，比邻曾经的淘金地——箭镇（Arrowtown），这里留有中国人在新西兰淘金的遗迹——中国村（Arrowtown Chinese Settlement）。整个皇后镇的总面积约为8467平方千米，总人口大约有18000人，人口相对稀少。

经过多年的发展，皇后镇已经成为一个依山傍水的美丽旅游胜地。旅游资源包含五类：（1）以山水风光、湖光山色为主的旅游资源；（2）永保"清新碧绿"本色的全民环保意识和完善的旅游设施；（3）度假旅馆273家，床位12000个，度假别墅和家庭式寄宿点各占一半；（4）丰富多彩的旅游活动项目，主要有体育运动性活动项目、冒险挑战性活动项目和休闲娱乐性活动项目；（5）以湖山胜景为依托吸引各类中、小型国际会议来此举办，成为世界有名的国际会议中心。

近年来，皇后镇以独具一格的山水湖泊环境吸引着世界各国的度假旅游者，1999年被评为世界度假胜地20佳之一。2010年接待国际度假游客100万人次以上，旅游收入高达25亿美元（人均消费2500美元以上）。

（三）美国夏威夷州火山国家公园

美国夏威夷州，位于太平洋中部，由东南至西北的130多个岛屿组成，它是一个绵延伸展2400千米的群岛整体，土地面积16075平方千米，风景优美、气候温和，是世界著名的度假旅游胜地。夏威夷利用火山奇观、热带雨林、海岛环境、海洋生物、大洋中脊裂谷带的特殊地质地貌等山地资源优势，建设火山国家公园（Hawaii Volcano National Park），并开展以徒步观光为主的生态旅游来吸引游客。

1980年，火山国家公园被联合国教科文组织（UNESCO）列入国际生物圈计划。火山国家公园位于夏威夷群岛的大岛东南端，面积1000平方千米，观光旅游开发区主要包括冒纳罗业和基拉韦厄两座现代活火山。火山国家公园的旅游资源和游赏景点包含十个部分：（1）火山地质博物馆；（2）美国海军兵营；（3）游人中心及火山艺术中心；（4）火山宾馆及山地高尔夫俱乐部；（5）火山国家公园邮政服务处（纪念邮票邮品每周发行一次、火山岩石标本每月寄发一次）；（6）夏威夷休闲山庄；（7）火山管道洞穴及岩熔桥，以及火山喷发孔、熔岩流、热蒸气孔、热泥塘、熔岩管道、火山湖、裂谷带等火山作用遗迹；（8）海洋生物，主要是珊瑚及珊瑚礁；（9）热带雨林公园；（10）夏威夷火山瞭望台和惊险徒步探索小径（该项目仅对专业考察者，一般不对游人开放）。

（四）尼泊尔安纳普尔纳自然保护区

安纳普尔纳自然保护区位于尼泊尔西部，喜马拉雅山南坡，克里根纳基河上游，北与中国西藏接壤，南面是皇家奇特旺国家公园，保护区面积7000平方千米。安纳普尔纳自然保护区地形地貌十分特殊，河流深切、高山深谷、群山环绕，海拔8000米以上的山峰就有两座，分别是海拔为8091米的安纳普尔纳一号峰和海拔为8151米的安纳普尔纳二号峰。原始森林地带有上百种野生动物，还有大片兰花、杜鹃、竹、松、柏树等百余种野生植物。2000 米以下低海拔河谷地带是村落和农耕地。因此，安纳普尔纳自然保护区不但风景绚丽，且独具生物多样性和文化背景多元性特征，现已成为尼泊尔山地农业和徒步旅游区。

在山地资源旅游开发过程中，安纳普尔纳自然保护区在提高服务水平、保护山地环境、发展生态旅游方面做出了不懈努力。诸如，大幅度提高当地人的就业机会，促进不同文化之间的相互了解，对旅游者提供教育和咨询服务。山地资源环境的保护方面，安纳普尔纳自然保护区禁伐林木，大力开展植树造林和林地绿地保护，倡导使用太阳能热水器和低耗能炊具，改变了长期以柴木作燃料的传统习惯。

20 世纪 90 年代初，该保护区在联合国教科文组织（UNESCO）和世界旅游组织（UNWTO）的支持帮助下，按照发展自然旅游，按照每年接待国际徒步旅游者 7—8 万人的规模进行旅游开发。从培训服务人员（当地居民、官员、管理及开发经营者）开始，提高服务水平，旅游经济得到迅速发展。

安纳普尔纳自然保护区在规划理念上突出山地旅游特色，提出生态旅游是可持续发展的力量。(1) 大幅度提高当地人的就业机会；(2) 促进不同文化之间的相互了解；(3) 对旅游者提供教育和咨询、实践与体验的机会；(4) 传授当地人健康、教育、能源利用、商务发展和环境保护的有关知识和技能；(5) 保护自然遗产和文化资源；(6) 生态旅游的所有参与者（包括当地村民、游客、导游、旅游公司）都必须对自然和本土文化保持友善态度。

为了维持安纳普尔纳自然保护区的可持续发展，专门设立 ACAP（Annapurna Conservation Area Project）项目计划。ACAP 项目计划包含了三方面主要内容：(1) 上姆斯坦保护与开发项目。海拔 3000 米以上的科考旅游，每年允许进入的科考旅游者限制在 1000 人次以内，每人次可徒步旅游 10 天；(2) 加勒岗—西克勒斯农业与自然旅游开发项目。在海拔 900—2700 米的河谷地带，开发徒步旅游线，时间为 7 天，路线为穿越森林和富有民俗文化特色的村庄，当地居民直接为旅游者提供食宿和助游服务；(3) 为了实现人类与环境协调的长期目标，确保生态脆弱的山地环境不受破坏，ACAP 项目建立起一个规模宏大的管理委员会。区域内 70 个村委会中，有 50% 以上居民参与管理委员会，有 80% 的旅游从业人员和居民接受过管理委员会的专业化培训。

（五）印度尼西亚巴厘岛旅游区

巴厘岛是印度尼西亚著名的旅游区，是爪哇以东小巽他群岛中的一个岛屿，面积约 5560 平方千米。巴厘岛西距首都雅加达约 1000 千米，与首都雅加达所在的爪哇岛隔海相望，相距仅 1.6 千米。巴厘岛由于地处热带，且受海洋的影响，气候温和多雨，土壤十分肥沃，四季绿水青山。

巴厘岛上大部分为山地，全岛山脉纵横，地势东高西低，有四五座锥形完整的火山峰，其中阿贡火山（巴厘峰）海拔 3142 米，是巴厘岛的最高峰。巴厘岛上的沙努尔海滩、努沙·杜尔海滩和库达海滩是巴厘岛景色最美的海滨浴场，这里沙细滩阔、海水湛蓝清澈。因历史上受印度宗教文化的影响，巴厘岛上居民大都信奉印度教，是印度尼西亚唯一信仰印度教的地方。但这里的印度教同印度本土的印度教不太一样，巴厘岛的印度教教义融入了巴厘岛风俗习惯，又被称为巴厘印度教。居民主要供奉三大天神（梵天、毗湿奴、湿婆）和佛教的释迦牟尼，还祭拜太阳神、水神、火神、风神等。印度教教徒家里都设有家庙，家族组成的社区有神庙，村里也有村庙，巴厘岛共有庙宇 12500 多座。因此，巴厘岛又有"千寺之岛"的美称。神庙中最为著名的是百沙基陵庙，陵庙建在被称为"世界的肚脐"的阿贡火山山坡上，以专门祭祀这座间歇喷发的火山之神。

巴厘岛不但天然景色优美迷人，文化和社会风俗习惯也丰富多彩。巴厘人的古典舞蹈典雅多姿，在世界舞蹈艺术中具有独特的地位。其中，《狮子与剑舞》最具代表性。巴厘岛居民每年举行的宗教节日活动近 200 个，每逢节日人们身着传统的服装参加开幕仪式。巴厘岛的雕刻（木雕、石雕）、绘画和手工艺品也以其精湛的技艺、独特的风格闻名遐迩。在岛上处处可见精美雕像和浮雕，巴厘岛又有"艺术之岛"的美誉。玛斯是巴厘岛著名的木雕中心。巴厘的绘画大都是用胶和矿物颜料画在粗麻布或白帆布上，主题取材于田园风光和人民生活习俗，具有浓郁的地方色彩。

巴厘岛是山地旅游开发的成功典范，这个十年前还不为人知的小岛，如今已经成为享誉世界的旅游胜地。当地酒店依火山、峡谷或者梯田而建，最大限度地保留了山地美景的原始风貌，使游客能够感受大自然带给身心的彻底放松。

二 国内山地综合开发利用典型案例

（一）浙江省缙云县

浙江省素有"七山一水二分地"的别称，山地丘陵资源丰富，开发利用低丘缓坡土地前景广阔。由于地处中国东部沿海发达地区，人口相对稠密，经济发展和城镇化建设领先于全国平均水平，建设用地规模也相对较大，经过持续多年的征用，耕地资源越来越稀缺，建设用地需求与耕地保护的矛盾日益尖锐。为此，2006年3月16日，浙江省人民政府下达《浙江省人民政府关于推进低丘缓坡综合开发利用工作的通知》（浙政发〔2006〕20号），要求在保护生态环境和符合生态建设规划的前提下，充分认识低丘缓坡综合开发利用的重要性，科学开发和合理利用低丘缓坡，拓展土地开发利用空间，挖掘土地开发利用潜力，保障经济社会发展对土地的合理需求。2006年6月20日，浙江省林业局、浙江省自然资源厅、浙江省农业农村厅联合颁发《关于贯彻落实〈浙江省人民政府关于推进低丘缓坡综合开发利用工作的通知〉的意见》（浙林资〔2006〕74号），要求在正确处理保护与合理利用的关系、严格保护与合理利用林地资源的前提下，科学编制低丘缓坡综合利用规划，并明确规定了开发利用的范围及管理程序。

缙云县位于浙江省中部腹地，地貌包含中山、低山、丘陵和谷地四类，以山地、丘陵为主，山地和丘陵约占县域总面积的80%。缙云县东、南、西三面环山，向北开口，呈"三面群山环抱，中北部地层陷落，低山丘陵相间，东南部群峰峥嵘"的地形分布。缙云县中部、北部区域分布有大量的低丘岗地，低丘缓坡土地资源相对较为丰富，开发利用潜力很大，以林地为主体的低丘缓坡土地对缙云县土地供给作用越来越明显。

随着丽水东部地区的率先发展，丽水市成为浙江省新的经济增长点，城市功能得到了很大的提升，城市结构与产业用地扩张迅速，城镇建设、工业发展、交通、水利、旅游等建设用地需求量越来越大，对土地供给造成很大的压力。基于这一现实，缙云县把低丘缓坡综合开发利用作为挖掘土地开发利用潜力、缓解土地供需矛盾、实现耕地占补平衡的重要途径。按照《浙江省人民政府关于推进低丘缓坡综合开发利用工作的通知》精神，编制出《缙云县低丘缓坡综合开发利用规划》，利用遥感技术、数据库技术并结合实地图斑调查的方法，对低丘缓坡及可供利用土地资源进行了全面系统的调查分析，结合生态保护与经济社会发展的需要，从时间和空间上对缙云县低丘缓坡土地利用做出了统筹安排。通过依法开发低丘缓坡土地，拓展用地空间，对于缙云县缓解建设用地紧张、保护稀缺的耕地资源、破解土地供需矛盾具有十分重要的意义。

1. 缙云县土地利用现状

根据缙云县国土部门土地变更调查资料显示，缙云县土地总面积149425.4公顷。

（1）农用地

农用地面积1398.12平方千米，占全县土地面积的93.13%。耕地面积为185.58平方千米，占全县土地面积的12.42%；园地面积103.25平方千米，占全县土地面积的6.91%；林地面积1056.36平方千米，占全县土地面积的70.69%；牧草地面积0.42平方千米，占全县土地总面积的0.03%；其他农用地46.05平方千米，占全县土地面积的3.08%，主要以农村道路、坑塘水面、养殖水面和农田水利用地为主。

（2）建设用地

建设用地面积56.64平方千米，占全县土地总面积的3.8%。城镇及工矿用地面积45.82平方千米，占全县土地总面积的3.07%；交通运输用地面积6.55平方千米，占全县土地总面积的0.44%，主要是金丽温（金华—丽水—温州）铁路、高速公路、330国道、省道和县道；水利设施用地面积4.26平方千米，占全县土地总面积的0.29%，主要是水库水面及坑塘堤坝等。

(3) 未利用地

未利用地面积 45.96 平方千米，占全县土地总面积的 3.1%。未利用土地为 23.07 平方千米；其他未利用土地为 22.89 平方千米，主要是河流水面及滩涂面积。

2. 缙云县土地利用现状评价

(1) 建设用地空间不足

缙云县由于地处浙南山区，可供建设的土地不多。随着经济社会的发展，建设用地需求的增加，耕地保护与建设发展的矛盾日益加剧，缙云县经济社会发展面临的土地资源约束日益强化。在新的发展背景下，挖掘低丘缓坡土地利用潜力，协调城市发展与土地制约及生态保护的矛盾是缙云县结构调整的核心任务。

(2) 建设用地空间布局不尽合理

缙云县经济发展呈非均衡态势，建设用地需求相对集中，造成局部建设用地供求矛盾突出。一些地方无指标无布局但用地需求量大，还有一些地方有指标有布局却无用地需求。另外，线状工程规划用地布局刚性较强、弹性不足。只有通过依法开发低丘缓坡土地以增加土地供给，以此缓解建设用地供求和布局的矛盾。

(3) 土地集约利用水平有待提高

土地利用规划的实施，有效地防止了低水平重复建设和土地利用的外部不经济性，提高了土地利用效益。由于过往工业建设项目布局分散、低水平重复建设未能得到有效的解决，缙云县的土地集约利用水平不高。

(4) 规划实施缺乏土地生态设计

缙云县传统产业层次比较低，环境问题较为严峻，尤其是区域内特殊的地质条件导致其环境恢复难度较大。而上一轮在《土地利用规划》编制过程中，一味追求增加耕地，实现耕地占补平衡，忽视土地生态建设，导致部分土地开发项目发生水土流失的现象。

(5) 监督机制相对缺乏

缙云县耕地保护有时偏重数量、忽视质量，缺乏相应的耕地保护质量监督机制。在建设用地上，还存在批而未供、闲置土地现象，与建设用地需求形成鲜明的对比。在上一轮规划编制和实施期间，缙云县的公众参与意识也相对淡薄。

3. 缙云县低丘缓坡土地利用战略

（1）县域发展综合性战略

改革开放以来，缙云县顺应经济全球化趋势，不断扩大对外贸易和深化市场经济体制改革。特别是中国加入世界贸易组织以来，进一步扩大对外开放，在参与经济全球化过程中，较好地利用了发展机遇，实现了经济社会跨越式发展。从经济结构和产业结构来看，第一产业比重逐年降低，第二、三产业比重逐年提高。2018年，第二、三产业产值占经济总量的比重已经提升到90%，产业结构趋向合理，逐步形成以新兴的特色制造业为核心、生态农业和休闲旅游业为支撑的产业体系，基本确立第二、三产业在全县经济发展中的主导地位。

随着区域经济一体化发展，缙云县的功能定位、发展思路、用地构成、产业格局也发生了一系列变化。根据缙云县区域功能特点，提出"开放兴县、工业强县、生态立县"三大战略，推进"实力缙云、大气缙云、活力缙云、和谐缙云"的四型建设。

（2）缙云县经济社会发展战略

围绕高质量发展的总体要求，坚持"突出集聚集约基本导向，突出城乡一体发展，突出促进产业升级，突出保护生态环境，突出和谐社会建设"的五大基本原则，实施中心城市、工业兴县、特色农业与旅游带动四大战略。

中心城市：加快行政区划调整，构筑中等城市框架，加强空间资源整合，优化功能区布局，促进产业集聚、人口集中、资源集约，实现经济社会又好又快发展。

工业兴县：充分发挥金衢丽城镇群的区位优势和交通优势，加快缙云工业园区建设步伐，以缙云工业园区和壶镇工业功能区两大平台为核心，形成"浙江五金先进制造业基地重要组成区"。

特色农业：围绕打造"浙中南生态绿色农产品基地"的战略目标，实施特色农业战略，促进农业产业结构调整，推动农业现代化。

旅游带动：围绕建设"浙中南旅游休闲度假基地"的战略目标。实施旅游带动战略，充分利用全县人文资源和自然资源，推动旅游业向精品化迈进。

（3）土地利用战略

根据缙云县经济社会发展思路，结合新型城镇化实际需求，缙云县土地利用按照五大战略来推进低丘缓坡地区开发。

低丘缓坡土地可持续利用战略：在低丘缓坡土地资源数量结构配置上，与其资源稀缺性高度一致；在低丘缓坡土地资源的质量组合和利用方向上，与其资源禀赋相适应；在低丘缓坡土地资源的开发建设时间安排上，与其时序性完全相当；在低丘缓坡土地资源的利用和评估上，追求区域公平和代际公平。

生态优先战略：按照"宜农则农、宜建则建、宜林则林"的布局原则，规划建设完备的农林生态体系、发达的农林产业体系和丰富的森林文化体系，不断满足经济社会发展对林业生态、农业生态的需求。

城乡一体协调发展战略：引导城镇人口向中心城区集中，工业用地向开发区集中，商贸用地向物流中心集中，农村居民点用地向中心城镇集中。以工业推进带动农业发展，正确处理山、水、城、乡的关系，统筹城乡经济一体化发展。

低丘缓坡土地集约利用战略：鼓励低丘缓坡土地的高效集约利用，强化城市基础设施、服务设施向中心镇和中心村覆盖，提升建设用地的单位面积投资强度，提高建设用地的产出效率。在用地政策上，逐步向单位土地产出效益高的用地部门倾斜，促进低丘缓坡土地的集约利用。

低丘缓坡土地理性增长战略：合理调控低丘缓坡土地资源用地规模和用地布局，保障城镇化、工业化理性增长的土地供给。实施刚性保护战略，切实保护农用地和其他资源，对基本农田利用实行严格的管控制度，对生态环境敏感区内的林地资源和历史文化遗址用地实行严格的保护制度。

（二）湖北省十堰市

十堰市位于湖北省西北部，汉江中上游，与鄂、豫、陕、渝毗邻。区域内国土面积2.4万平方千米，辖五县（郧县、郧西、竹山、竹溪、房县)、一市（丹江口)、两区（茅箭、张湾）。十堰市地处秦巴山区腹地，地形地貌特点是山大、峡谷多、平地少，素有"八山半水半分田，一分道路和庄园"之称。

基于山地资源丰富的特点，十堰经济开发区提出了"山地城镇"的建设用地发展战略。按照"科学规划、集中开发、规范利用、节约集约"的总体思路，通过在"三少一无"（即耕地少、林地少、拆迁少、无基本农田）地区实施山地城镇建设，探索出符合十堰市土地资源综合利用科学发展的特色道路。

1. 十堰经济开发区山地城镇建设情况

十堰经济开发区辖区总面积45.23平方千米，规划面积13平方千米，实际可利用土地10平方千米，建成区面积9平方千米。2000年以来，十堰经济开发区坚持"特色建区、项目兴区、机制活区、科技强区"的发展思路，全面推进重点项目建设，日益成为带动十堰市地方工业增长的强大"引擎"。伴随区域内产业项目的快速增加，10平方千米可利用土地很快被开发建设完毕，土地已成为制约十堰经济开发区发展的"瓶颈"。

2005年，十堰经济开发区为拓展发展空间，尝试通过山地城镇建设解决土地瓶颈问题。实施"开山回填"和"河道截弯取直"工程，新增土地0.23平方千米，建设温州工业园。

2. 十堰经济开发区山地城镇建设经验总结

实践证明，山地城镇建设是实现山区土地资源集约节约利用和可持续利用的重要措施，也是建设资源节约型、环境友好型社会的重要途径。十堰经济开发区在山地城镇建设过程中探索出一条统筹兼顾、和谐共赢的新路子。

（1）因地制宜，多种模式并举

针对区域内城市发展所面临的不同条件，十堰经济开发区采取多种方式开展山地整理工作。第一种为政府主导式。以十堰经济开发区管委会为主体，推进山地城镇建设，然后将建设完好的园区出让给企业。例如，渝安工业园、龙门沟东风工业园，共4.44平方千米土地均采取此方式进行。此种模式适用于面积大、地理环境复杂、涉及不同行政村的片区，其优点在于方便政府统一布局、科学规划,十堰经济开发区重点工业项目多采用此种方式。第二种为BT模式,政府利用非政府资金来进行非经营性基础设施建设的一种融资模式。这种模式通过企业项目总承包、融资,将山地开挖平整并通过验收后移交给管委会,最后由十堰经济开发区城市投资公司向投资企业支付项目总投资与合理回报。例如,方块村温州工业园由温州商会投资公司开发建设,小河村233.33平方千米神鹰工业园由神鹰公司牵头开发,柯家垭村汇合工业园由十堰市女企业家商会按投资协议进行开工建设。此种模式适用于具有一定开发实力和项目引进能力的企业,其优点在于有效利用社会资金,减轻财政负担,缓解政府开发资金严重短缺的问题。第三种是"村级开发、政府赎买"式。这种模式以行政村为开发主体,自行组织土地开挖、平整和搬迁,达到用地要求后由管委会统一回购。例如,港澳台工业园千亩土地由所在地的小河村村委会进行山地城镇建设,达到用地要求后由十堰经济开发区管委会回购,然后再向港澳台工业园出让。此种方式可以有效调动村集体的积极性、主动性,化解拆迁难题,减少社会矛盾。

(2)统筹兼顾,实现互利共赢

十堰经济开发区在山地城镇建设项目实施过程中,坚持以可持续发展为指导,把政府利益、企业利益、村集体利益、群众利益有机结合起来,实现了政府、企业、集体、群众利益四者统一。一方面,依托村委会和村民小组,充分发挥村组基层组织和村组干部的作用,和谐处理村组在山地城镇建设拆迁工作中涉及的群众利益问题,将矛盾化解在基层。例如,小河村在港澳台工业园建设过程中,村组干部深入项目拆迁的各拆迁户家中,耐心细致做思想动员工作,仅用1个月时间就全部拆迁完毕。另一方面,运用经济杠杆,统筹十堰经济开发区、村组、群众利益。将村组作为山地城镇建设的主体,不仅减少了拆迁工作中的矛盾,维护了村集体利益和群众切身利益,直接降低了山地城镇建设项目开发成本,间接也降低了入驻企业建设成本。

(3)科学规划,实施同步工程

十堰经济开发区在山地城镇建设过程中始终贯穿"同步工程"理念,

在平整山地之前就开展拆迁安置工作,在平整山地的同时进行招商引资和拆迁小区建设,在招商引资的时候确定项目建设位置,并将该地段地形、地貌相关图集资料及时交付给企业,促使企业按要求进行厂房设计;在企业建设厂房时,配套基础设施和拆迁小区建设同步进行。各个阶段工作环环相扣,使得项目建设周期大大缩短,项目建设质量也得到充分保障。

(4)以人为本,高度重视民生

十堰经济开发区在大力发展工业经济的同时,也十分注重民生工程,让广大群众感受到十堰经济开发区日新月异的变化,享受到十堰经济开发区发展经济的成果。一方面,依托工业经济的雄厚实力,大力实施工业反哺农业的"惠农工程",制定了一系列哺农、促农政策。另一方面,在项目建设过程中,始终把维护群众切身利益放在重要位置。所有山地城镇建设项目开工前就及时将"农村居民三费"和拆迁补偿支付到位,使得大多数群众都能够全面支持十堰经济开发区山地整理项目建设。

(三)辽宁省桓仁满族自治县

1. 桓仁满族自治县基本县情

桓仁满族自治县地处辽宁东部山区,东与吉林省集安市相连,南接宽甸满族自治县,西与本溪满族自治县毗邻,北邻新宾满族自治县和吉林省通化县,县域总面积3547平方千米,自然地貌为"八山一水一分田"。

(1)林业资源

桓仁满族自治县地处长白山与华北两大植物区系过渡带,林地面积2862平方千米,占桓仁满族自治县面积的80.69%。区域内林木种类繁多,主要树种为柞树、红松、落叶松、云杉、冷杉、枫桦、白桦、青杨、赤杨、红柳、山槐、花楸、暴马丁香、刺五加、野玫瑰、胡榛子、猕猴桃、山葡萄、五味子等。区域内有多种珍贵树种,诸如天女木兰、刺楸、紫椴、曲柳、黄菠萝、胡桃楸、黄榆、东北刺人参、红丁香、牛皮杜鹃、宽叶丁香等。

(2)水资源

桓仁满族自治县境内河流交错,大小河流80余条,可开发利用水域面积175平方千米,水资源总量为15.64亿立方米,人均水资源5160立方米。桓仁满族自治县是辽宁省重点水源涵养地，浑江水库是辽宁省最大水库，蓄水量达34.6亿立方米。

（3）矿产资源

桓仁满族自治县地层分布属于华北地层区辽东分区，地质构造位置特殊，有多种珍贵矿藏沉睡于崇山峻岭中。目前，已探明黑色金属、有色金属、贵重金属、稀有金属、建材非金属、燃料、化工原料、冶金辅助原料、地热水等矿藏40余种。其中，硅石矿储量4亿多吨，镁、煤矿的工业储量均在1000万吨以上，石灰石矿储量10亿多吨，大理石矿储量1亿多立方米，还有锌、铜、铁等有色金属矿储量近2000万吨。

（4）旅游资源

桓仁满族自治县内共有60余处（种）生态文化资源，分属于地文类、水文类、人文类、历史遗产类、气候生物类。涵盖了地质地貌、江河湖泊、生物群落、自然保护区、军事宗教和土特生态产品等内容。

2. 桓仁满族自治县山区综合开发基本经验

（1）制定山区综合开发总体规划和目标

桓仁满族自治县被国务院批复为全国山区综合开发示范县后，提出"治水、改土、植树、修路、通电、加工"的建设思路，推动桓仁满族自治县经济、社会、生态效益同步发展。进一步确定了使资源优势通过开发利用变成经济优势，交通、通信、电力、水力等基础设施建设有较大发展，主导产业开发系列名优产品。

（2）大力推进山区经济产业化

实施产业化发展、集约化经营是发展农村经济的客观要求，也是农村实现脱贫致富奔小康的必由之路。桓仁满族自治县围绕种植业开发、养殖业开发和林果业开发（即"三个开发"）确定十项主导产业和十大商品生产基地，形成优质米生产基地、蔬菜生产基地、果品生产基地、中药材生产基地、林蛙养殖基地、山野菜生产基地、食用菌生产基地、畜牧业生产基地、水产品生产基地、商品林生产基地总体格局。到2018年，已初步形成了各具特色、适度规模经营的商品生产体系，围绕主导产业和商品生产基地建设龙头企业。诸如，以粮食总公司为龙头的优质米加工集团，以

"好护士"药业集团为龙头企业的人参中药材深加工体系，以兴达果仁有限公司为龙头的坚果深加工体系，以秀丽山野菜脱水加工公司为龙头的特色野菜深加工体系。

(3) 实施科教兴县战略

振兴山区经济，提高劳动者素质是关键。实施"科技富山、科教兴县"战略，把引进技术、引进人才、培养人才作为提高劳动者素质的有效手段。一是利用电视、广播、微信微博等媒介广泛开展科普讲座，大范围进行农村实用技术和法律知识宣传。二是在桓仁满族自治县财政十分紧张的情况下，拿出近2000万元建立了一所较大型的集科研、教学、生产、示范于一体的综合性职业教育学校，每年可为桓仁满族自治县经济建设和各项事业发展培养1000人以上的专业技术人才。

(4) 坚持开发保护并重的原则

坚持用生态经济理论指导山区建设与发展，以治理促保护，以保护促开发，推动山区的可持续发展。一方面，实施节能工程。通过推广节能炉灶和秸秆气化工程，保护林地木材。另一方面，实施封山育林工程。制定《桓仁满族自治县封山育林管理条例》和《桓仁满族自治县野生药用植物保护管理条例》，对境内的4条主要公路沿线两侧、两江四河的迎水面全部实施了封育。

(5) 鼓励全民开发山地经济

为调动社会各界开发山地资源的积极性，制定出县城山区综合开发的激励政策。针对造林满两年的机构，经林业部门验收合格即可发给林权证，凡持有林权证，属个人栽植的林木，本人可申请采伐，经林业部门审批后即可实施。外地来桓仁满族自治县联办企业、企业新上的投产项目、为桓仁满族自治县引进项目开发新产品、为桓仁满族自治县企业产品牵线搭桥并提供服务或联系"三来一补"项目成功、为桓仁满族自治县提供科技经贸信息被采用等情况，均按当年实现的销售总额从税后利润提取一定比例的奖金。针对租赁、承包、兼并亏损严重的企业，实行一事一议给予特殊优惠。

(四) 香港半山区

半山区是香港的一个高档住宅区，位于太平山山顶及中环之间，居住在此的居民是中产富有的地位象征。

半山区东边连接湾仔区，西邻薄扶林，南至郊野公园，北边连接上环，由此形成一个独立的区域。大约从1990年开始，地产行业把半山区连同薄扶林的豪宅区称作"西半山"，把跑马地及渣甸山等地区称作"中半山"，把宝马山及柏架山的豪宅称为"东半山"，由此形成了"一区三片"的整体格局。

香港半山地区有不少历史特色的校舍，诸如香港大学。此外，半山区也有一些以香港总督命名的街道，诸如般咸道、坚尼地道等。

经过多年的开发，半山区交通设施十分便利。中环至半山的自动扶梯系统全长800米，垂直差距为135米，由20条可转换上下行方向的单向自动扶手电梯和3条行人道组成。中环至半山自动扶梯系统由港英政府兴建，原意是为方便半山区居民往来中环商业区，并疏缓半山区狭窄道路的繁忙情况。

目前，半山地区已经成为全香港最重要的高级商业住宅区之一。其中，帝景园是中半山最具知名度的豪宅屋苑之一，会所的豪华可媲美五星级酒店。帝景园坐落旧山顶道，高层单位居高临下俯瞰中区璀璨市景及维港海景。

(五) 台湾阿里山中央山脉地区

台湾阿里山中央山脉位于中国台湾省本岛中部，北起宜兰县的东澳岭，南抵台湾岛最南端的鹅銮鼻，纵贯台湾本岛南北，全长330公里，东西宽80公里，包含南湖大山（海拔3740米）、中央关山、崎莱山、碧绿山、合欢山、能高山、秀姑峦山、关山、卑南主山（海拔3293米）和北大武山（海拔3090米）等山体。中央山脉纵贯台湾全岛中央核心区域，有"台湾屋脊"之称。中央山脉将全岛分成东小、西大不对称的两半，东部地势陡峻，西部较宽缓，成为全岛各水系的分水岭。

由于中央山脉地跨热带、亚热带地区，北回归线从玉山通过，海拔3000米以上的山岳林立将其气候类型推回寒带，区域内呈现山地气候多样化的复杂局面。恒春丰岛夏季有袭人热浪，玉山、合欢山顶峰一带冬季冰雪常积，区域内有许多热带、温带、寒带动植物种类，生物多样性十分明显。因此，台湾阿里山中央山脉地区已成为都市人回归自然的最理想场所。

台湾阿里山中央山脉地区利用山地资源以及山地气候的多样性，大力发展生态型山地旅游。截止2018年，区域内开发的景区有阳明山国家公园（火山地景奇观）、太鲁阁国家公园（山水峡谷地景奇观）、垦丁国家公园（珊瑚礁石海岛地景奇观）、雪坝国家公园（山岳地景奇观）、玉山国家公园（山岳地景景观），以及合欢山群峰、拉拉山神木区、东北角海岸带、东部海岸带国家风景区、太平山森林、马鞍山森林、溪头森林游乐区。

近20年来，台湾当地旅游管理机构加强了国家公园的保育研究与措施，通过严格限制在河道上修筑水库和拦沙坝、限制在河谷与山坡地进行农耕开发、限制在山地旅游区开展不适当的产业项目，来保护旅游资源。

三 云南山地城镇建设的基本类型和初步经验

2011年8月，云南省人民政府正式出台《关于加强耕地保护促进城镇化科学发展的意见》，标志着"山地城镇"发展战略在云南全面实施。随后，在云南省展开了山地城镇建设的十大试点类型，即城市发展山地拓展型、基础设施山地建设型、工业用地山地布局型、旅游景区山地开发型、职业教育山地延伸型、移民安置山地迁移型、口岸建设山地探索型、现代农业山地转变型、矿村资源山地共建型、灾害防治山地利用型。通过多年的积极探索与试点示范，云南省山地综合开发取得了显著成效。

（一）城市发展山地拓展型

1. 试点项目

大理市通过完善规划，将原来规划到海西优质良田中的建设用地11.1平方千米，调到海东低丘缓坡区，增加坝区基本农田10.2平方千米。城市规划明确到2025年海东新区建成区面积达30平方千米，可容纳城市人口25万人的发展目标。截止到2018年，大理市人民政府行政办公区、大理州警务技能培训中心、森林武警、大理卫校、悦榕庄高端酒店等建设项目均已完工，并全部投入使用。

2. 经验总结

通过实施大理市提出的"两保护、两开发"的重要举措，总结得出以下可以借鉴的经验。一是高位推进山地城市建设。制定出台《关于加快海东山地城市开发建设的意见》，将海东开发作为滇西中心城市建设的核心内容，成立了海东开发管理委员会，加大海东低丘缓坡未利用地的开发，有效拓展城市发展空间。二是切实保护基本农田。通过制定《关于加强海西保护利用的意见》和《关于加强海西农田保护严格村庄规划建设管理的工作意见》政策措施，切实加强海西建设项目规划管理，严格控制海西新增建设用地总量。三是充分运用航拍和卫星遥感技术，加强海西耕地保护监测。四是制定鼓励海西农业人口向下关主城区和海东新城区转移的优惠政策，减轻海西片区人口承载压力。

（二）基础设施山地建设型

1. 试点项目

昆明长水国际机场试点项目：围绕昆明长水机场一期工程进行规划布局，总用地12平方千米公顷，主体项目区用地分为飞行区、航站区、货运区、配套设施区。项目区土地利用类型以园地、林地为主，另有少量坡耕地，土壤肥力相对较低。

丽江火车客运站试点项目：在推进低丘缓坡土地综合开发利用过程中，丽江火车客运站建设项目选址低丘缓坡地区，实际征地成本为林地每亩1.5万元、未利用地每亩0.3万元，基本不存在拆迁安置问题。对比坝区每亩11万元以上的征地成本和巨大的拆迁安置成本，利用低丘缓坡山地极大降低了征地成本，得到了项目区群众的大力支持，加快了丽江火车客运站片区的开发建设。

2. 经验总结

在开发建设的同时，采取工程措施及生物措施，加大水土流失防治力度，尽可能避免对原生植被的扰动，减少对生态环境的破坏。开发利用前、中、后各阶段均设立监测机构对生态环境影响进行实时监测，将防治、保护、治理相结合，实现了土地开发利用与生态建设的和谐统一。严格实行环保"三同时"制度，适当降低了建筑密度和容积率，避免对土地资源的大开大挖。

(三) 工业用地山地布局型

1. 试点项目

宜良县北古城工业园区试点项目：宜良北古城工业园区占地总面积为12.1平方千米，其中农用地面积为9.17平方千米，建设用地面积为1.9平方千米，其他土地面积为1平方千米。规划建设区域内坡度15度以上的土地占区域总面积的45.94%。宜良工业园区原定占用坝区的饲料基地项目，通过完善规划调整到山地布局，原规划占用的耕地划为基本农田永久保护。

普洱市普洱茶科技园试点项目：普洱市先期开发的普洱茶科技园区总开发土地为2.67平方千米，占用耕地0.478平方千米，其余2.13平方千米均为山地、疏林地、荒坡地。涉及被征地农村居民保留一定的耕地，既达到了少占耕地、保护耕地的目的，又满足了工业发展的用地需求。

2. 经验总结

通过实施宜良工业园区和普洱工业园区试点项目，总结得出以下工业用地山地布局型建设经验。

(1) 工业用地与保护耕地相结合

工业用地山地布局，降低了工业发展对耕地资源的占用，特别是减少了对坝区优质耕地的占用，增强了工业化、城镇化发展的土地资源保障。

(2) 转变工业发展用地方式

按照"企业进园、产业聚集、集约利用、组团发展、向山延伸"的工业发展思路，将原来规划在城市的工业园区调整到坝区周边低丘缓坡适宜开发的区域，切实转变工业发展用地方式。

(3) 规划和选址时考虑环保问题

在规划建设和项目选址用地过程中，尽量避开生态公益林地，充分挖掘利用荒坡地、疏林地，最大限度地保护好森林植被。对不符合国家产业政策、影响环保生态的企业禁止入园。在开发过程中始终严格按照"林中园、园中林"的理念进行规划，打造生态工业园区。

（四）旅游景区山地开发型

1. 试点项目

腾冲、景洪两市将条件比较成熟的生态旅游小镇作为开展低丘缓坡土地综合开发利用的试点区域，利用其高低起伏、错落有致的地形，打造独特景观，增加旅游建筑的活力，使景观丰富多彩，提高生态旅游的整体品质。

2. 经验总结

按照"城在山中、房在林中、水在城中、人在绿中"的生态旅游小镇进行规划，为民族文化和田园风光保护腾出空间。

（1）旅游项目用地应充分考虑空间布局

旅游项目规划编制时应加强与各类规划的衔接，优化用地空间布局，充分利用水面、农田、湿地、绿地等资源建设生态景观，促进山地城镇组团式发展。

（2）发展旅游项目的同时注重增加当地农村居民的收入

通过完善基础设施建设，改善地方投资环境，提升区域招商引资力度，吸引更多有实力的企业共同参与区域建设，增加当地农村居民的就业岗位，提高劳动者的总体收入。

（五）职业教育山地延伸型

1. 试点项目

楚雄州职业教育园区建设项目涵盖了5所中等专业学校，即楚雄州工业学校、楚雄州技工学校、楚雄民族中等专业学校、楚雄州体育运动学校、楚雄州农业学校。通过科学规划选址、合理布局，园区建设所占用的土地大部分为村民自行开发的自留地，并未占用任何优质耕地。

园区项目选址时，坚持各类建设少占地、不占或少占耕地，以较少的土地资源消耗支撑更大规模的经济增长，选定于楚雄市鹿城镇下白庙村老黑山，此区域为丘陵地形，地面坡度在5度到15度之间，大部分为荒草地和疏林地，规划区范围内由于坡度相对平缓，水土流失程度较轻，未见较大的冲沟、滑坡、泥石流现象发生，地质结构稳定且适宜建设。

2. 经验总结

通过楚雄州职业教育园区试点项目的实施，总结得出以下教育山地延伸型的建设经验。

（1）建筑设计依山就势

以原有地形、地貌为依托，将建筑设计依山就势与校园建设融为一体，充分利用低丘缓坡土地资源，减少工程量和降低工程造价。

（2）引进先进的教学理念和校园管理模式

利用水体、山丘和绿化带的自然屏障分隔园区内各校，形成人性化的公共走廊和课外活动空间。园区内的各学校组成一个有机整体，实现公共基础设施资源共享，同时又保证各学校的相对独立性。

（3）体现时代感和地域文化特色

建筑与自然融为一体，院落空间采用传统元素点缀，使之形成一个位于山水园林之中且充满活力的教育培训中心。

（六）移民安置山地迁移型

1. 试点项目

剥隘是一个古老的集镇，地处滇东要塞，距富宁县城67千米。国道323线、衡昆高速公路和云桂铁路穿境而过，剥隘镇是云南省与广东广西交流合作的重要门户，也是云南通往沿海地区的"东大门"和"出海口"，素有"滇粤津关"之称。

剥隘新镇总建设规模为0.58平方千米，已建成了以镇政府为中心的机关办公区、以随镇搬迁为主的移民生活区、以商贸街为主线的商业区和以文物古迹为主的文化旅游区，规划安置常住居民人口为1万余人，远期规模可容纳居民人口约2万余人。

2. 经验总结

通过富宁县剥隘镇搬迁试点项目的实施，总结得出以下移民安置型山地城镇建设经验。

（1）强化配套基础设施建设

山地城镇基础设施配套建设过程中，优先考虑教育、卫生、文化、体育、科技、应急救援等公共服务设施建设，确保群众出行方便、购物方便、就医方便、儿童上学方便。同时，严格按照科学规划设计要求，注重公共基础设施的安全性能。

（2）新集镇保留原有的民族文化

在建设中依托自然地形，有机结合古镇和民族民俗文化。在建筑外观设计上，沿袭了古镇壮族传统建筑形式和艺术特征，做到形式和色调的统一，彰显地域民族文化内涵。

（七）口岸建设山地探索型

1. 试点项目

西双版纳州和德宏州是云南省最重要的两个边境地区，磨憨口岸和瑞丽口岸是中国与老挝、缅甸交流合作的重要桥梁。云南省在推进面向南亚东南亚辐射中心建设中，提出把磨憨口岸和瑞丽口岸打造成国际物流基地、进出口贸易加工基地和生态旅游口岸。两个口岸在建设发展过程中，充分利用低丘缓坡土地资源，物流企业山地布局、贸易园区山地规划、旅游资源山地开发，探索出中国特色的边境内陆口岸建设模式。

2. 经验总结

磨憨口岸和瑞丽口岸建设区域内地形坡度为6度到25度之间，占项目区总面积的80%以上，体现出了明显的山地特征。依托口岸优越的区位条件，充分发挥口岸特有的资源特色，以民族传统建筑为主兼容周边邻国风格，将两个口岸建设成为集旅游、贸易、加工、物流、城市服务等功能为一体的综合性口岸。

（八）现代农业山地转变型

1. 试点项目

山多地少一直都是制约曲靖市马龙区经济社会发展的主要瓶颈，云南省人民政府提出转变用地方式之后，低丘缓坡土地资源成为了马龙区的优势资源，许多现代农业企业也纷纷进驻马龙区，形成了规模化种养殖基地。曲靖市马龙区通过低丘缓坡土地综合开发利用，引进双友牧业高档肉牛养殖全产业链项目，建设高档肉牛养殖基地。马龙区月望乡的低丘缓坡土地主要是缺水型、瘦薄型，根据这一特点，布局实施龙腾大型生态循环科技示范园项目。

2. 经验总结

通过马龙区低丘缓坡试点项目的探索，总结得出宜农则家、宜林则林、宜建则建三个方面的经验：（1）宜农则农。依托现有农业基础，建设现代化养殖基地、现代农业种植区。（2）宜林则林。从保护生态环境为出发点，建设现代农业观光园。（3）宜建则建。在低丘缓坡地区建设食品加工产业园、生猪及肉制品加工厂、标准化食品加工厂房，布局大型冷库、饲料加工厂、有机肥厂等，推动区域内农业现代化发展。

（九）矿村资源山地共建型

1. 试点项目

一直以来，矿区项目用地供需矛盾是企业经济快速发展的最大瓶颈。为了解决这一矛盾，新平县和富源县开始了工业山地布局的尝试。通过把低丘缓坡土地综合开发利用、建立矿村共建资源开发新机制和农村建设有机结合起来，实现了农村居民得实惠、企业得发展、耕地得保护的"多方互赢"效果。

2. 经验总结

通过新平县和富源县土地资源高效利用的探索，总结得出矿村共建型山地城镇建设经验：（1）在矿区范围成立社区，作为协调矿村关系的机构；（2）派驻新农村指导员，用于矿村联络和协调；（3）对因矿山建设而搬迁的村民，建立以政府投入为引导、企业投入为主体、群众投入为补充的多元化筹资机制，多方共同筹措搬迁资金，实行统一集中搬迁。

（十）灾害防治山地利用型

1. 试点项目

绿春县地处云南边疆地区，山高坡陡、沟壑纵横，且地质灾害频发，严重威胁着人民群众的生命安全和财产安全，被称为云南省地质灾害点最集中的县城。绿春县域范围内没有1平方千米平地，也没有更好的搬迁避让的选择。为了解决这一问题，政府启动了"地质灾害防治—削峰填谷"项目，通过对县城东侧山区削高填低，形成约1.56平方千米的平整场地用于建设县城新区。

2. 经验总结

通过绿春县"削峰填谷"新城建设的实施，总结得出以下灾害防治型山地城镇建设经验：（1）结合当地文化特色，将项目区的未来新城规划设计成为空间布局合理、生态环境优雅、文化个性独特、城市功能齐全的山地民族小镇；（2）在空间布局上，将实现土地利用总体规划、城乡建设规划和林地保护利用规划的相互衔接，有效避免重复规划和重复建设。

参考文献：

查理·达贝莱、史青：《瑞士阿尔卑斯山的生态问题：高地计划》，《国际社会科学杂志》（中文版）1984年第4期。

常永清：《十堰城镇化的可行性与区域方向选择》，《十堰职业技术学院学报》2005年第2期。

陈永明：《中国农业县的城镇化发展特色——辽宁桓仁满族自治县城镇化经验借鉴与思考》，《农业经济》2014年第6期。

贺佳：《学习借鉴香港经验走湖湘特色新型城镇化道路》，《湖南日报》2015年6月4日第1版。

李帆、王振伟：《湖北省新型城镇化发展水平测度及区域差异分析》，《统计与决策》2016年第19期。

李薇、周麟：《香港新市镇规划建设经验及其启示》，《唐山学院学报》2011年第6期。

梁又佳：《香港元朗城镇化启示》，《宁波经济》（财经视点）2013年第5期。

刘增禄：《台湾地区城镇化模式对青岛城镇化发展的启示》，《山东科技大学学报》（社会科学版）2008年第2期。

《绿色房舍——具有浓郁异国风情的夏威夷尖顶家屋》，《中国总会计师》2015年第5期。

齐青云：《"火山岛"撷萃——悠游夏威夷》，《北京统计》2003年第1期。

石英华、孙家希：《中部地区就近城镇化的基础、挑战与对策——关于湖北省十堰市就近城镇化的调研》，《财政科学》2016年第2期。

许燕：《浙江省缙云县"四规合一"内容与特色评价》，《江西建材》2017年第16期。

严圣明：《城镇化发展模式：台湾经验及其对大陆的启示》，《科技和产业》2011年第4期。

于海峰：《辽宁省少数民族人口及民族地区城镇化现状分析》，《满族研究》2013年第4期。

张蓓：《向台湾学习城镇化》，《农村、农业、农村居民》2013年第8期。

张建龙、金普春、汪绚、安丰杰、王骅、曹晏宁：《阿尔卑斯山的绿色启示——中国瑞士林业合作洽谈及森林经营考察随录》,《中国林业》2012年第4期。

甄国祚:《初探夏威夷》,《中国测绘》2016年第3期。

郑鸿、郑庆昌:《台湾城镇化过程土地征收政策调整及其启示》,《亚太经济》2013年第3期。

调查篇

调查报告一

云南省曲靖市山地城镇建设调查报告

一 曲靖市山地城镇建设背景

"城镇上山"是一条符合云南实际情况的特色城镇化发展道路。2011年9月,中共云南省委、云南省人民政府在大理召开的云南省保护坝区农田建设山地城镇工作会议,出台了《云南省人民政府关于加强耕地保护促进城镇化科学发展的意见》。2012年11月,中共云南省委、云南省人民政府在丽江市召开云南省保护坝区农田建设山地城镇推进会,在全省坚定不移地建设山地城镇。基于此背景,曲靖市按照全省统一部署,在全市范围内推动山地城镇建设。

二 曲靖市山地城镇建设的主要做法

继2011年9月5日云南省保护坝区农田建设山地城镇工作会议之后,曲靖市于9月15日召开了曲靖市保护坝区农田建设山地城镇专题会议。曲靖市作为云南省的人口大市、工业大市和经济大市,山地多、坝区少,保护耕地与保障发展的矛盾十分突出。中共曲靖市委、曲靖市人民政府充分认识到加强耕地保护、促进城镇化科学发展是云南省转变用地方式的重大决策,山地城镇建设对推动曲靖市经济社会全面、协调、可持续发展具有十分重要的意义。在全省山地城镇建设统一部署指导下,曲靖市积极推动六个方面的工作。

（一）加强组织领导

2011年9月15日，中共曲靖市委、曲靖市人民政府召开保护坝区农田建设山地城镇专题会议，各县（市、区）也相继召开专题会议，传达云南省、曲靖市山地城镇建设会议精神，研究提出贯彻意见，并通过多种媒体平台广泛宣传，为保护坝区农田建设山地城镇营造出良好的环境。同时，中共曲靖市委、曲靖市人民政府和各县（市、区）也同步成立领导小组和工作机构，并开展相关前期工作。

（二）制定实施文件

曲靖市人民政府及时印发《贯彻云南省人民政府关于加强耕地保护促进城镇化科学发展意见的实施意见》（曲政发〔2011〕95号），提出曲靖市城镇化发展目标，力争到2020年城市化率达到55%、耕地保持在7130平方千米、基本农田保持在5950平方千米。进一步提出加强耕地保护、促进城镇化科学发展的"两保护"（保护耕地和基本农田）、"两上山"（推进城镇和工业上山）、"两集中"（项目向园区集中，散村向城镇集中）、"两统筹"（统筹城乡发展，统筹区域发展），推动土地资源综合高效作用。

（三）编制近期建设规划

按照云南省人民政府的要求，曲靖市域范围内9个县（市、区）按时编制城镇近期建设规划，将山地城镇建设战略落实在城镇近期建设规划中。在各县（市、区）党委政府的领导下，由国土部门牵头对城镇近期建设规划、土地利用总体规划、林地保护规划、工业园区规划开展四规衔接工作，严格保护坝区基本农田和公益林。2012年4月，曲靖市四规衔接成果顺利通过云南省国土部门、住建部门、林业部门的联合审查。

曲靖市人民政府从曲靖市情出发，在增加工业园区各类规划有机衔接的同时，确保耕地面积和坝区基本农田面积的增加。2012年2月，曲靖市"三规"调整后通过了云南省人民政府联合审查组的审查；4月，完成"三规"衔接成果数据库复核审查备案，上报云南省人民政府批准实施。调整完善后的"三规"中，曲靖市耕地保有量为8342.8平方千米，超过云南省人民政府下达给曲靖市的指标1170平方千米；基本农田保护面积6360平方千米，超过云南省人民政府下达给曲靖市的指标403

平方千米；坝区基本农田保护面积达2300平方千米，比完善前增加478平方千米。

（四）开展总体规划修改

为深入贯彻落实山地城镇建设战略，麒麟中心城区、沾益、马龙、陆良、宣威五个城市及时启动了城市总体规划修编，深入研究山地城镇建设带来的土地利用方式的转变，科学选择城市建设用地，将山地城镇建设战略融入到城市总体规划。为突破城区发展受周边坝区基本农田限制的难题，中共曲靖市委、曲靖市人民政府从区域统筹发展出发，对麒、沾、马三城市实施同城规划，尽量利用适宜建设的山地来拓展珠江源大城市的空间。

（五）推进上山项目试点

曲靖市按照"有一定建设基础，有一定规模，有一定典型性"的原则，市域内9个县（市、区）各选择了1—2个试点，开展山地城镇的具体项目建设。在选址确定试点项目区时，一方面保证所确定试点项目区不占用坝区土地，切实保护坝区耕地；另一方面加大招商引资力度，利用项目入驻推动试点项目区的建设，杜绝无项目开发导致项目区闲置浪费。

以麒（麟）、沾（益）、马（龙）珠江源都市区450平方千米控制规划为龙头，按照田园城市发展思路，因地制宜推动形成组团式发展格局，新增城市规划面积中8度以上低丘缓坡山地152平方千米，占新增规划面积的80%。以麒麟、富源、宣威试点项目区为国家级试点，启动3.4平方千米麒麟区金麟湾片区和1.87平方千米太和山片区建设，投资规模约32亿元。

（六）搭建融资平台

为了充分发挥资金的保障作用，曲靖市先后成立了城市建设开发投资公司和土地开发投资公司，采用两种方式融资：（1）以政府注入股本金为主，利用开发项目的土地向银行抵押贷款，同时吸收部分民间资金，给予一定比例的回报。（2）在公司成立时，以政府控股为前提，并适当引进企业和民间资本。

三 曲靖市山地城镇建设过程中存在的问题

（一）基础信息方面的问题

山地城镇建设过程中选址依据不够充分，其核心就是基础信息的问题。不全面的基础信息很难支撑山地城镇建设的前期研究、用地选择和后期实施。具体体现在两个方面：（1）地质灾害隐患；（2）生态安全问题。这两个方面的科学依据不够全面，部分用地甚至缺少基础地形图信息，导致用地选择的依据不充分，纵向控制缺乏依据，道路交通组织缺乏可实施性。

（二）主要技术方面的问题

山地城镇建设规划设计的技术问题，主要集中在调查研究不足、纵向控制不到位、综合防灾能力不足、山地地下空间开发不当、山地景观特色不足、缺乏成本控制等方面。技术指标的政策性制约较大，规划设计部分指标需要突破原有规范、标准。（1）人均规划建设用地指标。山地城镇建设有效用地面积小于同等面积的平坝地区城镇建设，人均规划建设用地指标突破原来的标准。（2）道路指标。山地城镇建设道路用地比例增加，突破原有标准范围。（3）容积率指标。受地形、地质条件限制，不宜在山地上规划高强度的建设活动，一些项目地块的容积率达不到国土部门规定的1.0的容积率下限。

（三）多规合一方面的问题

云南省山地城镇建设用地协调过程中，通过组织规划、国土、林业三个行业管理部门进行用地协调。从实施角度看，存在四个方面的问题：（1）协调的部门还应包括环保、水利、发展改革等部门。党的十八届三中全会提出关于生态文明建设需要划定耕地保护线、生态保护线和城乡空间增长边界的要求，而生态保护线涉及多个部门，应尽可能纳入协调小组；（2）除国家和省级公益林有明确的保护范围，水源保护区、自然保护区、风景名胜区、历史文化保护区等需要实施严格保护，空间上也应明确；（3）植被优良、生态良好、景观优美的非国家和省级公益林也应该进行严格保护；（4）"三规"之间图例图示、分类标准的衔接不够清晰，跨部门的规划编制、规划实施、规划管理都缺乏理论和标准支撑。

（四）规划编制方面的问题

山地城镇建设过程中采用城镇近期建设规划与国土规划、林业规划相衔接，规划编制方面主要存在五方面的问题：（1）近期建设规划本身需要进一步优化技术路线和编制内容；（2）超出现行总体规划范围开展的近期建设规划，需要尽快纳入城镇总体规划；（3）山地城镇建设的科学性是以规划编制的科学性为前提，必要的工作周期是确保山地城镇建设方案的基本保证，急速推进的规划编制将会导致局部的前期研究不够充分；（4）规划编制过程中公众参与不足，面向人民群众的山地城镇建设政策宣传需要加强；（5）山地城镇规划设计研究空间和布局，基本停留在二维规划的层面，缺乏三维的规划研究方法和三维的决策方法。

（五）体制机制方面的问题

体制机制的制约，主要体现在管理不科学、融资成本高和实施不到位三个方面。管理方面，政策不配套，所涉及的部门太多，程序也十分复杂，操作起来难度也十分大；经济方面，核心就是缺资金，融资困难且成本相对较高；实施方面，在山地城镇建设过程中，各个主体跟国土部门衔接比较清楚，但与其他部门的空间关系不够清晰。

四 对曲靖市下一阶段山地城镇建设的主要建议

山地城镇建设涉及社会人文系统和物质空间系统，是一个辩证的统一体，需要用辩证的思维来认识山地城镇建设和发展过程中的基本规律。正确处理坝区和山地的关系，正确处理建设和保护的关系，正确处理粮食安全、生态安全与城市、经济社会和生活居住发展之间的关系。

（一）加强信息建设

基础信息是科学编制规划和山地城镇顺利推进的基本保障。山地城镇建设应加强四个方面的基础信息建设：（1）建设用地应增加测绘不小于1∶2000比例的全域地形图，分水线内侧的汇水区应增加测绘不小于1∶5000比例的流域地形图，近期实施的工程区域应增加测绘1∶500比例的地形图；（2）补充完善生态湿地、水源工程、水源保护区、自然保护区、风景名胜区、历史文化保护区、植被优良区域等的详细地理、生态环境、历史文化信息；（3）补充完善区域地质灾害隐患信息；（4）补充完善水文与工程地质信息。

（二）加强技术研发

1. 积极开发利用山地城镇地下空间

地下空间是山地城镇的重要组成部分，合理开发城镇地下空间资源是提高土地利用强度、适应城镇现代化的需要。山地城镇地下空间的开发利用应按照"统一规划、综合开发、合理利用、依法管理"的原则，综合考虑防灾和人民防空的双重需要。山地城镇地下空间的规划编制，应注意保护和改善城镇的生态环境，科学预测城镇发展的需要，因地制宜使地下空间的开发利用与地方经济发展水平相适应。

2. 提高山地纵向规划设计水平

珍惜和充分利用每一寸土地是我国的根本国策，城市用地纵向规划应执行好这一根本国策。山地纵向规划应重视工程安全，避免由于规划和设计考虑不周而引起滑坡、崩塌和水土流失等灾害。山地城镇用地纵向规划既要适宜于布置建（构）筑物，满足防洪、排涝、交通运输、管线铺设的要求，又要充分利用山地、坡地地形、地质等环境条件进行建筑布局。

3. 提高山地、坡地地质灾害的防治能力

曲靖市各县（市、区）多为地质灾害易发区，城镇用地选择、功能布局要避开泥石流、滑坡等频发地区。在已有泥石流、滑坡等威胁的地带，修筑防护堤、分水沟、固定桩等防护设施，灾害高发区采取生态移民策略。完善不同类型泥石流滑坡防治的生态工程与岩土工程技术措施的优化组合，加大工程建设区生态修复、泥沙控制和泥石流滑坡防治力度，加快工程区生态环境保护与灾害防治技术体系建设。

4. 高度重视山地城镇抗震防灾能力建设

曲靖市地质构造较为复杂，地震活动呈现强度大、频率高、灾害重、分布广的特征。城乡建设用地选址应避开地震断裂带，合理设置避震通道、避震疏散场地（如绿地广场等）和避难中心，保障城乡生命线工程。一般建设工程，严格执行国家标准规定的抗震设防要求；重大建设工程和特殊设防类工程，应进行地震安全性评估，并按地震安全性评估结果进行抗震设计和施工。山地城镇抗震防灾规划应独立编制，且规划中的抗震设防标准、抗震防灾措施应当列为建设规划和城市总体规划的强制性内容，并作为编制城市详细规划的重要依据。

5. 提高山地城镇特色规划建设水平

曲靖市城镇空间布局具有典型的高原山地聚落特征，传统城镇依山傍水，山水田园环绕。在山地城镇建设中，倡导保护环境、尊重自然、依山就势结合自然的规划建设思维，杜绝移山、填水、毁林等行为，形成山、水、城、田、林有机交融的田园城镇。

（三）推动部门协作合作

1. 加强部门之间的沟通与协作

规划区内城乡建设用地，必须符合城镇近期建设规划确定的用地布局和发展方向。近期建设规划中建设用地的规模、范围应该与土地利用总体规划确定的城乡建设用地规模、范围应一致，近期建设规划及城乡规划的修改完善，必须按照国土部门划定的基本农田保护界限、林业部门划定的林地保护界限和其他部门的专项规划进行调整。山地城镇建设项目规划报批件上报审批过程中，应与同级国土、林业主管部门建立联席审查制度。

2. 科学确定城乡建设用地

山地城镇近期建设规划和总体规划阶段，应对研究不够充分的用地和拟选用地（尤其是存在地质灾害隐患的山地）的地质状况、规划区内各场地的稳定性和工程建设适宜性进行科学分析，在规划、勘察、设计阶段要充分考虑滑坡、崩塌等地质灾害的风险。按照建设部门《滑坡崩塌地质灾害易发区城镇工程建设安全管理指南》的要求，进行岩土工程控制区（地段）划分，确定城镇的发展规模、各项用地的功能分区，为编制各项专业规划提供依据。

（四）科学编制规划

1. 完善山地城镇近期建设规划的论证研究和成果编制

在调整完善近期建设规划前，对原规划实施情况进行科学总结。立足山地城镇建设的现状，从土地、水资源、能源等长远发展保障出发，前瞻性地研究山地城镇的定位和山坝空间布局。客观分析山地资源开发的制约因素，重点研究山地城镇的综合承载能力，解决好耕地保护、生态建设、重大基础设施建设之间的矛盾。正确处理好坝区和山区协调发展、城市与乡村统筹发展的关系，重点研究土地资源配置、区域环境治理等问题。

2. 加快推进村镇规划编制和实施管理工作

组织编制镇（乡）总体规划、详细规划和近期建设规划，并依法实行建设项目规划许可制度。省级重点特色小镇要滚动完善规划编制、审批和实施评价工作。在现有村庄规划编制工作基础上，严格按照行政村总体规划"二图一书"、自然村建设规划"三图一书"的规划完善实施机制。

（五）完善体制机制

1. 加强规划集中统一管理

根据《关于加强耕地保护促进城镇化科学发展的意见》（云政发〔2011〕185号）的要求，建立、健全、规范城乡规划管理机制。山地城镇开发必须符合山坝结合的思路，纳入城乡规划部门统一管理。市级城乡规划行政管理部门对各县（市、区）城乡建设用地增长的情况进行检查，对未按要求调整土地利用的地区进行督办。规划部门在对各项建设项目审批时，严格审查山地城镇近期建设规划。

2. 建立健全规划实施的监督机制

城乡规划实施应接受同级人大、上级城乡规划部门和社会的监督。山地城镇规划的修编和实施情况，每年应向同级人民代表大会常务委员会报告。下级城乡规划部门应就城乡规划的修编、实施情况向上级城乡规划部门报告。城乡规划部门要将批准的山地规划、各类建设项目和重大案件的处理结果及时向社会公布。

3. 规范城乡规划管理的行政行为

城乡规划部门机构设置要适应新时代城市和乡村发展的需求，并与时俱进改革创新。健全各项规章制度，建立严格的岗位责任制，强化对行政行为的监督。地方人民政府要切实保障山地基础信息建设和山地规划编制与管理的资金，将规划组织编制和管理的经费纳入年度财政预算，财政部门应加强对经费使用的监督管理。地方人民政府及其城乡规划部门要严格执行《城乡规划法》《土地管理法》等法律法规，认真遵守经依法定程序审批的具有法律效力的各项规划，确保规划依法实施。

4. 强化配套基础设施建设

城镇建设向山地发展必然带来基础设施配套投入成本的增加，在山地城镇建设工作中，努力保持地形地貌的整体连续性，顺应坡地的自然形态进行梯级开发，利用自然山势、水系建成高效的城市供排水系统。加大对道路、供水、供电、供气的投入力度，强化教育、卫生、文化、体育、科技、应急救援等公共服务能力的建设，确保群众出行方便、购物方便、就医方便、上学方便。

总体来看，曲靖市山地城镇建设取得了比较明显的成效，未来还有较大的发展空间。立足市情，下一阶段应坚持转变城乡建设用地方式，保护耕地和坝区良田，守住粮食和生态底线，科学有序推进城镇上山和工业上山，推进项目向园区集中、散村向中心村和城镇集中，促进城乡发展一体化发展。

调查报告二

云南省玉溪市山地城镇建设调查报告

一 玉溪市山地城镇建设背景

坚持最严格的耕地保护制度，直接关系着国家粮食安全、经济持续发展、社会和谐稳定和国家长治久安。随着经济社会发展，城乡建设用地需求不断增加，坝区耕地资源持续减少，既要落实中央保护18亿亩耕地战略，又要保障经济社会发展用地，土地开发与耕地保护的矛盾日益突出。统计资料显示，2010年，云南省新增的166.67平方千米建设用地，占用耕地将近50%。

2011年9月5日，云南省保护坝区农田建设山地城镇工作会议在大理召开，立足于云南省情，提出"守住红线、统筹城乡、城镇上山、农民进城"的总体要求，努力实现土地高效利用和城镇化科学发展，探索具有云南特色的城镇化道路。与此同时，云南省人民政府出台了《关于加强耕地保护促进城镇化科学发展的意见》，明确了一系列符合实际、具有云南特色的政策措施。

2011年9月15日，云南省被列为国家"低丘缓坡土地综合开发利用试点"省份之一，也是首批列入全国坡地开发建设项目试点的五省市中唯一一个在全省范围内试点的地区。所谓"低丘缓坡地"，通常指在丘陵区集中连片分布、且坡度在25度以下的缓坡地，包括荒草地、裸土地、废弃园地、低效林地等多种土地后备开发资源。作为高原山区省份，云南省8

度到25度的低丘缓坡土地约占全省国土面积的52%，宜建山坡地空间巨大。如果这些土地全部得到有效利用，可以极大增加耕地和建设用地供给，缓解土地供需矛盾、实现耕地占补平衡。

二　山地城镇建设的重要意义

（一）转变发展方式的重要途径

中国山地、高原、丘陵占国土总面积的65%，"人多地少"是中国的基本国情。目前，中国的人均耕地不足0.1公顷，不到世界平均水平的1/2，不到发达国家的1/4，中国的人均耕地量只有美国的1/6、阿根廷的1/9、加拿大的1/14。由此可见，中国可以利用的土地资源并不丰富。与稀缺的可利用的农田和优质土地资源形成反差的是"城镇化提速"过程中大量优质农田遭到破坏，高质量耕地大量流失。根据统计测算，国民经济总量（GDP核算）每增长1%，将会占用农地200平方千米左右。如何保护农田耕地，无疑是推进城镇化、工业化进程中一个绕不开的问题。

经济发展与耕地保护之间的关系，通过转变土地利用方式，强化用地保障，使城镇化、工业化成为未来一段时期地方经济社会高质量发展的动力。

（二）破解保护耕地与建设用地需求矛盾的有效方法

随着经济社会的发展，土地供需矛盾日益尖锐，要解决这一矛盾，创新城镇化发展理念和模式，转变建设用地方式是唯一的出路。从玉溪市的实际来看，玉溪市国土面积996平方千米，其中，山区、半山区面积占90.6%，坝区面积仅占9.4%。玉溪市的耕地面积中，高稳产农田仅占30.3%，市域内坡度小于8度且面积在10平方千米以上的坝子总共只有17个。随着滇中城市经济圈工业化、城镇化进程的不断加快，推动建设山地城镇已成为玉溪市转变用地方式、破解用地瓶颈、实现可持续发展的迫切需要。

（三）城镇建设规划思路的重大调整

城镇化发展水平是衡量一个地区经济发展的重要指标之一。玉溪市作为山多地少的城市，迫切需要依托城镇化来聚集各种发展要素，实现集约化发展。根据国内外城镇化发展的经验，当一个国家和地区的人均GDP达到1000美元或城镇化水平达到30%以上时，城镇化即进入快速推进阶段。2010年，玉溪市人均GDP已突破4000美元，城镇化率达38.3%，城镇化也进入快速发展时期，特别是随着新一轮西部大开发和滇中城市经济圈建设的加速，玉溪市进入了工业化加速和城镇化提升的关键时期。同时，虽然玉溪市的城镇化率位居全省前列，但玉溪市的城镇化并没有实现高质量发展。一方面，在推进城镇建设时，过多占用坝区耕地，坝区优质耕地资源急剧减少，"务农无地、上班无岗、低保无份"的失地农村居民问题日益突出；另一方面，由于山多坝少，加之受用地计划指标限制，城镇化进程相对缓慢，城市的辐射带动力也相对较弱，离2020年城镇化率50%以上的目标还有一定的距离。按照传统城镇化推进模式，城镇化、工业化的发展需要占用平坝地区土地，而玉溪市可供开发的后备土地资源严重不足。因此，加快城镇化、工业化进程中改变用地的方式已刻不容缓。

（四）有利于建设生态宜居城市

推进山地城镇建设，着力发展以低丘缓坡地区为载体的"卫星城"或小城镇，将其与新农村建设结合起来，不仅有利于整合利用城乡土地资源，而且有利于消除或弱化城市建设中的"丛林效应"，纠正城市建设中盲点过多、安全隐患过大的弊端，从而提高城乡建设用地的综合配置水平与效率。

立足玉溪市的生态优势，将玉溪市打造为生态宜居城市是新时代玉溪市经济社会发展的目标。实施山地城镇建设，推进土地资源的科学利用，统筹空间布局、产业发展、交通网络建设，能够为玉溪市建设现代宜居生态城市打牢基础。

（五）有利于推动玉溪区域经济协调发展

玉溪市作为云南省经济社会发展相对较好的地级市，与省会城市昆明仅88公里，处于东接太平洋和西进印度洋"两洋"大陆桥通道的接合部，中国昆明—泰国曼谷高速公路、中国昆明—越南河内高速公路、泛亚铁路中线和东线、海外能源通道、昆明—磨憨公路和玉溪—江川—通海—建水高速公路等均在玉溪市交汇，玉溪市既是通往滇南方向的重要交通枢纽，又是云南省通往南亚东南亚"国际大通道"的重要枢纽。作为"大昆明经济核心区"和滇中经济圈的重要组成部分，玉溪市处于昆曼、昆河两大经济带的重要连接部，具有上承省会中心城市、下连滇南、辐射东南亚的集散功能。在区位优势突出的玉溪市实施"山地城镇建设"战略，将会成为云南省山地城镇探索实践的一张名片。

（六）统筹玉溪城乡发展的迫切需要

从玉溪市城乡发展的实际来看，城乡二元矛盾十分突出，核心问题是城乡居民收入差距较大。2011年，玉溪市农村居民人均可支配收入为6616元，城镇居民人均可支配收入18527元，城乡收入绝对差值为11911元。从城乡居民人均可支配收入之比来看，2005年这一比值为2.66∶1，2011年这一比值为2.8∶1。实施山地城镇建设，有利于正确认识玉溪市的山水人文、地理气候，把城镇和农村作为一个整体通盘考虑，进一步缩小城乡收入差距，实现区域均衡发展。

三 玉溪市山地城镇建设的探索与实践

山多地少是玉溪市经济社会发展的基本市情。如何既能保证经济发展的用地需求，又能坚守基本农田保护这根红线，一直是玉溪发展的一个"两难方程式"。为了寻求这个"两难方程式"的解，中共玉溪市委、玉溪市人民政府通过实施"山地城镇建设"来缓解玉溪发展的矛盾。

（一）高起点谋划，城镇用地向山区发展

2005年以来，按照打造现代宜居生态城市的目标，玉溪市依托城市发展的基础条件，在中心城区将城镇建设从坝区向缓坡、山地延伸。具有代表性的是玉溪市五脑山片区项目建设，充分利用山坡地的自然景观，建成山水佳园、尚易佳园、东方人家住宅小区，占总面积的65.7%，五脑山片区被评为"2010中国房地产低碳人居十大最佳环境范例金奖楼盘"。

（二）项目向园区集中，推动工业跨越发展

工业项目向园区集中的目的不仅在于集中生产要素和发挥产业集聚效应，更在于实现用地集约利用的目标。早在2003年，玉溪市通海县面对人地矛盾突出、环保压力增大、环境承载能力脆弱的现实，通过打造里山工业园，推进"工业上山、项目入园"工程。目前，里山工业园建设面积14.2平方千米，相当于从2003年到现在少占用了14.2平方千米的坝区耕地。通过园区向低丘缓坡地带布局，通海县在有限的土地资源上实现县域经济社会的可持续发展，入园的58家企业通过易地搬迁、技术改革等方式提升了产能规模和产品质量，推动了产品升级换代，提高了工业附加值。

（三）高标准要求，旅游产业向山地推进

近年来，旅游业开始成为玉溪市的新兴支柱产业，发展势头十分迅猛。玉溪市紧紧抓住建设"抚仙湖—星云湖生态建设和旅游改革发展综合试验区"的历史机遇，对旅游产业用地进行科学规划、统筹布局，尽量不占或少占耕地、林地，充分利用荒滩、荒坡、荒山、石漠化等未利用土地，有计划地推进旅游产业用地向山地拓展。

（四）严格要求保护坝区农田

2011年以来，玉溪市抓住被列为全国土地利用总体规划动态评估与滚动修编试点城市的机遇，按照"山地城镇"的建设要求，及时调整完善土地利用总体规划、林地保护利用规划和城镇近期建设规划（以下简称"三个规划"），实行最严格的耕地保护制度和节约用地制度落到了实处。玉溪市坝区共有耕地面积519.2平方千米，现行规划确定坝区基本农田面积277.75平方千米，保护率为53.49%。三个规划调整后，增加坝区基本农田面积143.2平方千米，坝区耕地划为基本农田的比例提高到81.07%。

（五）开发低丘缓坡，拓展用地空间

为破解保护耕地与保障发展的难题，确保山地城镇建设科学、合法、有效，玉溪市抓住国土资源部门确定云南省为全国低丘缓坡土地综合开发利用试点市的机遇，以项目、产业支撑为重点，按照"启动一批、提升一批、储备一批"的思路有效推进试点工作。2011年，研和工业园区作为玉溪市首个低丘缓坡土地综合开发利用试点项目，经云南省国土部门批准正式启动。随后红塔区观音山、研和工业园区双小片区、华宁新庄、澄江蛟龙潭、江川龙泉山、通海大石山、易门鸡公山、峨山化念、新平桂山、元江甘坝等10个项目先后获批，实现了低丘缓坡土地综合利用试点项目县区全覆盖。

（六）搭建资金筹集平台，助推项目用地上山

为确保低丘缓坡土地开发项目能够顺利实施，玉溪市人民政府积极搭建融资平台。由玉溪市国土部门牵头，联合县（区）人民政府、园区管委会、各大银行召开低丘缓坡项目融资工作座谈会，在充分开展调研的基础上形成《关于进一步加强工业园区土地管理工作的意见》，强化园区对土地一级开发、土地出让收入、融资等管理的权力，鼓励园区管理委员会成立投融资公司，推动融资实体化运作。同时，玉溪市人民政府积极与部分金融机构协调，采取 BT、BOT 的投融资形式，支持玉溪市工业园区基础设施建设。

（七）做好适建山地的评价工作，打好山地城镇建设基础

玉溪市在建设山地城镇过程中，把生态环境的保护放在首位，开发与保护并重，较好地保持了地貌的连续性和自然形态，实现了土地开发利用与生态建设和谐统一。在推进低丘缓坡土地综合开发试点项目的过程中，科学合理做好适建山地的适宜性评价工作，对环境影响分析、水土流失、地质灾害危险性、矿产压覆、地震危险性、地形地貌分析等进行了评价，为项目实施做好前期准备工作。

（八）实施"农转城"，确保山地城镇建设

玉溪市根据城镇体系建设的现状、城市经济社会的发展水平、自然条件和城市综合承载能力，把农村居民进城与山地城镇建设有机统一起来。2012 年 6 月，玉溪市制定出台了《玉溪市人民政府关于加大城乡统筹力度促进农业转移人口转变为城镇居民的实施意见》，进一步明确了农业转移人口转变为城镇居民的户籍、住房、就业、医疗、养老、教育等相关政策。

四 玉溪市山地城镇建设面临的问题

（一）相关政策不配套，倾斜政策不够明确

一方面，国家鼓励条件成熟地区合理开展低丘缓坡土地综合开发利用的试点工作，探索创新土地利用和管理方式，促进土地资源的高效利用，同时也拟定了相关的优惠政策，诸如实行征转分离、专项安排新增建设用

地的指标、减免基础设施新增建设用地有偿使用费等,但对于低丘缓坡开发利用实施项目区建设用地指标要求、使用及管理等具体内容尚未明确。就玉溪市的实际情况来看,实施低丘缓坡综合开发利用试点拓展了发展空间,但在实施过程中却面临融资难、缺乏园区项目支撑、林地审批配套机制滞后等一系列问题。另一方面,建设山地城镇必须解决"农民进城"问题。目前,由于云南省相关配套政策措施不到位,农村居民进城落户的积极性还不高。比如,农民工中普遍存在"前瞻有愁,后顾有忧"[①]的情况。2012年,云南省人民政府下达了玉溪市8万农业人口转变为城镇居民的任务,在实际执行过程中,不是简单地变更户口登记,重要的是城乡经济结构调整的问题。如何让进城落户的农村居民与城市居民一样享受城市就业、社保、住房、教育、医疗,如何让他们在一定时期内仍然保留农村原有的承包地、宅基地、林地、集体经济资产分红等基本权益,这些现实问题也需要认真思考和科学谋划。

(二) 产业规划不配套,园区演变成"孤岛"

实施低丘缓坡综合开发利用,城镇上山、园区上山、农民进城是玉溪市工业园区发展的方向。由于缺少经验和认识不足,致使工业园区统筹规划不到位,虽然从厂房建设、工业生产到服务配套设施等规划上突出了园区工业化,却缺少了城乡一体化、一二三产业相互促进和"四化"同步发展的统筹规划,不同程度形成了"工业孤岛效应"和新的"城乡二元结构"的矛盾。另外,规划建设用地指标缺口较大,水、电、路等基础设施是制约山地综合开发的主要瓶颈。建设山地城镇需要重新配套交通、水利、能源等基础设施,并且山地利用率相对较低,低丘缓坡开发项目规模都比较大,现有的规划新增建设用地指标无法满足需要,低丘缓坡项目区内只能布局一部分建设用地指标,于是又产生新的土地供需矛盾。

(三) 园区体制机制不健全,投融资能力弱

玉溪市10个工业园区中,虽然都成立了管委会,但大部分有机构无编

---

① "前瞻有愁"主要是担心进城租房购房等居住成本高,不能享受与城里人同等的就业、教育、社会保障等福利;"后顾有忧"主要是担心进城后,失去原有在农村的耕地、宅基地、林地等权益,进城落户有风险。

制，园区领导班子均为临时抽调组建而成，干部思想不稳定，园区管理体制不顺，权限下放不够。在政策支撑方面，玉溪市仅有一份文件对研和工业园区明确了部分相关优惠扶持政策，缺乏整体推进玉溪市工业园区建设发展的配套政策。在基础设施建设方面，除市政府重点打造的园区以外，其余工业园区均存在资金筹措渠道单一、投融资能力弱、资金严重不足等问题，严重削弱了工业园区发展的后劲。在招商引资方面，玉溪市园区招商机构不健全，缺乏精干的招商引资队伍，缺少具有区域特色和竞争优势的招商引资优惠政策，致使园区缺乏有效的项目支撑。

五 推进玉溪市山地城镇建设的对策建议

山地城镇建设是全局性战略，符合山区可持续发展的要求。玉溪市城镇建设能否真正实现科学合理，直接关系玉溪市工业化、城镇化、现代化的发展进程。为此，必须充分认识山地城镇建设的重要性和紧迫性，在已经取得成绩的基础上，探索解决山地城镇建设面临困难和问题的新途径。

（一）加强领导，建立高效联动的工作推进机制

1. 深化认识

充分认识山地城镇建设的重要意义，从讲政治、顾大局、促发展的高度，把思想和行动统一到国家新型城镇化战略上，健全领导机制、决策机制和工作机制，严格执行土地利用总体规划、城乡规划建设等相关法律法规，维护良好的土地管理和城乡建设秩序。加强对用地上山每个项目、每个环节的组织领导，及时研究解决工作中的重大问题，建立健全联合审查机制，确保项目稳步有序推进。

2. 转变思维

摒弃"山地是制约经济社会发展的障碍"的传统认识，充分认识山地资源的价值，确立"希望在山、未来在山、发展在山"的理念，坚定不移地从思想解放到行动解放。按照"守住红线，统筹城乡，城镇上山，农民进城"的思路，切实转变建设方式，从在坝区"摊大饼"式建设城镇模式转变为体现"保护坝区耕地，突出中小城镇，组团式发展，推进城乡一体化"的模式，推进低丘缓坡土地综合开发利用试点的工作，做大中心城

区，做优县城，做特集镇，做美乡村。

3. 舆论引导

推进山地城镇建设，加快城镇化步伐，不仅是玉溪市经济高质量发展的必然要求，也是玉溪市统筹城乡发展的重要途径。新闻媒体要追踪山地城镇试点项目进展情况，加大动态宣传力度，为山地城镇建设营造良好的社会舆论氛围。

4. 部门协同

城镇上山是一项全新的工作，需要各级各部门树立"一盘棋"的思想，既要各司其职、各负其责，又要密切配合、通力协作。按照"党委领导、政府负责、国土搭台、部门联动"的思路，强化组织领导，建立高效、联动的组织协调机制，做到工作程序无缝对接、工作责任有效衔接、工作成果应用共享。

（二）科学规划，建立协调统一的规划引导调控机制

遵循城市发展客观规律，适时调整完善土地利用总体规划、城镇近期建设规划、林地保护利用规划、山地综合开发利用规划，切实转变建设用地方式。对未来5—10年的山地城镇人口、产业承载能力进行科学分析和预测，适度超前布局城镇体系建设，科学合理规划城镇功能，构建城乡一体、配套衔接的规划体系和监管体系。充分吸收现代文明成果和现代文化精髓，借鉴国内外现代山地城镇建设模式和经验，引导城镇和产业向低缓山坡、丘陵发展，形成"多中心、组团式、网络化"的新型山地城镇发展模式。调整完善交通、水利、电力、商业、物流、教育、医疗等专业发展规划，从制度上保障不同行政层级、不同行政区域、不同行业领域间各类规划的有效衔接。

（三）创新机制，完善山地城镇政策体系

1. 拓宽山地城镇建设投融资渠道

通过调整耕地占补平衡政策、减免山地使用费用等方式，提高利用山地的比重，提高占用坝区土地的成本。坚持"谁开发、谁受益"的原则，从政策机制和利益机制上鼓励合理开发山地后备资源，做强做大市、县两级土地开发投资公司和城市建设开发投资公司，拓展融资渠道，将坝区周

边适建山地、坡地和未利用地优先纳入储备，高起点、高质量、高速度加快适建山坡地配套的路、水、电等基础设施建设。

按照"政府推动、社会参与、市场运作"的原则，设立山地城镇基础设施建设基金，基础设施、服务设施、有关产业建设资金向特色山地城镇和产业项目建设倾斜，形成多元化的投入机制。运用经营城市的理念，通过 BOT、TOT 等市场化运作方式加大建设投资。积极搭建山地城镇投融资平台，赋予资金筹措、项目建设、资金管理和债务偿还的职能，实现在政府指导下的市场化运作。同时，建立相对集中的政府投入机制，通过降低建设用地基准地价、减免相关配套费用等方面的优惠政策，增加开发收益，引导开发业主把资金投向山地城镇建设。

2. 以"园区＋拓展区"模式推进山地城镇建设

积极探索"工业园区规划建设区＋城乡一体化发展拓展区"的模式，引导园区周边乡镇、农村集体和农村居民以土地入股等方式参与园区建设，促进建设用地集约利用，统筹谋划用足用活低丘缓坡。加强基础设施建设，完善园区配套功能，突出水、电、路"三大"保障性工程建设。创新招商引资机制，以主导特色产业为重点，加强重大项目的筛选和储备工作，强化招商引资项目库建设，积极与发达城市建立"客商库"，实现以项目支撑园区发展，将园区建成山地城镇建设综合配套改革示范区。

3. 探索建立用地计划指标奖励机制

用足用活国家低丘缓坡综合开发利用试点差别化土地政策，切实做好用地报批工作。制定科学合理、切实有效的配套政策措施，通过政策杠杆鼓励和引导山地城镇建设。对山地城镇建设做得好的县（区）政府，在安排年度用地计划指标时可给予多种形式的奖励；对利用荒坡荒地建立的产业园区、工业园区，适当地降低建筑的密度或者是降低土地基准地价。

4. 推进城乡一体化发展

围绕《玉溪市城市总体规划（2011—2030 年）》确定的"一核一区、一带三轴"城镇体系空间布局结构，按照"一心、双核、四组团"的中心城区城市空间布局结构和"三山、三河、三片区"的近中期生态城市格局，以中心城区建设现代宜居生态城市为龙头，提高城镇的服务功能和综合承载能力。

（四）尊重民意，确保山地城镇建设

在推进"山地城镇"建设过程中，以提高人民群众生活质量和人居环境质量为目标，始终把维护群众权益放在首位。既坚持从实际出发，又要尊重客观规律。在实际工作中，要防止两种倾向：（1）消极被动，畏难情绪，等待观望，山地城镇建设落不到实处；（2）追求"政绩工程"，盲目推进山地城镇。广泛宣传山地城镇建设的相关政策措施，建设项目要广泛听取和征求群众意见。对涉及征、占用农村居民的土地，依法依规开展征地拆迁工作，依法做好安置补偿，切实维护被征地农户和被拆迁户的合法权益，确保山地城镇建设科学、有序、依法、高效的推进。

调查报告三

贵州省山地特色城镇化调查报告

一 贵州省城镇化发展历程与取得的成效

(一) 贵州省城镇化历程

新中国成立到 20 世纪末,贵州省城镇化发展一直落后于全国平均水平,城镇化推进也相对比较缓慢。进入 21 世纪以后,贵州省城镇化发展与工业化发展同时进入了快速发展时期,1990 年贵州省城镇化率为 12.26%,到 2000 年贵州省城镇化率提高到 21.0%,再到 2010 年提高到 33.8%、2011 年为 35%、2012 年为 37.8%、2014 年为 40.01%、2015 年为 42.01%、2016 年为 44.15%。

根据城镇化发展的一般规律,一个地区城镇化发展按照城镇化率可以划分为五个阶段:(1) 城镇化率低于 30%,处于城镇化初级阶段;(2) 城镇化率在 30%—40% 之间,处于城镇化中期加速起步阶段;(3) 城镇化率在 40%—50% 之间,处于城镇化中期持续加速阶段;(4) 城镇化率在 50%—70% 之间,处于城镇化中期稳定发展阶段;(5) 城镇化率高于 70%,处于城镇化后期高度发达阶段。

按照城镇化发展的规律,贵州省现阶段城镇化处于加速发展时期。

表 1-1　　　　　　　城镇化发展的五个阶段

城镇化发展阶段	人均 GDP (美元)	社会发展阶段	城镇化率 (%)
城镇化初级阶段	小于 300	贫困阶段	小于 30

续表

城镇化发展阶段	人均GDP（美元）	社会发展阶段	城镇化率（%）
城镇化中期加速起步阶段	300—800	生存阶段	30—40
城镇化中期持续加速阶段	800—3000	小康阶段	40—50
城镇化中期稳定发展阶段	3000—7000	较发达阶段	50—70
城镇化后期高度发达阶段	大于7000	发达阶段	大于70

（二）贵州省城镇化发展的主要成效

进入21世纪，贵州省城镇化发展与工业化同时进入了稳步发展推进时期，城镇化率增长十分显著，城镇化空间格局基本构建，区域重大基础设施条件显著改善，城镇公共服务设施和保障体系不断完善，城镇化平台支撑持续壮大，城乡统筹工作稳步推进。

1. 城镇化率增长十分显著

从贵州省城镇化率来看，2011年、2012年、2013年三年城镇化率增速分别为1.2%、1.5%、1.3%。2014年，贵州省城镇化率达到40.01%，比2013年增加了2.18个百分点，城镇化增速位列全国第一。

2. 城镇化空间格局基本构建

近十年以来，贵州省以黔中城市群为主体，以贵阳市和贵安新区为龙头、以市（自治州）政府所在地城市为重点、以县城为支撑、以小城镇为基础、以新型农村社区为补充的现代城镇体系格局初步形成。贵阳市中心城区人口近300万人，遵义市中心城区城市人口近100万人，安顺中心城区人口规模达50万—80万人，其他市（自治州）政府所在地城市中心城区人口规模达30万—50万人，人口规模超过万人的县城有十余个，城镇体系结构逐渐形成。

3. 区域重大基础设施条件显著改善

随着贵广铁路顺利通车，贵州全面进入"高铁时代"，铁路通车里程达2490千米。高速公路通车里程突破4002千米，贵州省88个县（市、区）全部通达高速公路。通航机场实现9个市（自治州）全覆盖，进出港旅客突破2000万人。交通条件的改善，贵州省通江达海、外引内联能力极大增强，城镇化保障能力也得到了增强。

4. 城镇公共服务设施和保障体系不断完善

2013年以来，贵州省基础教育覆盖面不断扩大，高等教育和职业教育质量显著提升，15岁及以上人口平均受教育年限为7.82年，为城镇化提供了智力支撑。城镇医疗卫生基础设施建设进程也突飞猛进，农村基层卫生人才队伍不断增强，城镇化的医疗卫生服务保障能力大幅提升。基本民生保障制度不断完善，社会福利和慈善事业进一步发展，社区和社会组织机构不断健全，为城镇化发展提供了便捷的社会服务。

5. 城镇化平台支撑持续壮大

从城镇化发展支撑平台来看，贵州省100个产业园区、100个现代高效农业示范园区、100个示范小城镇、100个城市综合体、100个旅游景区累计完成投资近5000亿元。贵安新区完成固定资产投资500亿元，基本完成"八横四纵"骨架路网建设，引进一批重大产业项目。贵阳综合保税区、贵安综合保税区、双龙临空经济区等均取得丰硕的成效。

6. 城乡统筹工作稳步推进

党的十八大以来，贵州省全面贯彻落实中央"全面建成小康社会"的精神，将中央精神与贵州省"贫困、山区"的基本省情结合起来，在贵州省范围内推动了"四在农家·美丽乡村"小康路、小康水、小康房、小康电、小康讯、小康寨6个专项行动计划，累计完成投资400多亿元，有效改善农村的生产生活条件，为全面建成小康社会提供了基础性保障。

二 贵州省城镇化发展面临的挑战

虽然近几年贵州省城镇化率增速位列全国首位，贵州省跨越式发展在全国引起了很大的反响。但是贵州省在城镇化推进过程中，也面临总体城镇化水平仍然较低、城市承载和辐射能力不够、城乡发展差距越来越大、省域经济竞争力不足、资源环境成为制约城镇发展的主要因素、城镇发展特色不突出等问题。

（一）总体城镇化水平仍然较低

2016年，贵州省城镇化水平为44.15%，仍落后全国平均水平（57.4%）13.25个百分点。与周边省份相比，贵州省城镇化水平比四川省城镇化水平低 4.75 个百分点、贵州省城镇化水平比重庆市城镇化水平低 18.45 个百分点、贵州省城镇化水平比云南省城镇化水平低 0.18 个百分点、贵州省城镇化水平比湖南省城镇化水平低 8.6 个百分点、贵州省城镇化水平比广西壮族自治区城镇化水平低 3.95 个百分点，人口外流现象突出，城镇化推进速度仍需加快。

（二）城市承载和辐射能力不够

城市承载能力不足，城市综合服务能力不强。一方面，黔中城市群培育力度亟待加大。尽管黔中城市群在贵州省的影响力和经济地位显著提升，但整体实力与相邻的成渝城市群、长株潭城市群和北部湾城市群仍有很大差距。另一方面，区域中心城市辐射带动能力弱。（1）贵阳市城市首位度高于 20，但是城市实力仍不强，尚处于以聚集为主的城镇化发展阶段，辐射效益不明显；（2）八个区域中心城市中，遵义市城区人口近 100 万人，安顺中心城区人口有 50—80 万人，六盘水市、毕节市、铜仁市、凯里市、兴义市、都匀市人口均有 20—50 万人，区域中心城市聚集作用和辐射能力有限。

（三）城乡发展差距越来越大

2016 年贵州省城乡居民收入差距高达 3.4 倍，城乡发展不平衡现象十分明显。优质的公共服务资源主要集中在城市，农村的文化、教育、医疗、卫生资源较为匮乏。贵州省贫困面大、贫困人口多、贫困程度深的现实问题仍然存在。贵州省是全国贫困人口最多的省份，其中 95% 的贫困人口集中分布在武陵山区、乌蒙山区等集中连片特殊困难地区，常年返贫率在 10% 左右，扶贫开发任务十分艰巨。

（四）省域经济竞争力不足

虽然近几年贵州省经济增速继续位居全国前列，2016 年贵州省地区生产总值达 9251 亿元、人均 GDP 达到 4295 美元。但横向比较，贵州省在全国仍然排名靠后，人均 GDP 仅为全国的 57.38%。尽管贵州工业强省战略为经济发展打下了良好的基础，为城镇化发展提供了产业支撑，也为人口聚集创造了条件，但贵州省工业化程度仍然不高，导致产业带动就业能力较弱，严重制约城镇化发展的进程。

（五）资源环境成为制约城镇发展的主要因素

众所周知，贵州省是全国石漠化面积最大、程度最深、危害最重的省份，也是中国南方石漠化集中连片区的核心地带。贵州省石漠化面积有3万平方千米左右，占贵州省国土总面积的20%。受喀斯特地貌影响，贵州省水资源分布不均，工程性缺水现象突出，对产业发展和城镇化推进有一定的制约，贵阳市、贵安新区、遵义市供水能力有待进一步加强。

（六）城镇发展特色不突出

就总体而言，贵州省对历史文化遗产资源的保护不够重视，呈现"重人造景观建设，轻历史文化遗产保护；重现代风貌塑造，轻特色风貌提升"的现象。部分农村地区简单地用城市元素和风格取代传统民居和田园风光，导致乡土特色和民俗文化流失。

三 贵州省山地特色新型城镇化发展思路

按照国家新型城镇化的总体要求，贵州省结合现实的省情，提出了贵州省山地特色新型城镇化发展的总体思路：牢固树立创新、协调、绿色、开放、共享五大新发展理念，牢牢守住发展和生态两条底线，深入实施城镇化带动战略，按照"遵循规律、道法自然、试点示范、创新驱动、补齐短板、重点突破、城乡一体、统筹推进"的原则，坚持以人的城镇化为核心，以提高质量为关键，以城市群和城镇组群为主体形态，以体制机制改革为动力，加快转变城镇化发展方式，促进组团式、紧凑型、集约化发展，走以人为本、因地制宜、四化同步、优化布局、生态文明、文化传承的贵州省山地特色新型城镇化道路，充分释放新型城镇化蕴藏的巨大内需潜力，为贵州省经济社会发展提供强劲动力。

（一）经济快增促发展

贵州省推进山地特色新型城镇化，在传统产业转型升级的基础上，构建具有区域和山地特色的现代产业体系，促进三次产业协调发展。坚持"产、城、景"一体，促进产业园区、城区、景区互动融合发展，实现宜业、宜居、宜游，保障经济快速增长，促进经济社会全面发展。

（二）城乡一体保民生

贵州省是国家扶贫开发的重点地区，广大的农村腹地是贵州省同步小康的难点区域，加大扶贫开发力度，推进"镇村联动"发展模式，从而推进贵州特色城乡一体化的发展。一方面，加强城镇基础设施和公共服务设施建设，坚持"铁路、公路、机场"联动，坚持"文化、教育、卫生"配套，不断提高城镇综合承载能力和公共服务水平。另一方面，通过贯彻落实国家"三个一亿人"[①] 行动计划和贵州特色扶贫生态移民行动，促进城镇基础设施工程向乡村延伸、基本公共服务向乡村覆盖，实现城乡发展一体化和公共服务均等化。

（三）空间格局显特色

突出黔中城市群作为贵州省城镇化主体形态的地位，加大黔中城市群培育力度，打造成推动贵州省发展和区域协调发展的重要增长极。全力建设贵安新区，推动产业、人口、资金、技术等发展要素向新区聚集，将贵安新区建设为中国西部地区重要经济增长极、内陆开放型经济高地。进一步提升贵阳市的城市首位度，强化省域发展极核的地位和作用。加强与"一带一路"、长江经济带、珠江两江经济带及周边重要经济区、城市群的联系，建构贵州省对外开放新格局。城镇空间发展模式应顺应贵州省山地特征，采用组团式、点状式、串珠式的空间布局形式，形成贵州特色城镇空间体系。

（四）基础设施稳支撑

针对贵州省基础设施建设相对滞后的问题，加强区域重大基础设施建设，完善山地型综合交通体系，加快城际快速交通建设和促进区域一体化交通发展，增强城镇的通达性和城镇间的联通性，使区域交通网络更趋完善。有效解决工程性缺水问题，促进城乡能源结构更加合理，推动电信网、广电网、互联网的三网融合。提高市政公用设施服务水平和质量，进一步完善便民利民服务网络，使生活服务更加便捷。

（五）生态优先谋长远

贵州省山川秀丽，自然环境优美，是长江、珠江上游重要的生态屏障。良好的生态环境是贵州省后发赶超的核心竞争力之一，既珍贵又脆

---

① 2014年，李克强总理在政府工作报告中首次提出解决"三个一亿人"的问题。所谓"三个一亿人"即促进约1亿农业转移人口落户城镇，改造约1亿人居住的城镇棚户区和城中村，引导约1亿人在中西部地区就近城镇化。

弱。在生态优先的前提下，按照生态约束设定发展尺度和开发强度，推进绿色、低碳、节能、环保的新型城镇化。

（六）文化多元显多彩

贵州省历史悠久，拥有丰富的民族文化、红色文化、屯堡文化、土司文化等文化资源。贵州省域范围内，有17个世居少数民族、25个国家历史文化名城名镇名村、426个中国传统村落。文化是城镇发展的灵魂，在加快城镇化进程中保护、传承、弘扬优秀的地方文化，不仅仅是保留城镇的历史记忆，还能够彰显城镇的人文魅力，体现地域特征、民族特色和时代风貌。

（七）政策配套保实施

完善城镇化发展体制机制，统筹推进土地、投融资、住房保障、行政管理、生态环境、城乡治理等主要领域和关键环节的体制机制改革，形成新型城镇化健康发展的制度保障。积极争取国家在财政转移支付、基础设施建设、金融体制改革、户籍制度改革、保障房建设、社会保障、义务教育、公共卫生、计划生育、就业创业、土地管理、特色产业发展、农村综合改革、试点示范等方面给予贵州更多地支持。

四　贵州省山地特色城镇化的具体做法

（一）在全面落实国家城镇化行动方案方面的主要做法

1. 引导约500万人口就地就近城镇化

（1）探索就地就近路径

推广县城及中心镇带动周边多个村庄联动发展的"1＋N"模式，统筹城镇和周边地区公共服务设施一体建设，实现互联互通、共建共享。合理布局现代农业园区，积极发展山地高效农业、养老服务业、医药健康产业，加快发展乡村旅游业，以第一产业带动其他产业发展，促进一二三产业融合发展，形成更多"第六产业"①，推进"资源变资产、资金变股金、农村居民

---

① 所谓"第六产业"，就是通过鼓励农户搞多种经营，即不仅种植农作物（第一产业），而且从事农产品加工（第二产业）与销售农产品及其加工产品（第三产业），以获得更多的增值价值，为农业和农村的可持续发展开辟光明前景。因为按行业分类，农林水产业属于第一产业，加工制造业则是第二产业，销售、服务等为第三产业。"1＋2＋3"等于6，"1×2×3"也等于6，此为"第六产业"的内涵。

变股东"三方面的改革试点工作,促进农村居民转变为产业工人。

(2) 提升创业就业能力

实施农民工职业技能提升工程,促进大众创业、万众创新,加快创业园区和创业孵化基地建设,根据职业培训实际需求,建成一批职业技能公共实训基地,开展专项技能培训,增加职业培训补贴和技能鉴定补贴。大力引导农民工返乡就业创业,积极开展返乡农民工创业培训、金融支持,优化创业服务,降低创业门槛和创业风险。

(3) 拓宽住房保障渠道

住房保障采取实物与租赁补贴方式相结合,并逐步转向以租赁补贴为主,有序推进"租补分离、梯度保障"。探索建立进城落户农村居民住房公积金制度,为进城农村居民公积金贷款提供便捷。支持从房地产市场筹集公共租赁房源,进一步盘活存量住房。

2. 促进约300万农业转移人口落户城镇

(1) 创新户籍管理制度

实施城乡统一的户口登记制度,进一步调整放宽户口迁移政策。健全完善居住证制度,以居住证为载体,建立健全与居住年限等条件相挂钩的基本公共服务提供机制,促进有能力在城镇稳定就业和生活的农业转移人口举家进城落户。健全人口信息管理制度,建立健全实际居住人口登记制度,加强和完善人口统计调查工作。

(2) 建立成本挂钩机制

制定农业转移人口市民化成本清单,明确成本总量和分类、承担主体和支出结构及责任。围绕"人财挂钩""补随人走",建立财政转移支付同农业转移人口市民化挂钩机制、城镇建设用地增加规模与吸纳农业转移人口落户数量挂钩机制、财政对城市基础设施补贴数额与城市吸纳农业转移人口落户数量挂钩机制,增强城镇吸纳农业转移人口动能。

(3) 提供基本公共服务

将随迁子女义务教育纳入各级政府教育发展规划和财政保障中,确保符合规定条件的进城务工人员随迁子女零障碍入学,实施义务教育"两免一补"和生均经费基准定额资金随学生流动可携带政策,落实随迁子女在流入地参加中考和高考。城镇规划和基础建设应充分考虑适龄幼儿入园需求，以公办幼儿园和普惠性民办幼儿园为主，努力解决随迁子女接受学前教育问题。提升大学城和职教城服务能力和水平，积极引进国内知名高校到贵州建立研究机构，探索与国外著名院校开展中外合作办学模式。农民工及其随迁家属纳入社区医疗卫生保障体系，提供健康教育、妇幼保健、免疫规划、传染病防控、职业病防治等服务。根据区域卫生规划和医疗机构设置规划，科学合理配置医疗资源，在区域中心城市规划建设三级综合医院，大力支持贵安新区医疗卫生服务设施建设。健全公共就业服务提供机制，完善就业失业登记管理办法，提供有针对性的就业服务和就业援助，推进基本公共服务由主要对本地户籍人口提供向对常住人口提供的转变，实现社会保障兜底。完善城乡社会保险转移和接续机制，逐步实现农业转移人口与城镇居民同等享有社会保险和公共服务。

（4）增强农业转移人口的社会融入

引导农业转移人口参加党组织、群团组织和社会组织，有序参政议政和参加社会管理活动。实施城镇流动人口社会融入计划，积极发挥社会工作服务机构和社会工作者的作用，为农业转移人口提供生活扶助、能力提升等专业社会服务，促进农业转移人口的社会融入。

（5）合理引导跨省异地城镇化

建立人口流动信息管理系统和跨省流动人口资源数据库，促进农业转移人口流动过程中权益和保障的接续，强化驻外机构对跨省流动人口的服务职能，提高外出务工人员的社会融入水平。创办留守家属创业园，引导跨省流出人口回流就业创业。通过各类人才交流活动，引进符合山地特色新型城镇化建设需要的创业人才团队和项目。

3. 改善约400万人的棚户区和城中村人居环境

加快推进棚户区（危旧房）改造，稳步实施城中村、城边村、城郊村棚户区改造项目，着力完善与棚户区改造项目直接相关的城市道路等配套基础设施。摸清存量商品住房底数，积极推进棚户区改造货币化安置，满足群众多样化居住需求。

(二) 在构建城镇化空间格局方面的主要做法

1. 对外构建"近海近江近边"开放型城镇空间格局

（1）构建区域发展战略通道

深度融入国家"一带一路"战略，加强连通长江、珠江的航道与码头建设，积极培育乌江经济走廊和南北盘江经济走廊，加快融入长江经济带和珠江—西江经济带，促进内陆开放型经济发展。持续推进贵州—瑞士、贵州—韩国"点对点"对外经贸合作。加大高铁、高速公路沿线城镇的发展力度，加快培育节点城镇，着力构建"两高"城镇经济带。

（2）推动黔中城市群多向开放

向北加强同成渝地区协作，主动融入成渝城市群。向南强化建设连接南宁、北海的多通道，加快培育贵广高铁沿线城镇带，扩大与珠三角、北部湾等沿海地区的合作。向西借助云南"面向南亚东南亚辐射中心"，面向南亚东南亚发展外向型经济。向东依托杭瑞、沪昆等国家高速通道，加强与长三角、长江中游城市群的交流合作，并在旅游、生态、扶贫、民族文化等方面与湘西、桂北地区深度合作。

（3）完善省域城镇空间体系

推进贵阳市、贵安新区和安顺市一体化发展，做强贵阳中心城市（含贵安新区），壮大黔中城市群，引领贵州省对外开放。培育和发展贵阳—安顺都市圈、遵义都市圈，共同打造省域城镇体系发展极核。做大区域中心城市，联动周边城镇组群式发展，提升对外开放能力。做优重要节点城市，形成多点开放格局。统筹城乡发展，支撑全域开放，形成"一核、一群、两圈、六组、多点"为主体的省域开放型城镇化空间体系。

2. 对内优化"山水田园林地"融合型城镇空间布局

（1）以山为邻促山城和谐

合理利用山地，依托城镇中的山体打造山体公园，城镇缓坡地带推广退台式建筑，丰富城镇立体空间。保护城市周边景观山体，强化山脊线和山体绿化，丰富城镇天际线，彰显山地特色。

（2）以水为魂促水城和谐

抓好城镇滨水区域建设，并适当配建滨水公园，打造滨水生态廊道和休闲绿道,增加亲水性,提升景观品质。推行城市湿地保护及生态河道模式,改造建设城镇河道,增强城市宜居性。

(3) 以田为景促田城和谐

按照景区理念整治城郊环境,在不破坏耕地耕作层的前提下,保留城郊接合部和城区周边田园,打造观光休闲体验农业基地、开放式花卉基地或林果木基地,让田园成为"乡愁"的记忆和归宿。

(4) 以林为伴促林城和谐

加强林地保护,建设城镇周边环城绿化带,打造城镇"绿肺"系统。拓展林地功能,建设林地生态景观区。合理搭配地方性树种绿化城镇,突出城镇绿化景观的地域性,形成季节变化明显、种类丰富的绿化系统。

(三) 在创新山地城镇规划建设管理方面的主要做法

1. 强化规划引领作用

加强对城市空间立体性、平面协调性、风貌整体性、文脉延续性的管控,留住城市特有的地域环境、文化特色、建筑风格。推动"多规合一"试点工作,创新"多规合一"规划编制方法,建立工作协调机制,推动城乡建设规划、经济社会发展规划、土地利用规划、生态环境保护规划的衔接融合,实现城市总体规划和土地利用总体规划两图合一。合理布局县(市)域城镇建设、农田保护、产业集聚、村落分布、生态涵养等空间,突出组团式、点状式、串珠式布局特点,实现城镇规划建设与自然风貌相互协调。建立统筹城乡发展的规划管理体系,健全乡(镇)规划管理机构,实现规划编制、实施全程管控。

2. 探索特色城镇建设

(1) 山地城镇

把好山好水融入城镇,城镇建设突出自然景观。优先划定田园、水系、湿地、林地等自然生态景观资源红线,限定城镇开发边界和最小生态安全距离,引导城镇向坝区边缘、山地发展,提高山地在建设用地中的比例,着力促进城镇绿色、低碳发展。规划建设省域绿道系统,绿道建设与山水环境、美丽乡村、休闲旅游、山地体育等有机结合,实现生活空间宜居适度。支持有条件的小城镇创建以"生态、怀旧、文化旅游"为特征的"国际慢城"。大力推进城镇防灾减灾体系建设，建立健全灾害监测预警网络，积极开展城镇地质灾害防治，稳步提高山地城镇防灾抗灾能力。

（2）人文城镇

保护弘扬中华优秀传统文化，延续城镇历史文脉。鼓励符合世界自然和文化遗产标准的项目申报世界自然遗产和世界文化遗产，支持梵净山、三叠纪化石群申报世界自然遗产。实施"城镇脸谱"计划，各县（市、区、特区）划定有地方特色或历史文化记忆的地区，创建城市标识"脸谱"。

（3）海绵城市

大力推进贵安新区海绵城市国家试点建设，加快探索适合贵州山地特色的海绵城市建设运营政策、技术和管理经验，在城市新区、各类园区、成片开发区全面推进海绵城市建设。加强海绵型小区、公园、道路、广场、绿地、绿色蓄排与净化利用等设施建设。在城市规划建设中贯彻低影响的开发理念，减少对城市地形地貌和水系的破坏，运用渗、滞、蓄、净、用、排等多种技术，通过人工湿地、下凹式绿地、透水铺装、生物滞留蓄水池等设施建设，解决城市防洪安全、雨水收集利用、黑臭水体治理等问题，实现城市良性水文循环。

（4）智慧城市

统筹城市发展的物质资源、信息资源和智力资源，建设国家大数据（贵州）综合试验区，实施"宽带贵州"战略和"互联网＋"行动计划。运用物联网、云计算、大数据等新一代信息技术，重点投向基础性、公益性领域，优先支持涉及民生的智慧应用。加强信息资源开发利用，构建具有山地特色的产业体系、智能化基础设施体系、惠民公共服务体系、精细化社会管理体系、宜居生态环境体系，推进新型城镇化智慧发展。引入社区网格化管理模式，健全社区基层服务管理机制，推行数字城镇管理。

3. 优化城市新区发展

科学定位城市新区，合理确定与环境容量相匹配的发展规模，注重新城区与老城区的差异发展。在产业培育上，借助开放平台，以教育科研为支撑，以创业就业为导向，合理引导产业布局，营造创新、创业、创造的城市氛围。在景观形态上，坚持"保住绿水青山就是金山银山，守住万亩良田就是特色景观"的理念，实现产业、城市与自然"浑然一体"。在规划建设上，以品质和文化为核心，统筹处理好传统与现代、继承与创新的关系，彰显山地特征、地域特点和民族特色。在政策措施上，深化城市与新区统分结合的政策体系，以投融资体制改革促进资金集聚，以行政事权并轨强化政策激励。同步推进老城区城市公共服务设施更新升级与综合环境治理，不断提升城市功能，激发老城区活力。

4. 创新城乡治理机制

（1）加强城郊环境综合治理

配套城镇基础设施，加大城郊环境卫生设施建设，实施城郊保洁工程，改善城郊环境卫生质量。引导城市优质教育资源和公共卫生资源与城郊地区对口协作，推进公共服务均等化，促进郊区农村人口有序转化和社会融入。

（2）加强城镇交通治理

按照组团布局特点，加强综合配套设施建设，强化组团复合功能。大力发展公共交通，推行多种公共交通方式组合，引导绿色出行。加大城镇停车设施规划、建设、使用监管力度，引导发展多层机械式停车场。

（3）创新社会治安综合治理

促进多部门城市管理职能整合，鼓励社会力量参与社会综合治理，推动社会治理方式创新，引入社区网格化管理、精细化管理，有效防范和化解社会矛盾。深化村民自治，建立新型农村基层治理机制，加强村级事务民主管理。

（四）在提升就业水平方面的主要做法

1. 构建现代产业体系吸纳就业

遵循山地经济发展规律，大力发展山地经济，形成大中小企业协调发展格局。提升企业自主创新能力，构建现代城镇产业体系，探索形成生态产业、新兴产业以及一二三产业融合发展来支撑城镇化发展的新路径。守住增长速度的底线，增大城镇产业吸纳就业的容量，促进就业创业的发展。

2. 依托产业聚集增加就业

提升产业园区集聚能力，有效整合园区内企业资源，鼓励外来企业与本地企业建立稳定的联系，打造大企业集团和企业联盟，实现规模和效益双提升。推动现有产业园区从粗放发展向集约发展转变、从数量扩张向质量提升转变，增强产业承载与服务能力，扩大产业园区就业容量。

3. 依托现代服务业扩大就业

大力发展现代物流业，打造西部地区重要的物流枢纽。着力提升金融业，强化金融业对实体经济的支撑。加快推进现代服务业聚集区建设，围绕研发设计、会展广告等生产性服务业建设生产性服务业功能集聚区，增大城镇就业容量。围绕城镇服务需求，发展教育培训、创业就业培训、家政服务、养老服务、社区服务、文化服务、商贸服务、家庭用品配送维修等生活性服务业，提供城镇有效就业。

4. 依托新兴产业拓宽就业

积极运用"互联网+"模式，培育发展以大数据为引领的电子信息产业、以大健康为目标的医药养生产业、以无公害绿色有机为标准的现代山地高效农业、以民族和山地为特色的文化旅游业、以节能环保低碳为主导的新型建筑建材业等五大新兴产业，加快发展生物技术、节能环保和新能源汽车等战略性新兴产业。挖掘"旅游小镇"和"文化乡村"的市场价值，打造"多彩贵州风·山地公园省"的品牌，拓展新的就业岗位。

5. 依托产业转型升级促进就业

改造提升传统产业，延伸资源深加工产业链。全面承接发达地区产业转移，大力改善涉企服务、行政审批、税费调节等投资环境。提升产业配套能力，积极承接劳动密集型、资源深加工型产业和技术密集型产业转移。壮大特色优势产业，做大做强以优质白酒、烟草、茶叶、民族制药、食品等特色轻工产业，加快建设全国重要的特色轻工业基地。

（五）在生态保护方面的做法

1. 着力推进城镇生态环境建设

加强长江、珠江防护林建设，推进实施"生态县、生态乡镇、生态村"绿化细胞工程，持续实施退耕还林还草工程。按照"三位一体"要求推进石漠化治理，建设国家石漠化综合治理示范区。加强水土流失治理，实施综合生态治理和退化草地修复治理。建设省域生态廊道，有机连接区域绿地、公园、河流、湖泊、湿地、农田植被等生态板块，依托生态廊道打造森林公园，实现生态空间山清水秀。

2. 大力推进城乡环境综合治理

（1）加强水环境治理

加大城镇饮用水源地保护力度，确保中心城市集中式饮用水源地水质达到或优于三类水质。开展重点流域水污染防治，实施八大流域环境保护河长制，建立河、湖、湿地开发约束机制，防止现有水域面积衰减。推进城镇生活污水和工业污水处理设施及配套管网建设，城镇新区推行雨污分流管网建设。坚持政府主导、村民参与、企业化运营的原则，分类推进农村污水治理。

（2）加强大气环境治理

全面整治燃煤小锅炉，分步实施火电、钢铁、水泥等重点行业脱硫、脱硝和除尘设施改造升级工程，确保污染物排放满足大气污染物排放标准和总量控制要求。综合整治有机化工、医药、表面涂装、包装印刷等行业挥发性有机物污染。加强面源污染治理，综合整治城市扬尘。调整能源结构，加快清洁能源替代利用，推进煤炭清洁利用。

（3）加强固体废弃物污染防治

严格实施重金属污染物总量控制，加强电镀、冶炼、采选等涉重金属企业的环境监管，探索重金属废渣的综合利用。加强工业固体废弃物、危险废弃物和医疗废弃物治理，推广以垃圾焚烧发电、水泥窑协同处置、综合利用为主要手段的生活垃圾无害化利用技术。

（4）加强工业集聚区环境保护

优化工业集聚区规划，严格环境准入，完善环保基础设施。具备集中供热需求的工业集聚区推行集中供热，不再新建分散供热锅炉。加大对化工、医药、食品加工等恶臭污染严重工业集聚区的污染整治。完善工业集聚区内集中污水处理设施及管网建设，确保工业废水经预处理达标后接入污水集中处理设施。

（5）加强生活环境综合整治

建成贵阳市、遵义市国家环境保护模范城市，推动安顺等其他城市开展创模工作。优化养殖结构，规模化畜禽养殖场（小区）要根据污染防治需要，配套建设粪便贮存、处理、利用设施。建立健全农业生态环境监测体系，综合整治城乡环境。

3. 深入推进城镇生态保护

推进城镇生态恢复，修复被破坏的山地、河流、湿地、植被，治理城镇建设过程中被污染的土地。贯彻落实国家关于主体功能区的政策意见，划定生态红线范围，确保红线区域面积占贵州省国土面积的30%以上。坚持最严格的耕地保护制度和最严格的节约用地制度，严格保护五千亩以上的平坝优质耕地。将坝区优质耕地划入永久基本农田，加强基本农田和高标准农田建设。保护和利用好山地自然资源，突出和维护好山地自然风貌格局。

4. 强化推进绿色生态体制机制创新

（1）建立生态补偿机制

创新生态补偿途径和方式，探索建立资源环境承载能力监测预警机制，全面推行资源有偿使用制度。深化资源性产品价格改革，完善居民生活用电、用水、用气等阶梯价格制度。积极探索建立流域、水库、湿地、矿产资源开发使用的生态补偿机制和区域联动机制。

（2）健全自然资源产权制度

按照国家统一部署，对水流、森林、山岭、草原、荒地、滩涂等自然生态空间统一进行确权登记。探索开展自然资源资产价值评估，逐步建立自然资源资产产权数据库。逐步划清全民所有和集体所有的权责边界、全民所有和不同层级政府行使所有权的权责边界、不同集体所有者之间的权责边界，制定自然资源权利清单，探索建立分级行使所有权体制。推动建立全民所有自然资源资产有偿出让制度，加强交易平台建设。探索实现绿色生态资源的价值化、资产化新模式，解决生态资源交易市场化、产品化问题，形成绿色发展的推广模式。

（3）建立碳排放交易机制

严格落实固定资产投资项目节能评估和审查制度，合理控制能源消费增长。科学设定碳排放总量，对重点用能企业实行能效对标管理。在黔中城市群开展碳排放交易试点建设，支持成立国家碳排放交易中心。

（六）在推进精准扶贫与新型城镇化融合发展方面的做法

1. 通过易地搬迁引导贫困人口进城

实施易地扶贫搬迁工程，搬迁不适宜人居住的深山区、石山区、石漠化严重地区的贫困人口，依托县城、集镇、产业园区、旅游景区和农村居民新村进行适度规模集中安置，同步完善配套生活服务设施和市政基础设施，为符合条件的搬迁户提供建房、生产生活、就业培训、创业贴息贷款等政策支持，解决好移民住房、医疗、社保、子女就学等问题。

2. 通过发展生产扩大就业岗位

将贵州乌蒙山、武陵山、滇桂黔贫困山区三大集中连片特殊困难地区作为"旅游扶贫试验区"重点打造。搭建帮扶平台，开展民营企业"千企帮千村"精准扶贫和万名专家服务脱贫活动。扶持贫困县、贫困乡镇规划建设不同层次的农业示范区，培育壮大山地特色农业企业和农村小微企业，推动贫困地区农村居民转化为现代产业工人。加大生态旅游、民俗文化旅游、乡村旅游、休闲旅游的开发力度，扶持贫困地区加快旅游业发展，集中培育农家乐、渔家乐、精品采摘园、开心农场等旅游开发模式，大力发展乡村服务业。

3. 通过教育培训提升发展能力

巩固提高义务教育和学前教育水平，大力发展现代职业教育，实施创新职教培训扶贫"1户1人三年行动计划"和"雨露计划"。统筹城乡义务教育改革发展，合理配置教育资源，提高农村义务教育办学水平。改善贫困地区农村义务教育办学条件，实施贫困乡村教师支持计划。实施中职教育免学费政策，免除就读中职学校的所有具有全日制正式学籍学生的学费，同时向全日制正式学籍在校一、二年级学生中涉农专业学生、家庭经济困难学生和来自集中连片特困县的农村学生提供国家助学金。充分利用现有职业院校、技工学校和各类职业培训机构，建立一批农村转移劳动力的培训基地，对外出务工的农村劳动力、返乡就业创业的农村居民大力开展政府补贴性职业培训和技能培训，为贫困地区农村劳动力在城镇就业创造条件。

4. 提高医疗保障水平

实施基本医疗保险、大病保险、医疗救助"三重医疗保障"，推进新农合和大病医疗保险全覆盖，提高贫困人口大病费用实际报销比例。实施"健康贵州医疗卫生百院"建设工程、乡镇卫生院标准化建设工程、社区卫生服务中心（站）标准化建设工程、村卫生室标准化建设工程、专业公共卫生机构标准化建设工程，完善省市县乡村五级医疗服务网络。建立完善分级诊疗政策体系和医疗卫生机构分工协作机制，实施城市三级医院对口帮扶贫困县医疗机构，推动优质资源下沉，构建"15分钟城市社区健康服务圈"和"30分钟乡村健康服务圈"。支持贫困地区县乡医疗卫生机构定向培养医学类本专科学生，实施全科医生专科医生特岗计划。加大黔东南州、黔南州、黔西南州等民族地区和乌蒙山、武陵山、滇桂黔集中连片特困地区医疗卫生事业发展的扶持力度。推进农村低保与扶贫标准"两线合一"，将无业可扶、无力脱贫的人口全部纳入农村最低生活保障范围。

（七）在投融资机制创新方面的主要做法

1. 创新政府投入机制

在中央财政核定限额内发行地方政府债券，支持公益性和准公益性公共设施建设。积极推动设立城镇化发展基金，吸引社会资本参与贵州省城镇化建设投入，解决公益性基础设施融资需求。积极争取中央预算内投资项目地方配套资金比例，争取中央安排的公益性建设项目取消地方配套。对已建成的经营性项目，探索国有资本退出机制，通过股权转让、增资扩股、合资合作、资产变现等形式引进社会资本参与经营。

2. 强化金融资金支持

（1）推进金融主体建设

大力推动各类投资基金发展，探索设立民间资本发起的自担风险的民营金融机构。发展村镇银行、小额贷款公司等新型农村金融组织，开展农村居民资金互助组织试点。引导支持商业银行、村镇银行等金融机构将网点或业务向小城镇延伸，支持担保、租赁、证券等服务机构在小城镇布点。

（2）加大城镇化信贷供给

针对城镇基础设施、农业现代化、小微企业集聚区建设和现代服务业发展，鼓励金融机构创新符合城镇化建设、符合农村经济特点的低成本金融产品和服务方式。通过发展城镇化产业基金托管业务，探索以信托理财和设立资金池的方式，引导保险资金、PE基金以及其他社会资金参与新型城镇化建设。

3. 吸引社会资本参与

（1）充分激发民间投资活力

以市政基础设施、棚户区改造、资源环境、生态保护等领域为突破口，推出民间资本投资项目。建立"负面清单＋特许经营"的社会资本融资模式，推行投资领域负面清单规范化管理。通过特许经营、投资补助、政府购买服务等多种形式，吸引社会资金参与经营性城市基础设施项目，给予各类投资主体在市场准入和政策扶持方面同等待遇。建立"园区开发＋产业带动"的融资模式，鼓励战略投资者对城镇功能片区综合开发，同步建设城镇基础设施和公共服务设施。

（2）推广政府和社会资本合作（PPP）模式

制定城镇基础设施PPP模式实施细则和配套政策，建立PPP项目库。实行PPP合同管理，实施机构和社会资本投入主体依法签订项目合同，明确服务标准、价格管理、回报方式、风险分担、信息披露、违约处罚、政府接管以及评估论证等内容，建立利益共享、风险分担的长期合作机制。

（八）在山地城镇化推进中土地管理模式创新的主要做法

1. 完善农村宅基地管理

（1）加快农村宅基地确权登记颁证

加快推进不动产统一登记工作，率先在示范小城镇开展农村房地一体的精细化确权调查，依法确认和保障农村居民的不动产权，适时在贵州省全面推开。按照不动产登记"四统一"的要求，把确权登记颁证同地籍信息化建设相结合，纳入贵州省不动产登记信息平台统一管理。

（2）加强宅基地规划管理

优化城乡用地空间布局，积极引导农村居民向城镇和中心村集中。探索开展"空心村"、闲置宅基地、"一户多宅"清理腾退。规范宅基地申请条件，严格新增宅基地审批。结合城乡建设用地需求，引导宅基地集中布置，土地增值收益用于支持农村发展、改善农村居民生产生活条件和易地扶贫搬迁。

2. 推动农村产权制度改革

赋予农村居民对土地承包经营权、林权、宅基地使用权及房屋所有权等产权更大的自主权利，允许农村居民以出租、置换、赠予、继承、作价入股等适宜方式流转林权，鼓励农村居民以出租、转让、互换、作价入股等方式流转土地承包经营权。探索农村居民自愿有偿退出土地承包经营权、宅基地使用权以及集体收益分配权等办法，确保进城农村居民的基本权益。

3. 创新城乡建设用地统筹利用模式

（1）创新土地利用机制

完善土地收储和开发制度，按照"应收尽收、熟地出让"的原则对土地实行统一收购、统一规划、统一开发、统一招投标与拍卖。严控土地一级市场管理，加强土地二级市场管理，扩大土地有偿使用范围，推进城市土地资源有序开发。创新土地出让方式，在有条件的城市探索按楼面地价出让土地模式。建立城镇低效用地再开发激励机制，提高城镇建设用地利用效率。

（2）开展相关土地利用试点

利用国家复垦专项资金，加强区域内生态修复。推进乌蒙山片区"兴地惠民"重大土地整治项目实施，稳步推进土地整治与"四在农家·美丽乡村"相互协同融合。开展土地利用总体规划调整完善工作，合理控制建设用地总规模。实行差别化土地政策，加大向贫困山区倾斜力度，保障基础设施建设、社会民生、扶贫开发等必要用地，优先安排保障性住房用地计划。

（九）在制定山地城镇化健康发展评价体系方面的主要做法

1. 经济评价突出小康目标

综合考虑土地资源、森林资源、矿产资源、水资源、自然环境、生态环境、人文环境等因素，探索建立以绿色 GDP 为主导的经济评价体系。经济评价的核心内容包括：（1）贵州省与全国平均水平、西部兄弟省份的发展差距;(2)城乡群众生活品质与幸福满意程度;(3)研发投入占GDP比重,科技创新能力;(4)绿色发展水平。

2. 社会评价强调以人为本

以完善社会公共服务、提高人民生活水平为基本目标,综合考虑扶贫开发、社会和谐、文化教育、卫生计生、民主法治等因素,构建以人为本、统筹城乡、社会和谐进步、公民道德素质提升为核心的社会评价体系。

3. 环境评价强调生态文明

以建设环境友好、健康宜居城镇为目标,强化前端管控、中端管理和末端治理相结合,构建主要污染物控制、单位工业增加值能耗、城镇绿化覆盖、固体废弃物资源化利用、绿色低碳出行、人均城镇环境卫生设施标准等方面的环境评价体系。

调查报告四

香港特别行政区山地城镇建设和土地资源综合管理调查报告

一 基本情况

（一）香港展城馆

香港展城馆是中国首个以城市发展规划和城市基础建设为主题的展览馆。在这个独特的展览场地，直观地展示香港城市规划和城市建设的基本情况，同时也间接展现香港城市未来的发展方向。

香港展城馆的前身是香港规划及基建展览馆，设于中环大会堂附属建筑，2009年4月关闭进行翻新扩建。2012年8月正式开馆，同时将名称更改为"香港展城馆"。

（二）水泉澳公屋项目

香港公共屋邨（简称公屋）是香港公共房屋最常见的类别，由政府或志愿团体组织建设，建成之后出租给低收入居民。

水泉澳原为香港新界东沙田区东南面的一座山，海拔372米，位于马鞍山郊野公园和狮子山郊野公园之间，邻近博康邨及沙沥公路。

水泉澳近博康邨的土地在2014年至2016年分4期开发建设，共建成19栋楼房，是目前香港特别行政区内一个大型公屋计划。房屋署计划在此建设18幢居民楼房，每幢高约40层，提供约1万个公屋单位，容纳3万多居民。水泉澳公屋计划除有1万个公屋单位外，还设有9000平方米的大型商场、停车场。

房屋署在屋邨设计上综合考虑地貌特色、楼宇高度参照邻近环境，依山而建，高低有致。香港房屋署通过对空气流通影响进行评估后，专门在公屋区划内设置通风廊，确保居住环境理想。

二 香港特别行政区山地城镇建设与土地综合开发利用

（一）香港特别行政区土地管理机构的设置与地政总署的职能

香港特别行政区政府下设有律政司、政务司与财政司，其中财政司下设3个局，分别是商务及经济发展局、发展局、财经事务及库务局，发展局下设地政总署、规划署等9个署。

香港负责土地管理的核心机构是地政总署。香港地政总署下设法律咨询及田土转易处、地政处、测绘处、部门行政处等，主要职能包括土地批售、土地行政、公共用途征用土地及其他工作等。其中，地政处的主要职能是批地计划的制订及管理、估价、土地征用、产业管理、铁路发展、斜坡维修、寮屋（指非法占地而建的临时居所）管制及清拆、监督各分区地政处、检视运作系统及活动、外判管理等。

（二）香港特别行政区土地利用与管理的基本理念

香港土地管理包括土地批售、土地管制、土地征用等方面内容。土地批售，主要包括土地公开拍卖或招标、私人协约、修订契约、短期租约、拨地和土地授予等方式，即土地供应的不同方式。

政府土地管制主要是管理空置的政府土地。为防止非法占用政府土地，地政处要组织相关部门清理在政府土地上搭建的非法构筑物。同时，为确保私人土地的使用符合租契条件，地政处还负责就违反租契条件的情况采取执法行动。

地政处的另外一项职能是征用私人土地，为政府进行大型基建工程提供土地保障，同时，为铁路计划及香港经济发展征用土地。香港法律体系较为完善，征用土地的法规主要有《收回土地条例》《道路（工程、使用及补偿）条例》《铁路条例》《地下铁路（收回土地及有关规定）条例》《污水隧道（法定地役权）条例》《供电网络（法定地役权）条例》等。

土地发展主要受到城市规划、建筑物条例、地契条款的监管。其中，地契条款管理属于地政署管理范畴，包括制定新批土地的地契条款、修订地契条款。地契条款包括地租、维修、收回土地的规定，以及土地许可用途、建筑面积、建筑密度、楼高限制、车位数目、建筑规约、规划设计等内容。城市规划管理职能属规划署（城市规划委员会）范畴，主要依据城市规划条例、建筑物条例和法定图则进行管理。

（三）香港特别行政区土地利用及规划的基本情况

香港特别行政区陆地面积约 1108 平方千米，人口约 710 万人，平均人口密度约 6544 人/平方千米，其中官塘人口密度约 55204 人/平方千米，堪称人口密度指标的世界之最。香港特别行政区现已开发建设的土地约占 24%，山林地占 67%，农业用地（耕地）占 6.1%，其他水体和少量荒地占 2.6%。按已开发建设用地计算，香港建设用地总面积约为 266 平方千米，不计算流动人口，人均约 37.5 平方米，人均建设用地仅约为云南省的 1/3。同时，香港人口还在以每 10 年 40—50 万的速度增长，预计到 2050 年，香港总人口将达到 850 万人，其土地利用要求将更加集约高效。

香港土地综合开发利用的具体做法主要有七个方面的内容：（1）建筑布局紧密，香港建筑物之间距离一般都相对较短，如香港中环的 CBD，包括金融中心、四季酒店、特区政府、爱丁堡广场、展城馆、海港风光等机构，一般只需步行即可游览；（2）交通以铁路为主，配合短程公交，降低汽车数量和道路需求，交通运输用地比例低且管理制度先进，效率相对较高、不易堵车；（3）高容积率的土地利用，高层建筑密度很高且人口密集；（4）立体化的土地利用，一般建筑底部 3—5 层是商场、超市，地下是地铁，地表有城市交通，地上还有人行天桥，空间立体化利用十分显著；（5）开放式的底层空间，香港的现代建筑大多超过 200 米，在建筑的底层，通常建有开放式的公共平台，建有医疗、卫生、休闲等场所，平台与不同建筑相连，将整个社区连为一体，区域内都含盖了购物、学校、医院、地铁、公交车站，生活、工作交通呈一站式模式；（6）混合土地利用模式，社区功能齐全，除高层的居住功能外，底层的商业、休闲、文化设施配套齐全；（7）香港土地管理法律制度完善，且执法严格，在城市规划等环节注重公众参与。

（四）香港特别行政区山地开发利用的基本情况

香港特别政策区为加强发展用地的保障能力，在确保生态和环境的前提下增加土地供应，提出"多管齐下的土地供应模式"，具体包括变更原建设用地用途、旧城更新重建、收回土地、填海、岩洞利用和矿山土地利用等内容。变更原土地用途及旧城更新重建，主要是发展新社区、提高容积率、改造城市景观。填海是香港发展建设用地的一种重要方式，自19世纪末以来香港已填海面积约68平方千米。岩洞与废弃矿山利用数量有限，除用作地铁站（如1985年建成的太古地铁站）、水处理厂、垃圾处理厂以外，多数只能用作仓储。只有山地利用，在香港有着较大的空间。

香港山地开发利用的成功案例主要是苏屋村公房重建和水泉澳公房建设。（1）苏屋村属于改造重建，周边有较成熟的小区配套，位于三角形斜坡地块，斜坡上方有一条公路通过，地块高差约70米，面积为0.0785平方千米，其中可作建设用地的面积为0.053平方千米（扣除0.025平方千米的保留斜坡和道路），规划建设13幢16—41层的高层住宅大楼，建筑面积约31.8万平方米，容积率5.99，配套建设6000平方米的社会福利设施及幼儿园，预计可居住人口18600人。（2）水泉澳位于沙田区，属新开发利用的山地，周边有狮子山、马鞍山两个郊野公园，地块高差约110米，面积约0.133平方千米，分为13个地块，按4期开发进行规划设计，主要建设25—30层的高层住宅，容积率为5，居住人口3万人。

两个小区规划主要考虑的因素有环境限制（主要指地形坡度、规划和交通限制、供水及污水排放等）、土地用途、噪音缓解、社区配套、景观走廊、人行通道、日照采光、区内行车、休憩绿化、环保节能、保育及社区文化、人文价值及可持续发展等方面内容。为方便出行，建设无障碍社区，区域规划前期特别重视对人行通道的设计研究，水泉澳规划有人行天桥和高达50米的升降机塔（电梯），并实行人车分离。另外，区域内设计有雨水收集系统，可用于梯田灌溉和植被喷洒，以此平衡生态。

三 香港特别行政区山地城镇建设经验对云南的借鉴

（一）经济转型拓宽经济活动空间

香港经历了由转口贸易到一般轻工业、然后到先进制造业、最后到现代服务业的发展历程，资本、技术的密集程度越来越高，香港经济活动不断由传统行业转向附加价值高的行业，有效缓解了土地资源的约束瓶颈。经济的成功转型促进了香港资源利用（主要是土地和劳动力）的高效化，在一定程度上突破了资源的限制。

（二）有效的土地出让制度

香港的土地管理制度实行政府所有制下的土地批租制度，这种政府所有制（属于土地公有制范畴）严格限制了土地所有权的转让，香港政府出让的是土地的使用权。香港政府依靠对土地所有权的垄断，以提供土地使用权进行交换，向土地使用者收取地租。香港政府通过土地契约将不同期限的土地使用权批租给受让人，如果受让人有改变土地用途的要求，在不违反城市规划的前提下，政府允许改变契约中的有关条款，但必须事先提出申请，获得批准并补交相应的地价后方可更改用途。通过这种灵活的土地制度，有效调节了香港土地资源的合理分配与集约化使用。

（三）对土地的高强度使用

在土地稀缺的现实条件下，香港城市规划的基本原则是优化利用所有土地。在环境许可的情况下，建设多层多用途的建筑，最大限度地利用土地。香港的建成区域只占了其土地面积的24%，留下了大量的郊野、山林和农地，为香港市民提供了绿色空间。这土地综合利用的政策，迫使城市扩展只能从填海或开发适宜山地来取得新增土地，促成城区高密度发展的模式。所以，对于城市建设开发商而言，只有参与旧城区的改造和加入填海或上山造地的新市镇计划两种选择。正是这种对土地资源的高强度使用，使得香港能够在土地资源如此稀缺的情况下，继续保持经济繁荣和可持续发展。

(四) 规范的土地交易市场

香港的土地归属为公有而非私有，香港政府为了保证公共利益不受损失，成立了专门的土地发展公司。通过拍卖方式调控土地交易价格和供应量，市场化交易制约了土地的利润空间。香港地价虽然高，但通过规范的土地交易市场，政府能够有效协调土地资源与公共收入之间的关系。

调查报告五

台湾省山地城镇建设和土地资源综合管理调查报告

一 台湾省山地城镇建设与土地综合管理基本情况

台湾现行土地制度主要经历了两个阶段，即土地改革和土地重划。在土地制度形成的不同时期，既有值得借鉴的经验，也有应该汲取的教训。

（一）土地改革

1949年初，台湾省启动土地改革，到1953年底土地改革基本结束，并取得了良好的效果。这场土地改革从"三七五减租"政策开始，经历了"公地放领"政策，最终达到"耕者有其田"。这一过程以渐进的方式，在政府对地主压制与对佃农的帮扶下实现"和平土改"。

1. "三七五减租"政策

三七五减租政策是台湾土地改革的第一步，政策的目的是降低佃农向地主缴纳的地租。据统计，土地改革前台湾佃农向地主租种土地的地租在50%以上，即佃农将土地收成的一半以上作为地租交给地主。为了简化管理，台湾政府首先将地租统一为50%，然后要求地主在此基础上降低25%。实际上是将农村居民的地租由50%以上统一降到土地收成的37.5%，也就是说通过规定地租的上限方式降低佃农的地租负担，改善佃农的处境。除了进行原则减租外，对于农业种植中容易产生的减产、歉收或灾毁的不确定性等问题也给出了相应的办法。到1951年6月，台湾将三七五减租成果用法律形式加以巩固。三七五减租政策取得了极大成功，有效提高了佃农的收入与生活水平。

很明显，三七五减租政策是通过政府强权干预农地租赁市场。从干预形式看，主要是通过规定租赁价格上限来实现，同时将租赁过程中以及其间可能的不确定性加以规定，主旨是保障佃农权益且又不改变土地私有的制度变迁。从产权看，三七五减租政策不仅将农地的所有权与使用权加以分离，更重要的是改变了农地所有权人的受益权，从而改变了佃农和地主的市场地位。鉴于从法律上延长了租佃期限，佃农由短期耕种、过度使用农地向长期耕种、注重保养土地和水利建设等方面转变。

2. "公地放领"政策

在三七五减租政策基本完成后，"和平土改"进入第二阶段——公地放领政策。所谓公地放领，即政府将其"国有"和"省有"耕地直接划分给佃农耕种，变佃农为自耕农。公地放领政策，首先满足承租公地的现耕农，然后依次满足雇农、承租耕地不足的佃农、耕地不足的半自耕农、需要土地耕作的原土地关系人、转业为农村居民的人等群体。与三七五减租政策不改变土地所有权只改变使用权和受益权的方式相比较，公地放领政策是通过改变土地所有权来实现其目的。虽然这种所有权转移是有偿的，但土地转让价格却非常优惠，且偿还方式也非常宽松。按照规定，土地转让价格为耕地主要产物全年收获总量的2.5倍，为了避免货币价格波动的影响，以实物进行计算。考虑到受地农村居民收入状况，全部地价可由农户在十年内偿付完成，且不负担利息。农村居民实际每年只需支付全部收成的1/4即可。而根据公地放租规定，公地地租即为土地全年收获总量的25%。因此，只要受地农村居民按规定缴纳地租，连续十年就可以获得承租土地的所有权。所以，公地放领政策虽然是有偿转让，但并不需要承租人支付额外的费用，只要连续租种就可以获取土地所有权。到1952年公地放领政策基本结束，政策实施以来在一定范围内实现了"耕者有其田"的目标，为实现全岛范围的"耕者有其田"奠定了基础。

3. "耕者有其田"政策

"耕者有其田"政策是孙中山先生"三民主义"中"平均地权"思想的

核心。通过三七五减租政策，佃农生活状况得到很大改善，而公地放领政策使部分佃农实现了"耕者有其田"，为了实现所有佃农"耕者有其田"的目标就必须对地主所有的土地进行重新分配。1953年，台湾执行《实施耕者有其田条例》，开始限制地主土地。条例将土地按质量进行划分成26个等级，并按等级限定地主保有土地数量的上限，超出部分由政府按照公地放领的价格进行收购。同样，政府也分10年向地主支付全部土地补偿款。到1953年末，通过征收地主土地配发给佃农的方式基本完成了以"耕者有其田"为目标的土地改革。在这一过程中，台湾当局征购地主土地占全部出租耕地的56%，涉及59.3%的地主，而有64%的佃农通过承领土地转变为自耕农。另外，对于地主保留的土地也有较为严格的规定，用于出租的土地除了地租不能超过全部收成的37.5%以外，地主还要承担土地税，持续租种8年及以上的佃农还可以申请由政府"代为照价收买"。

从三七五减租政策开始，到"耕者有其田"目标实现，台湾通过"和平"方式在短时间内用最小的代价完成了土地改革。土地改革之后，大量佃农转变为自耕农，成为台湾农村的主体。这一转变改善了农户的生活状况，激发了农业生产的积极性，使农户更愿意投入时间和资金来改良土壤，参与农业科技推广活动，从而促进了台湾农业的发展。在收购地主土地的过程中，通过采取实物地价、分期返还等形式，避免了政府过度发行货币而引发通货膨胀的可能，稳定了经济环境，并促进了工商业的发展。

（二）土地重划

土地改革后的台湾农业进入了精耕细作的小农经济时代，这种小农经济在土地改革后对台湾农业发展发挥了极为重要的作用。然而，随着经济结构的转型升级，农业在国民经济活动中逐渐让位于工商业，小农经济对于农业发展的制约开始凸显。为提高土地利用效率，满足城镇化对发展用地的需求，台湾开展了以农地重化和市地重化为核心的土地重划行动。

1. 农地重划

根据生产生活土地用途的不同，农地重划分为农用耕地重新调整和农村社区土地重划。通常所说的农地重划是指农村耕种土地的调整。农地重划是高度发挥土地价值，提高单位面积产量的一种综合性土地改良措施。

"耕者有其田"目标实现后,不得不面临田块细碎、权属分散、灌排设施缺乏、农村道路不足、降雨量不均等问题。农地重划就是将一定区域内利用不经济、不合理的农地加以重新规划整理,以改善农业生产环境,提高经营效率,促进农业建设发展。农地重划的主要内容包括:(1)土地形状与产权关系发生变更,主要针对农地分散、杂乱不利于机械化、规模化与现代化经营需要所采取的措施。农地重划必然会改变原有土地的形状、面积、位置等,随着农地重划首先改变的是农户土地的产权。重划中首先确定标准地块,并按此进行划分,使区域内重划后的土地规整便于田间农事管理及实施机械化操作。(2)田间道路与灌溉系统建设。由地方行政管理部门(农业局和地政局)共同完成田间灌溉和交通系统。农地重划后,改善农田水利和道路设施,使区域内每块农地都直接与道路相通,方便运输与机械耕作,实现"旱能灌、涝能排、渠相通、路相连"。(3)水利设施和农村交通等基础设施建设。除了田间小水利和田间道路系统建设外,农地重划过程中还进行了整体水利与交通建设,修筑水库、堤防,改善农村交通道路等基础设施建设。

农村社区土地重划的目的旨在缩小城乡差距、改善农村生活环境,促进城乡公共服务均等化。在土地重划过程中,具体分三个步骤实施:首先,对社区重划进行整体规划。其次,建设新型农村,改善农村生活环境,完善教育、医疗卫生服务机构以提高农村生活质量。最后,重新登记土地权属,使农村土地权属更加清晰,解决农村土地地界不清的问题。

农地重划始于1959年台湾水灾,水灾导致大量农田、农舍被冲毁,原有地界地籍不复存在,而只能依赖政府进行重建,这就形成了早期农地重划与。通过农地重划,完成了农业生产的机械化、现代化,提高了农业生产效率,农村生活条件得以改善。

2. 市地重划

随着经济社会发展,城市一方面需要在空间上扩大城市规模,另一方面又需要进行旧城更新以增加公共设施供给。无论是旧城更新,还是城市扩张,都改变了原有城市土地关系。根据实施主体不同可以划分为两类:以土地所有权人为主的市地重划和以政府为主的区段征收。

市地重划是依照城市规划，由地主（土地所有权人）联合筹建重划行政机构在不变更所有权的原则下，聘请专业机构自主规划整理，并向土地管理部门报备。针对城市地区内非整块土地和不适合经济使用的土地，建设各项公共设施。

在重划过程中，利益相关者主要有三类群体，即土地所有权人、地产开发商、政府，只有三者相互配合，才能完成重划并共享重划后的利益。针对土地所有权人，在重划过程中主要是负责聘请相关专业机构对重划区进行规划整理，并向政府部门报备。通过重划虽然要划出部分土地用于公共设施建设，但地价上涨足以抵偿公共设施用地。针对地产开发商，在重划过程中地产开发商根据规划对重划区土地进行开发、建设，获得抵费地（用以抵偿工程款项的土地）。针对政府，在重划过程中对重划区域规划进行审批，在重划后负责建设公共设施。

显然，市地重划是完全自偿性土地开发。市地重划之所以能够实现，主要得益于重划后土地价格的大幅度上升，增加所有权人的财富，这是土地所有权人愿意参与市地重划最主要的动机。一般而言，土地所有权人可以获得重划地的55%，其余的45%则主要用于公共设施建设以及抵费地。虽然重划后土地规模会下降，但相对于地价上涨所带来的收益，土地所有权人的财富依然有较大幅度增加。此外，通过公共设施建设力度的大幅增加，重划区的生活环境进一步改善，生活质量有较大提升。而且，重划后土地更加规整，产权清晰、归属明确，减少了原有的纠纷。对于政府而言，市地重划可以通过扩大税基，增加土地税来充裕地方财政。对于地产开发商而言，虽然要垫支相关费用，但可以获得抵费地的所有权，随着地价上涨，抵费地的价值往往会超出开发费用，具有一定的利润空间。

（三）区段征收

区段征收是台湾省城市土地开发的另一种重要途径。区段征收是政府按照城市发展规划，依法将一定区域内的土地全部征收，并重新加以整理规划，除建设公共基础设施的土地之外，剩余土地根据城市规划用于出售、出租进行商业或住宅开发。显然，与市地重划不改变土地所有权不同，区段征收土地所有权在原土地所有权人与政府之间发生了变更，然后再由政府主导开发。

在区段征收过程中，政府征收原土地所有权人土地需要支付补偿款项，同时政府还需要支付开发费用。这些费用的来源与市地重划相似，基本上来源于部分征收土地市场价值而获得。区段征收的早期，对于土地所有权人的补偿以现金为主，而后来随着地价逐渐上升，补偿方式逐渐转变为抵价地，即原土地所有权人领回抵价地。在"涨价归公"的原则下，土地所有权人的补偿款地价并不是开发后的价格。因此，以抵价地的形式获取的不仅是补偿价款，而且获取了涨价后的收益。对于政府而言，以抵价地作为补偿形式的优势在于减轻政府的经费负担，同时还能有效避免私人拿地哄抬地价进行投机行为。

二　台湾省山地城镇建设对云南省的启示

（一）台湾农地重划对农村土地整治工作的启示

第一，农地整治是实施耕地保护的一条重要途径，也是改善农村居民生产条件的重要方面。因此，需要将农地整治列入国家和地方的国民经济和社会发展规划中，作为政府的一项重要工作任务。

第二，农地整治是一项综合性工作，涉及国土、农业、财政、工程建设等多个部门，需要多部门相互配合、协调运作，并建立从中央到地方的管理体系。

第三，农村土地整治应该充分调动农村居民的积极性，依托村委会建立以农户为主体的土地治理组织。

第四，土地整治必然对原有的土地产权关系进行调整。基于这一问题的考虑，在稳定家庭承包经营制度的基础上，确定农地整治后的土地分配规则十分重要。农地整治旨在提高土地利用效率，同时兼顾农村居民对分配公平的要求，在两者之间取得平衡。

第五，单纯的土地整治并不能从根本上解决土地利用效率不高的问题，土地整治要与土地使用权适度集中结合在一起，通过土地流转能够有效降低土地细碎化。

（二）市地重划和区段征收对云南省征地制度改革工作的启示

第一，在征地制度改革中，更加注重对原土地所有权人共同发展机会的考量。台湾市地重划和区段征收的一个最大特点，就是这两种方式在实施过程中都不是对原土地所有权人的土地权利的完全剥夺，而是为原土地所有权人预留了可供分配的土地。原土地所有权人即使一部分土地归了政府，但基于地价上涨的预期，其剩余土地还有升值的空间。这种模式不但保证了原土地权利人共同发展的权利，也减少了政府与原土地所有权人之间的矛盾，使项目更加容易得到认同。而内地实行的土地征收制度中，主要是通过货币补偿、社保、安置等方式对原土地所有权人进行补偿安置。原土地所有权人在土地征收过程中，很少能够享受到共同发展的机会，因此抵触情绪普遍较大。所以，在征地制度设计中，可以借鉴台湾市地重划和区段征收的成功做法，在顶层设计中更多地考虑原土地所有权人的发展机会，给予集体建设用地更大的权能，探索出解决"征地难"的有效途径。

第二，在征地制度改革中，必须兼顾公平与效率。台湾市地重划和区段征收优点突出，但也有非常明显的缺陷，即效率十分低下。按照相关规定，市地重划在发起阶段要1/10的所有权人同意，在论证审批阶段要所有权人总数的3/5以上人口数同意才能实施。在实际操作过程中，实施者考虑项目进展的顺利，一般都要全体所有者同意才实施。但一些土地所有权人为了追求利益的最大化，往往会提出比较苛刻的条件。因此，双方谈判是一个非常漫长的过程。一般市地重划项目，从开始到完成通常都需要10年的时间。台北市从2001年到2011年，共提出636件市地重划案件，但实施完成的只有36件，正在实施的29件，其他都还在协调过程中。因此，征地制度改革中，不仅需要考虑公平的问题，也需要兼顾效率的问题。

（三）台湾土地制度建设对云南省土地管理立法工作的启示

就土地重划而言，无论是农地重划还是市地重划，其实质都是土地整理，前者是农用地整理，后者是城市建设用地整理。台湾实施土地重划工作以立法为基础。于1980年和1982年在《土地法》相关规定的基础上，制定了《农地重划条例》和《农地重划条例实施细则》，并且出台了《农地重划土地分配作业注意事项》。在市地重划方面，出台了《平均地权条例》《都市土地重划实施办法》《奖励都市土地所有权人办理重划办法》，这些文件对市地重划的各项程序规定得非常详细而具体，便于市地重划的政府、公众和其他当事人执行和操作。

台湾在市地重划中非常重视地价评估和土地价值增值后收益的分配。在市地重划过程中，由于建设了市政设施、公园、儿童游乐场所、学校、停车场等，极大地改善了区域生活环境，土地价值升值也成为必然。而重划前后的地价差价的归属和使用，成为推动市地重划、土地私人所有权人能否积极参与市地重划的关键。